U0045333

天下文化
BELIEVE IN READING

1990年11月29日，吳作棟在宣誓就任總理隔天，召開任內第一場內閣會議。
（新加坡新聞及藝術部藏品／國家檔案館 提供）

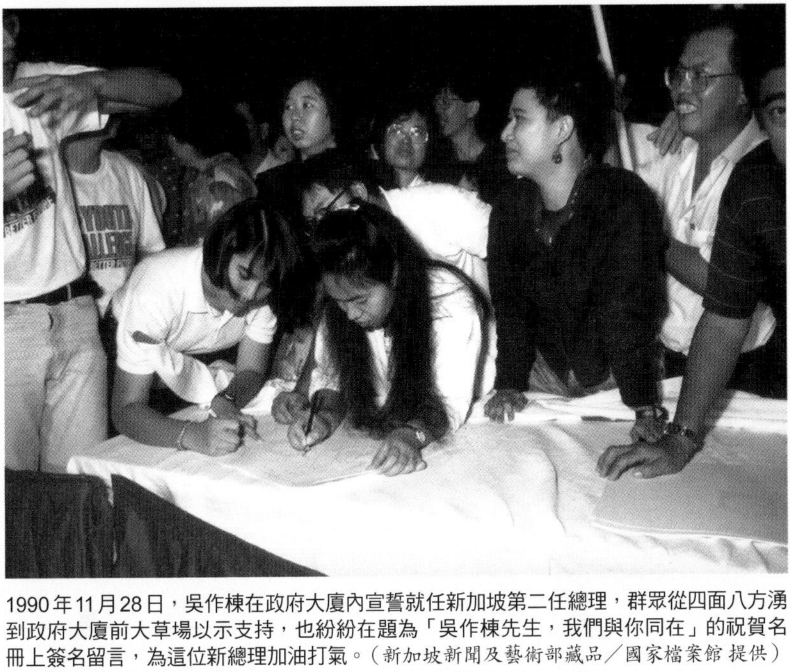

1990年11月28日，吳作棟在政府大廈內宣誓就任新加坡第二任總理，群眾從四面八方湧到政府大廈前大草場以示支持，也紛紛在題為「吳作棟先生，我們與你同在」的祝賀名冊上簽名留言，為這位新總理加油打氣。（新加坡新聞及藝術部藏品／國家檔案館 提供）

南洋·星洲

联合早报

Lianhe Zaobao

1st Copy

RECEIVED 28 MAR 1991

1991年3月28日 星期四 THURSDAY 农历辛未年二月十三日 今日54大版 售价55¢ M.C.I.(P)NO.32/8/90

获救的人质、突击队员及有关人员在事发后聚集在停机坪上。

杀掉劫机者·人质没事

突击队神枪立功

·林凤英 报道·

劫机新闻 刊第2·3·4·5·6·7·8页

这一刻，亲情格外珍贵

赞拯救人员 吴作栋总理

人质获救后，突击队员检查被骑劫的飞机。

六精英和劫机者谈判

新加坡特別行動部隊突擊隊員在1991年3月27日清晨七時破曉前突擊遭劫持的新航117號班機大門，一舉殲滅劫機者、救出所有人質；新聞隔天占據各大媒體封面頭版。劫機事件發生時，吳作棟出任總理不過四個月。（新加坡報業控股《聯合早報》提供）

人質遭挾持機艙內長達八小時後獲釋，與焦急守候的家屬團圓，恍如隔世、喜極而泣。除了兩名機組人員在對峙談判過程中遭劫機者推出機艙而摔傷，其他人質安然無恙，全數獲救。（新加坡報業控股《海峽時報》提供）

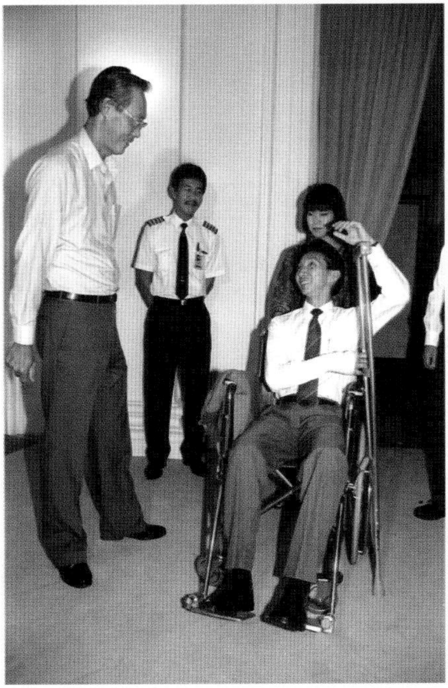

其中一位遭劫機者推出機艙而負傷的新航乘務長張益萬，坐著輪椅出席吳作棟在總統府舉辦的茶敘。總理在這場茶敘上向劫機事件有功人士致意。（新加坡新聞及藝術部藏品／國家檔案館 提供）

1991年8月11日，吳作棟向全國人民發表總理任內第一場國慶群眾大會演說。這位新總理在開場白中直言，全靠提詞器的輔助，才讓他也能順利地以華語和馬來語向全國人民講話。（新加坡報業控股《海峽時報》提供）

1991年8月底全國大選，吳作棟在人民行動黨競選集會上率領行動黨團隊爭取選民支持，舞台布景打上的是吳作棟的治國綱領「新的起點」（The Next Lap）。他從李光耀手中接過領導棒子不過九個月即宣布舉行大選，以尋求選民賦予他全新委託。（新加坡新聞及藝術部藏品／國家檔案館 提供）

1991年大選開票夜隔天9月1日淩晨，吳作棟神色凝重地主持選後記者會，陪同出席的還有他的副總理李顯龍。人民行動黨在這屆大選中丟失四個議席，落選的包括一位內閣部長，遭受執政以來的最大挫折。（新加坡新聞及藝術部藏品／國家檔案館 提供）

1990年11月28日，吳作棟和他的新內閣宣誓就職。宣誓儀式上，（一排左二起）李光耀、王鼎昌、李顯龍、丹那巴南、陳慶炎，在吳作棟身邊一字排開，充當這位新總理最堅實的後盾。新政府就任不過兩年，丹那巴南和陳慶炎雙雙退出內閣，王鼎昌和李顯龍先後確診罹患癌症，四根支柱被瞬間抽除。（新加坡新聞及藝術部藏品／國家檔案館 提供）

1992年12月馬林百列集選區補選的行動黨競選群眾大會上，近尾聲時忽然下起毛毛細雨，在台上助選的李光耀為並列而坐的接班人兼徒弟吳作棟撐傘。此情此景寓意深遠，象徵著人民行動黨乃至新加坡前後任領導人風雨同舟、並肩作戰。（新加坡報業控股《海峽時報》提供）

人民行動黨藉著1992年馬林百列集選區補選引進新血——退役海軍總長張志賢（左二）；而新加坡民主黨則拋出王牌新進候選人——大學講師徐順全。張志賢現任國務資政兼國家安全統籌部長。（新加坡新聞及藝術部藏品／國家檔案館 提供）

吳作棟勤訪選區，率領人民行動黨團隊在馬林百列集選區補選中取得壓倒性勝利，以72.9%得票率的絕對優勢擊退民主黨和另外兩個在野黨。（新加坡新聞及藝術部藏品／國家檔案館 提供）

吳作棟深耕基層，上任初期在新加坡全島各地積極展開「訪民情、商國策」社區訪問活動，所到之處受到民眾熱烈回響，是一位深得民心的新總理。（新加坡新聞及藝術部藏品／國家檔案館 提供）

保健基金和教育儲蓄是吳作棟所倡議的兩項計畫，為的是推動他心目中的願景：建立一個更寬容、更溫和的社會。（上圖：醫療社工林雅彥 提供；下圖：馬林百列公民諮詢委員會 提供）

8　1994年11月1日　星期二　联合早报　国会报道

吴总理动议国会接受薪金白皮书演讲摘要

在谈论部长薪金标准时

人民首先必须决定要什么素质的政府

"阿猫或阿末"部长 1500元可请到

总理：我有义务集合一批最杰出的人才为国家服务。

不能一味要求部长高官作出牺牲

内阁班子是否值1700万

“我在今天吁请大家赞同付给公务员和部长的薪金的公式。你应该以成绩来判断这个公式是否正确，而不是以你的收入来和部长及高级公务员的薪金作比较。你应自问，今天整个内阁班子是否值得1700万元。就像榴梿，吃在口里才知其味。付出代价多少，就得多少报偿。”

解决问题的杰出才干

“我有责任为大家召集最佳内阁和行政服务的班子。我要的人，必须是绝对诚实，绝不欺瞒或向你撒谎。我要的人，必须拥有预见问题、解决问题的杰出才干，能为你看到及制造机会。我要的人，不只关心他们家人的幸福，而且愿意献身为你服务。不过，这只有在你极力支持我招募和保留我所能找到的最佳人选的情况下，我才能够召集到这样的一个最佳班子。”

反映政治实况

“部长的才能不一，在私人企业界的赚钱的能力也不一样。要是他们选择在私人企业界任职的话，我肯定我的内阁中有超过一半的成员，将能名列收入最高的100名受薪人士名单内。

我不是说部长如果在私人企业界任职，都能得到和他们现有薪金相等的报酬。然而，在政府里，我需要一个平衡的班子，以反映新加坡的政治实况。”

薪金白皮书要点

■政府根据私人企业中六个专业的收入，为部长和高级公务员制订两个薪金标准。

■所选定的六个专业是：银行家、会计师、工程师、律师、本地企业和跨国公司执行人员。

■第一个薪金标准：特级一，是为部长和特级公务员而设，其方程式是从上述六个专业中，各选出最高薪的四人，然后以他们的平均主要收入的三分之二，作为这一级的薪金标准。

■第二个薪金标准：超级G，是为刚开始上超级薪金制的公务员而设。政府将从年龄在32岁而又从事上述六个专业的人中，各选出收入排名在第15位者，然后以他们的平均主要收入作为标准。

■由于资料取自国内税务局，薪金标准其实落后私人企业界两年。

■所调整的薪金都将纳入薪金中"非永久性"的部分。

■第一个薪金调整将在1995年开始。

■政府每五年就会对薪金标准进行检讨。

新加坡模式

薪酬过低 就不可能保持政府廉洁

今日我国的学生已有更多获取奖学金的机会，他们可向银行、外国大学申请奖学金。不少学生甚至拒绝政府所发出的海外奖学金。图为本年度总统奖学金四位得奖人。（档案照片）

部长的条件比常任秘书更严格

薪酬变得不符现实 公共服务诚实水平必然降低

日本模式

重视最佳人才的延聘

日本国会和重要政府部门能够吸引到最优秀大学的杰出毕业生。

英国模式

议员为了钱 兜售影响力

今年10月间，英国国会针对一些议员接受游说组织的贿赂而为他们在国会中提出问题的事件进行调查，导致首相梅杰把贸工部一名部长开除掉。

美国模式

官员尽量利用关系弥补低收入

1989年，美国国会曾考虑通过提高国会议员和参议员薪酬的建议，却遭到美国媒介和民间的强烈反对，有关建议因而胎死腹中。

高薪養賢、厚祿養廉，吳作棟深信有必要延攬最優秀的人才加入政府，而唯有透過具競爭力的薪資才能做到這一點。他在1994年提出新的公務員薪資計算公式，將部長薪水與市場最高薪資水準掛鉤，再扣除一部分象徵公共服務必須承擔的犧牲。然而在近三十年後的今天，這個議題仍是政治上一塊極其敏感的燙手山芋。（新加坡報業控股《聯合早報》提供）

Page Twelve

The Sunday Times, November 20, 1994

Focus

One government, two styles

Increasingly, the promised Goh Chok Tong style of people-orientation is being subsumed under the old style of top-down decisions, says ***CATHERINE LIM****, a well-known writer.*

Given Mr Lee's fierce commitment to Singapore and Mr Goh's respect for and deference to age and authority, it is not surprising that the Goh Chok Tong Government is still unable to assume fully the distinctive identity it had set out as its goal.

A framework that tries to accommodate two different styles must soon suffer internal stresses.

1994年11月20日，《海峽時報星期刊》刊載了新加坡作家林寶音的評論文章，標題是：〈一個政府，兩種風格〉。作者在文中指吳作棟背棄了自己所承諾的協商式治國作風，致使李光耀式的專制政權死灰復燃。文章暗指李光耀仍大權在握。此番言論引起吳作棟即時的強力回擊。（新加坡報業控股《海峽時報》提供）

那森路上的低樓層豪華公寓玉納園，掀起了吳作棟總理任內最尷尬難堪的一段風波。公寓項目開發商旅店置業分別以優惠價格向李光耀和李顯龍各售出一個單位。消息傳出後，吳作棟不得不對前任恩師與後任接班人展開調查，確認當中有無涉及不當行為。（林佳漶 攝）

1997 年全國大選，吳作棟走訪靜山集選區拜票時受到一名年長居民熱情擁抱。那屆大選，人民行動黨以 65% 總得票率勝出，自 1980 年以來第一次扭轉了選舉支持率持續下滑的頹勢。（新加坡報業控股《海峽時報》提供）

1997年全國大選，靜山集選區工人黨候選人鄧亮洪成了選戰焦點人物。這名言論火爆的在野黨政治人物在選後被行動黨領袖以誹謗罪名起訴，他潛逃澳洲自我放逐至今。（新加坡報業控股《海峽時報》提供）

靜山集選區投票結果揭曉，落選的工人黨黨魁惹耶勒南（左一）在一旁望著人民行動黨五人團隊宣布當選。行動黨團隊以54.8%的微小優勢險勝，是同屆大選中得票差距最小的一役。（新加坡報業控股《新報》提供）

2013年2月16日，約四千人冒雨聚集在芳林公園演說者角落，對政府剛在國會上通過的人口白皮書、為新加坡制定了2030年人口達六百九十萬人的預測目標表示反對。這是自新加坡獨立以來規模最大的一場公眾抗議集會。雖說新加坡的親移民政策是早在李光耀主政年代就制定的，但吳作棟卻在之後的近二十年裡，被普遍認定為新加坡外來人才政策的「主謀」。（上圖來源：新加坡報業控股《海峽時報》；下圖來源：Getty Images/ Suhaimi Abdullah 攝）

1993年9月1日，新加坡首位民選總統王鼎昌（中）在吳作棟與楊邦孝大法官的見證下宣誓就職，王鼎昌在執行民選總統職務過程中，因要求查詢政府部門的財務與資產受阻而對政府不滿，認為政府沒準備好面對民選總統的介入、採取不合作態度。雙方在磨合期間產生的矛盾與不快，成了當時的總理吳作棟任內一大憾事。（新加坡新聞及藝術部藏品／國家檔案館 提供）

1994年在總統府舉行的國慶晚宴上，王鼎昌總統與夫人林秀梅（左一）、吳作棟總理與夫人陳子玲（右二）熱絡交談。（新加坡新聞及藝術部藏品／國家檔案館 提供）

1997年，美國無線通訊業界大亨奧特通訊創辦人喬福特（Joe Ford，左一）攜妻到訪新加坡，吳作棟伉儷設宴款待。福特來自阿肯色州，與美國總統柯林頓（Bill Clinton）是同鄉。他在邁克菲事件後新美外交關係進入寒冬之際居中斡旋，幫助吳作棟與柯林頓恢復聯繫。

1997年11月23日，柯林頓（中）趁亞太經合論壇峰會在溫哥華召開之際，約吳作棟打高爾夫球，加拿大總理克雷蒂安（Jean Chrétien）也在場陪同。雖然天不作美下著細雨，但三位領袖興致高昂。這場球局也結束了華府對新加坡的外交封鎖期。

2000年11月15日淩晨近二時，吳作棟與柯林頓在斯里巴加灣汶萊皇家高爾夫球俱樂部剛痛快地打了一場夜間高爾夫球。隨後，吳作棟趁兩人小酌之際簡明扼要卻不失精準犀利地向柯林頓推銷了星美雙邊自貿協定。（新加坡報業控股《聯合早報》提供）

2002年1月13日，吳作棟與日本首相小泉純一郎（左二）在新加坡簽署「日本—新加坡經濟夥伴協定」。這也是日本的第一個雙邊自由貿易協定。（新加坡外交部 提供）

1992年1月27日，新加坡召開東協峰會，吳作棟在大會開幕儀式上致辭；他延續前任的方針，以東協組織為新加坡外交事務的軸心。（新加坡報業控股《海峽時報》提供）

1996年11月30日，首屆東協非正式峰會在雅加達舉行。吳作棟（右四）建議在正式峰會間中召開非正式峰會，讓東協各國領袖有個互通資訊、建立聯繫的機會。

1993年11月，吳作棟（左三）與世界各國領導人共同出席在美國西雅圖召開的首屆亞太經合組織經濟領袖會議（APEC Economic Leaders' Meeting）。

1991年10月，吳作棟（二排左一）首次以總理身分出席在辛巴威首都哈拉雷舉行的共和聯邦首長會議。

1995年10月24日，聯合國在紐約舉行成立五十週年慶典，吳作棟在同日召開的聯合國大會上發表演說。這是新加坡總理首次受邀在聯合國大會上致辭。（聯合國／Greg Kinch 攝）

吳作棟與東協成員國領導人之間有著深厚交情。圖為1993年11月首屆亞太經合組織經濟領袖會議在西雅圖舉行期間，左起為印尼總統蘇哈托（Haji Mohammad Suharto）、汶萊蘇丹波基亞（Hassanal Bolkiah）、吳作棟、港財政司司長麥高樂（Hamish Macleod）以及我方領袖代表時任經建會主委蕭萬長，一同出海遊船後上岸。

2019年8月9日新加坡國慶慶典上，吳作棟與受邀前來觀禮的馬來西亞首相馬哈迪（Mahathir Mohamad）自拍合影。新加坡也在那一年慶祝開埠兩百週年慶。

江澤民擔任中國國家主席任期，正好與吳作棟出任新加坡總理任期重疊。圖示兩人於1993年11月在西雅圖出席首屆亞太經合組織經濟領袖會議期間，共乘游輪出海時開心合照。江澤民當時才剛接任國家主席之位八個月。

吳作棟也同中國總理李鵬交情熟絡。吳作棟首次以總理身分訪華，兩位領導人還在北京釣魚台國賓館打網球。2006年，兩人相繼卸下總理一職後在杭州重聚，李鵬邀吳作棟到西湖泛舟。當時在同一條小舟上陪同李鵬遊湖的是時任浙江省委書記習近平。

1997年2月25日，吳作棟首次對南非進行國事訪問，拜會了南非總統曼德拉（Nelson Mandela）。（新加坡外交部 提供）

1997年2月，吳作棟在訪問南非期間參觀了羅本島，走進了曼德拉昔日被關押的囚室。曼德拉因反對南非種族隔離政策而被捕入獄長達二十七年，最初十八年鐵窗歲月就是在羅本島監獄裡度過。

2004年7月9日，吳作棟獲頒國際理解尼赫魯獎，由時任印度總統卡拉姆（Abdul Kalam，右二）親自頒發殊榮。印度總理辛格（Manmohan Singh，左一）也到場見證。國際理解尼赫魯獎是印度政府頒給外國領袖的一項榮譽獎項。新加坡在吳作棟主政時期刮起一陣「印度熱潮」，總理是公認的幕後推手。

2008年9月28日，吳作棟與中國總理溫家寶（前排右二）共同主持天津生態城奠基儀式；同時在場見證的是當時的天津市委書記張高麗（前排右一），後升任中國副總理。「中新天津生態城」是吳作棟在2007年向溫家寶提出的倡議。當時他雖已卸下總理一職，卻仍以國務資政身分積極協助新加坡拓展外交空間，鞏固新加坡同其他國家的聯繫。天津生態城是新加坡與中國繼蘇州工業園區之後的第二個國家級合作項目。（中新天津生態城投資開發有限公司 提供）

2013年9月，吳作棟與到新加坡訪問的緬甸全國民主聯盟主席翁山蘇姬（Aung San Suu Kyi）舉行四眼會談。（新加坡通訊及新聞部 提供）

2001年全國大選，吳作棟在人民行動黨的一場競選群眾大會結束後向媒體發表談話。這是他最後一次以執政黨黨魁身分領軍征戰。結果他率領人民行動黨取得75.3%得票率的壓倒性勝利，創下執政黨自1980年以來的最佳選舉成績。（新加坡新聞及藝術部藏品／國家檔案館 提供）

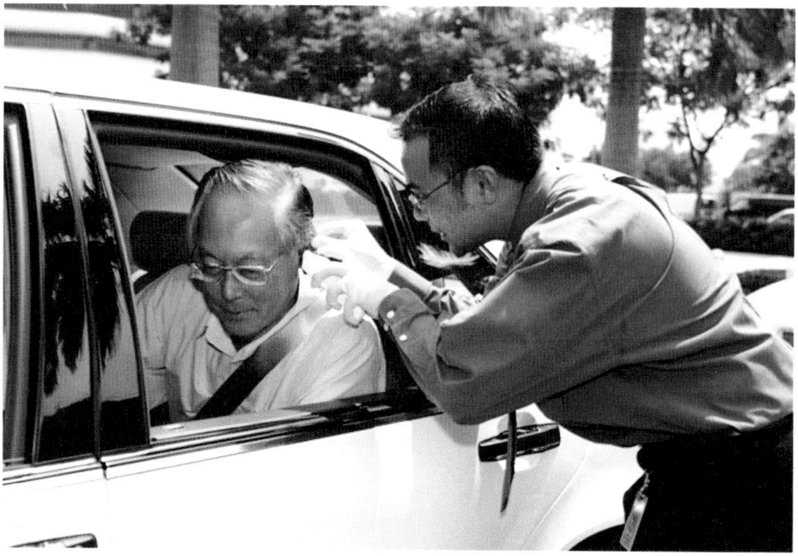

2003年SARS疫情爆發期間，吳作棟在進入國會大廈前接受體溫檢測。吳作棟親上火線扛起首席溝通官大任，頻頻向全國人民發表講話，確保資訊透明公開，並以循循善誘、柔性勸說方式，鼓舞全民齊心對抗SARS疫情。（新加坡新聞及藝術部藏品／國家檔案館 提供）

2002年，吳作棟受邀到回教領袖家中共用開齋節盛宴。他任內與馬來回教社群建立起深刻且牢固的情感聯繫。（新加坡報業控股《海峽時報》提供）

2011年10月23日，回教專業人士協會慶祝成立二十週年，邀請吳作棟擔任主賓，與現任主席莫哈末尼占伊斯邁（左四）及歷任主席共同主持儀式。記者出身的政治觀察家揚拉沙利卡欣（左三）也在其中。（新加坡報業控股《海峽時報》提供）

2002年，吳作棟在總統府打了一場網球後，舉起瓶裝新生水大口喝下，向民眾展示這種經過高度處理的再循環廢水是可以安全飲用的。幾天後，在8月9日的國慶慶典上，現場觀眾也紛紛掏出國慶禮包內的瓶裝新生水飲用，以示對新生水的信心。新生水是新加坡用以應對水資源匱乏的對策之一，對廢水進行三步驟淨化，使之再循環成為食用水，於2003年正式成為水供四大來源之一，以減少對進口水供的依賴。馬來西亞要求重新檢討新馬兩份水供協定下的生水價格，但新加坡直指馬來西亞錯失時機，已失去調整水價的權利。（上圖：新加坡新聞及藝術部藏品／國家檔案館 提供；下圖：新加坡報業控股《海峽時報》提供）

2004年8月9日，吳作棟在總理任內的最後一場國慶慶典上，與接班人李顯龍及前任李光耀並肩同聲高唱新加坡國歌。（新加坡新聞及藝術部藏品／國家檔案館 提供）

2004年8月9日國慶慶典上播放了吳作棟十四年主政生涯的精采片段，全場起立以熱烈掌聲向這位新加坡第二任總理致敬。次日，吳作棟總理向總統正式提出辭呈。（新加坡新聞及藝術部藏品／國家檔案館 提供）

2004年8月12日在總統府園地，吳作棟從總統納丹（S. R. Nathan）手中接過委任狀，成為新總理李顯龍內閣的國務資政。吳作棟形容，將領導棒子交託到李顯龍手中，是他的「涅槃時刻」。（新加坡新聞及藝術部藏品／國家檔案館 提供）

2004年11月，在卸下總理一職四個月後，吳作棟也從人民行動黨祕書長位置引退。圖示他卸任前以黨魁身分發表最後一場重要演講後，向黨內同志揮手示意。他身旁兩側站著的是黨內多年戰友（左起）新任黨魁李顯龍、黨主席陳慶炎、黨中委李光耀。（人民行動黨黨報《行動報》提供）

吳作棟在幾乎所有照片中總是一副高大挺拔、風姿颯爽的模樣。這張攝於2000年一場高爾夫球慈善活動上罕見的經典照片，難得捕捉到這位「高人一等」的總理在坐台突然崩塌時與球友同時跌坐地面的逗趣一幕。（新加坡報業控股《海峽時報》提供）

1992年，吳作棟在一場高爾夫球賽後與他的基層領袖合影。高爾夫球是吳作棟最熱愛的運動，他不只在球場上與世界各國領導人建立起聯繫，也與基層夥伴們發展出兄弟情誼。2020年卸下國會議員身分全面退出政壇後，吳作棟以榮譽顧問身分繼續維持與馬林百列基層組織的聯繫。（郭伯洲 提供）

吳作棟與本書作者白勝暉（左二）、《海峽時報》特別任務總編輯韓福光（右一），及「納高」團隊成員合影。（左一）謝瑞英、（右二起）李珮瀅、劉錦華。（李焙煬 攝）

「納高」採編團隊在總統府吳作棟辦公室與他進行採訪。吳作棟右手邊逆時針方向依序為作者白勝暉、謝瑞英、劉錦華、李珮瀅，吳作棟左手邊順時針方向依序為韓福光，特別助理杜國樑、新聞祕書邢益耀。（新加坡通訊及新聞部 攝）

＊照片未註明來源者，均由吳作棟提供。

社會人文 BGB519

吳作棟傳

新加坡的卓越關鍵

1990～2004

Standing Tall

The Goh Chok Tong Years · Volume 2

白勝暉 著　林琬緋 譯

目錄

part 3
（新）千年重任

part 4
翻越高山

出版者的話

新加坡走向一流國家之路
——建國功臣李光耀與接班人吳作棟

高希均

（一）三十一年後吳作棟接棒

新加坡從一九五九年脫離英屬殖民地，到一九六五年建國；再進而由落後地區變成高所得國家，每人所得近七萬美元，亞洲第一，最大的功臣自要歸功於歐巴馬所稱讚的「歷史巨人」李光耀總理（任期一九五九～一九九〇）。但是繼任的二位總理吳作棟（一九九〇～二〇〇四）與李顯龍（二〇〇四～），也有他們的功勞與苦勞。

今年出版的《吳作棟傳（一九九〇～二〇〇四）：新加坡的卓越關鍵》接續二〇一九的《吳作棟傳（一九四一～一九九〇）：新加坡的政壇傳奇》[1]，兩本書充滿了故事性及啟發性。讀李光耀親撰《李光耀觀天下》（天下文化，二〇一四），讓我們體會到他的治國理念與政策，以及堅毅的意志與辯才，如何塑造為開發中國家的典範；吳作棟這兩本傳記的英文書名正是名副其實，分別呈現他如何能在強人之後接任「高難任務」（Tall Order），並在接任總理的十四年間「登高望遠」（Standing Tall）。第一輯敘述了這個城市國家自建國以來對人才的栽培與磨練機制。尤其難能可貴的，作者坦陳與李光耀在政治上師徒關係的信任，共同創造新加坡在八〇年代後的獨特性與發展前景；第二輯則描述新加坡如何在世紀之際，在吳作棟主政時期挺過劫機事件、新移民和人口暴增、亞洲金融風暴、政權交接、SARS危機等，帶領新加坡繼續攀越高峰。

（二）持續在發展的路上耕耘

一個負責任的強人領袖，就是自己卸職後，接任的仍然有優秀的表現，這是不容易出現的。強將之下都是「弱兵」遠比「強將之下無弱兵」來得更真切。

吳作棟自一九九〇年起接任總理，共達十四年，直至二〇〇四年由副總理李顯龍出任。吳作棟總理這套自傳的繁體中文版，分別由天下文化於二〇一九年十二月出版第一輯，二〇二一年十二月出版第二輯。

吳作棟被形容為「沒有任何背景、人派、關係，居然變成了接班人」。他卸任時曾自評「前七年大豐收，後七年卻是歉收年代。」如果把前七年大部分要歸功於李光耀的遺澤，那麼後七年（一九九七後）是否要歸咎於亞洲爆發金融危機？他曾經遭遇到國內政治的挫折，包括人民行動黨的第一次選舉挫敗。在國際舞台上，魅力與光采比不上李光耀，但國內的親民作風，普遍得到好評。吳作棟被認為是一個盡責守分的政治領袖。他的執政團隊，也被認為有同甘共苦的情誼及信任，抱著共同使命，創造美好的明天。他打造出了一個更寬容、更溫情的新加坡，正如他就任時所承諾的。二〇一三年回到母校萊佛士學院的演講中指出：「回報社會的方式是讓所有人過得更好，而非只想到自己。」

在建國以來，新加坡政府所標示的七項治國原則中，其中三項特別對台灣有啟發：

（1）廉潔的政府，有效率的民事服務。

（2）必須維持國家團結和社會凝聚力。

（3）經濟政策必須奉行實用主義。

三十年來，台灣則在美麗民主的外衣下，包藏了多少的貪腐、互鬥、資源的誤用與公帑的浪費。

（三）《遠見》專訪與兩次會談

新加坡就是靠政治人物以身作則的乾淨與奉獻，變成了「小而強、廉而能」，其建國及進步與李光耀的貢獻是緊密而分不開的。《遠見》雜誌王力行發行人在一九九七年專訪他時，他指出：新加坡採用二個策略：（1）以開放的胸懷，推動國際化，吸收全世界的企業及人才；（2）以最大的決心，改善國內條件，使第三世界的新加坡，擁有第一世界的工作環境。這位政治領袖，也一直關注兩岸關係，尤其羨慕台灣的地理位置與大陸的同文同種。訪問中李光耀也提到，一九七八年鄧小平訪問新加坡後，更具決心回去實施開放，引進外資。

在他的支持下，一九九三年在新加坡舉行了第一次辜汪會談。更在李顯龍總理的善意協助下，二〇一五年十一月出現了兩岸領導人的馬習會，可惜那兩岸和平的鐘聲沒能繼續。

當李光耀於二〇一五年三月二十日去世時（享年九十一歲），海內外的政經領袖同聲稱讚他的偉大貢獻。馬英九總統專程去星追悼，當天飛機來回，充分表達了中華民國的敬意。

快十年前，二〇一〇年七月上旬，李光耀資政與溫家寶共同倡議的第一屆「The Future China Global Forum」在新加坡召開。我應邀演講：「中國人的夢想在哪裡？」指出，西方發展中認為「先決條件」的民主、法治、清廉、公平，在大陸發展中是次要的；大陸以另一種價值來「補償」，以穩定「補」民主之不足，以效率「補」清廉之不夠，以

「補貼」補公平之缺乏。除了生活改善，我希望今後中國要進入較高層次的追求，這會是中國人的夢想——民主、法治、開放、永續發展。二〇一二年十二月，中共領導人習近平提出「中國夢」：國家富強、民族振興、人民幸福。這真是大國要努力的大趨勢。

（四）新加坡競爭力與成功三條件

二〇一九年六月在新加坡與吳前總理見面，談到新加坡競爭力名列前茅，他毫不遲疑地又重複了立國理念：「我們新加坡時時刻刻都在想：我們能為世界做什麼？為什麼他們要來新加坡？來這裡有什麼好處？有什麼可以吸引他們？」

接著他舉出一連串具體的成就，證明了新加坡政府的決心及成就：「新加坡有完善的金融中心、現代化的四座機場、轉運樞紐及商港與軍港、一流的大商場與大娛樂場（包括博弈）、具國際水準的大學、醫院及相關設施……再加上英語及綠化生活環境，因此它常被稱為東方社會中最西方化的大都市。」

位於樟宜機場中的「星耀樟宜」（Jewel），於二〇一九年四月落成，有著全球最高的室內瀑布、夢幻星空花園，增添另一個實例。

當新加坡不斷出現這些重大與驚豔的建設時，無一不使我們生活在台灣的人感到汗顏。新加坡的樟宜機場連續七年排名全球第一，台灣的桃園機場名列十三，首爾機場第三，香港機場第五。

美國在台協會台北辦事處前任處長酈英傑（Brent Christensen）在二〇二〇年十一月的演說指出，台灣是全世界最大的美國武器採購國，二〇二〇年軍購金額折合台幣約三千四百二十二億，歷年軍購累積金額則高達二兆。然而，在內政上，破舊的公共建設，陳舊的社區，多數大學及中小學貧乏的硬體，去花東不便的交通，即使常被稱讚的台灣民主，也充滿了陰影與缺陷。台灣在世界經濟舞台上已經有氣無力二十多年了。

二〇一九年《吳作棟傳（一九四一～一九九〇）：新加坡的政壇傳奇》上市，正逢台灣總統大選前夕，如今《吳作棟傳（一九九〇～二〇〇四）：新加坡的卓越關鍵》出版之際，台灣又將在二〇二二年底面臨地方縣市長及二年後的總統選舉。李光耀去世前的忠言，是否能給台灣選民及參選的政治人物新的啟示？他說：「新加坡的成功取決於三個因素：最安全的國家，平等對待每一個公民，確保每一代人持續成功。」

天佑台灣，希望那些政治領袖與台灣人民都能記得新加坡的經驗。

（作者為遠見・天下文化事業群創辦人）

發表於二〇一九年十二月

二〇二一年十二月補正

序言

領導人造就國家，而不可預測的時勢則造就領導人。這本書並非一般授權撰寫的傳記；既非從我的視角出發，章節架構內容也不由我決定。

我的傳記作者白勝暉是位文思敏捷、筆鋒充滿戲劇性的寫作人。他並未詳加介紹我的目標、政策、項目，也不對我的表現、成就、對新加坡的貢獻等等進行評斷。他就是通過層層遞進的情節鋪設，一步步地揭露動作場景，吸引讀者不斷追看。

我喜歡這樣的風格。我由始至終都把自己視為人民謙卑的公僕。從政，從來不是我的人生志向，更甭說當總理。我之所以應召加入人民行動黨，全只因為我本身曾經受過這個好政府的恩惠。

我父親在三十六歲那年因肺結核過世。當時我只有十歲。我靠著助學金完成了中學和大學教育。任職公共服務部門期間，政府還送我到美國威廉斯學院（Williams College）攻讀發展經濟學。因為這個出國深造的機會，以及較早前念大學時的助學金，我必須履行

吳作棟

十年合約——先在公共服務部門，而後到國營航運公司任職。對於人生中能獲得這些機會，我萬分感恩。

從政生涯中，帶領新加坡繼續往前走的這一信念，是我最大的推動力。好些海外學者與新聞工作者都認定，新加坡沒了李光耀便注定要失敗。我下定決心要證明這些心存疑慮者全看錯了；我要在李先生奠定的基礎上，造福我們的下一代。

我清楚知道自己要為新加坡勾勒一幅什麼樣的願景。我不是個眼裡只充斥著夢想的理想主義者，反而是個務實主義者。大學時代我原本對英語感興趣，最終卻選擇主修經濟學。

人民行動黨於一九八四年全國大選期間發布的競選政綱，涵蓋了我對新加坡的一些開創性新構想。競選政綱是我草擬的，同時也結合了同僚提供的許多建議；這支團隊後來讓人們統稱為「第二代領導班子」。

我們立志打造一座出類拔萃的城市、一個與眾不同的社會。我們期許讓新加坡躍升為發達國家。我們定下目標，要在一九九九年達到瑞士一九八四年的人均國內生產總值水平，這個目標最終在二〇〇〇年實現。

我相信新加坡不應只是個經濟強勁、職場嚴峻的國家；她必須也同時是一個充滿樂趣的家園。

人民行動黨早年曾發起「反黃運動」。我則是取消了色情吧台舞的禁令，也允許鋼管舞重登舞台。夜間場所如雨後春筍般湧現。

而這些改變背後，是更為宏觀的社會轉型，以朝向更為多元全面也更加富有活力的大方向發展。我們鼓勵新加坡人在藝術和體育領域追逐夢想。為了推動國人發揮創意精神、解放藝術靈魂，我們遂有了濱海藝術中心這麼一個重大的投資發展項目。我們蓋起了室內體育館；要做到的不光是推廣全民健身運動，更要在體育競技舞台上追求卓越成就，共同歡慶我國健兒在區域和國際體育賽事中奪標凱旋。

隨著新加坡邁入二十一世紀，要在科技驅動且充滿競爭與爭議的世界裡繼續取得增長，自力更生的精神與創業冒險的膽識亦變得不可或缺。一個國家培養出來的人民如果只會順從指示行事，害怕出錯犯錯，那人民就不會改革創新，不會冒險跨出舒適區，也不會有自謀生計的能力。我們的治國作風需要鬆綁，要鼓勵民間有更多由下而上發起的舉措。

我的政府給了人民某種情感上的聯結，讓人民更願意為國家而盡力。對於這個國家的現在與未來，人民理應有權發聲。我逐步落實全民參與及全民協商的治國作風。

許多經濟發達的西方國家所推行的民主制度，在我看來是愈走愈偏頗：政黨政治、民粹主義、分化、兩極化，乃至功能失效。我也觀察到許多政治人物將個人、政黨和既得利益擺在國家利益之上，好像從政就只是為了贏得選舉。

我深信，必須將民主置於國家的人口結構、價值觀、文明史和地域等框架內來實踐。新加坡是亞洲的一個彈丸小國，由來自不同種族宗教的移民人口組成，極其容易被顛覆；若是罔顧基本價值觀和國家利益而陷入政治權力鬥爭，勢必撼動這個小國的穩定。

我們的國會制度是依循新加坡國情而發展演變的。我們通過立法，納入非選區議員制度和官委議員制度，為國會注入「穩定器」，確保國會不會少了「另一種聲音」。非選區議員制度尤其為反對黨提供了一個成長的起點，讓他們有機會在國會裡證明自己。好幾位非選區議員在後來的全國大選中都成功當選，贏得了選區議席。二〇二〇年大選後成立的第十四屆國會中，十位工人黨國會議員當中就有四位曾出任非選區議員。

要實現政治穩定，還必須要有一個強大、公平、公正，且能取信於民的政府。

不過，政治也攸關權力。當你投票推選某個政黨及其候選人組織政府，就意味著你把自己的生活託付給了他們。這些當選的政治人物被賦予權力，足以決定你和國家的未來命運。政治人物相互競爭，以贏得執政的權利、特權與責任。

我由衷認為，這些政權在握的人必須自視為新加坡大家庭的信託人或「家長」，而永遠都不以統治者或者君王自居。好的領導人就像是良善可親、循循善誘的家長，帶領人民邁向光明未來，在作重大決定時會鼓勵全民參與。政府畢竟也跟家長一樣，無法對所有問題都提供答案。然而，政府仍有責任根據所有已知信息，以及人民的回饋和對未來的評估，努力做出最好的判斷。最重要的是，領導人必得要有魄力，為捍衛人民的最大利益而做出艱難的決定，在短期陣痛與長期威脅之間權衡輕重。

可是並非每一位政治人物的想法都和我一樣。只要放眼看看遠近其他周遭國家的政治人物是如何行使手中的權力，就心裡有數了。

國會議員也同樣能左右國家的命運。他們當選後，不光是為人民發聲，也必須在選區內及國會中發揮其領導作用。

這才是代議制政府的精髓所在。服務與領導——就好比硬幣的兩面。

處在一個民主社會裡，我們需要在個人自由和集體利益之間求取平衡。

批評者聲稱李光耀政府為「父權」、「專制」政府，嘲諷新加坡是個「保母式國家」。可是這些人也不得不承認，李光耀的做法的的確確把新加坡從第三世界帶到了第一世界。

李光耀的治國作風就像一位嚴厲的父親。我的方式則更像一個善解人意的兄長。但是在秉持著「更寬容、更溫和」原則的同時，我不時也必須嚴加執行紀律，好讓新加坡維持平穩順當。

當時機到來，我和團隊急流勇退，讓位給以李顯龍為首的「第三代領導班子」。如此，政治領導層的世代交替慣例有系統地展開，為新加坡產生了一代又一代的良治政府。

彭博社新聞（Bloomberg News）總編輯與《經濟學人》（*The Economist*）政治新聞主編於二〇二〇年十月四日通過彭博社平台發表了一篇聯合署名的評論文章，開篇第一句話就是：「政府的任務就是保護好自己的公民。」文章進而補充：「二〇一九 CCOVID-19 疫情讓政府再次變得重要。不光是權力更強大，也更為不可或缺。一個國家是否具有良好的衛生服務體系、能幹的官員、健全的金融制度，這些都至關重要。**生死之別，就在於良政善治。**」福山（Francis Fukuyama）隨後也在二〇二〇年七－八月份的《外交事務》（*Foreign Affairs*）雙月刊中詳加探討「良政」這一議題：「**國家能力、社會信任、領導能力**，是成功對抗 COVID-19 疫情的關鍵因素。」（粗黑字為吳作棟的強調）

新加坡國小而脆弱，這是個永遠不變的事實。李光耀曾用過中國一句古話來警惕新加坡人民：「大魚吃小魚，小魚吃蝦米。」這是歷史亙古不變的道理。環球化和多邊主義的發展幾乎見頂了；各國似乎開始轉向民族主義與保護主義，也更為關注內部事務以推動自身的利益。大魚如今的所作所為更像大魚了。美國這個世界最富有也最自由的國家如今嚴陣以待保護自身利益，槍口一致對外。而當今的全球第二大經濟體中國則愈來愈強硬。二〇一九 COVID-19 疫情和中美戰略博弈只會加速助長這種種趨勢。在這個外在環境愈發混亂、多邊組織日漸疲軟的大氣候下，新加坡要繼續生存，勢必要在國際舞台上繼續發光發熱。唯有如此，才能讓新加坡這隻蝦米贏得大魚的敬重。

換言之，新加坡需要的是一級棒的政府，和團結一心的全民。

這本書說的是一個好政府的善治，以及如何取信於民。雖然我並不認為這打從一開始就是我的傳記作者白勝暉的本意。

我任內所經歷的各種不同事件，形塑了我主政年代的治國風貌。希望讀者透過勝暉的敘事和詮釋，能更清晰地了解新加坡故事，更深刻地體會我們的價值觀、信念、原則、善治良策。

書末附加了〈省思〉一部，希望能藉著這個方式對勝暉的敘述有多一重自省。治國本身就是一項艱難的抉擇。其實整段總理任期內，我都必須不斷地做出艱難的決定。我很慶幸能有一組實力強大的部長團隊給予我扶持與協助。他們堅定不移、不斷革新，為把握機會、應付挑戰，而持續地設計出新政策並全力推行。我能成功完成任務，這個團隊功勞不小。而能同時擁有一流公共服務部門的支持，我也非常感恩。

與工會及雇主之間的密切關係，也讓我十分感激。除了一起開會，我們也經常在勞資政常年高爾夫球賽上切磋球技。

新加坡人非常了不起。他們很清楚要從李光耀手中接過領導棒子，對我來說是有多麼的吃力不討好，大家都願意鼓勵我，為我打氣。

對於馬林百列這個大家庭——我的選區居民、黨支部活躍份子、基層領袖、選區組織；我不足以言謝。能當選這一區的國會議員長達四十四年是我無上的榮幸，他們對我而言意義重大。我很珍惜這個大家庭，至今還以行動黨馬林百列支部榮譽主席及馬林百列基層組織顧問的身分與他們保持聯繫。

我要再一次感謝馬林百列基層領袖黃健華、蔡於植、郭伯洲、黃福來、陳奕翔，是他們一再鼓勵我出版傳記。我的私人職員也幫了很大的忙，我要感謝多年來的所有個人祕書、首席私人祕書、特別助理和新聞祕書。為了我這兩部傳記，何鳳明、簡洪錦珠與羅蕃蘭翻箱倒櫃找出了許多塵封已久的舊檔案與相關資料。特別助理黃安義、新聞祕書袁少鴻詳細地看過我的文稿，也為如何改進書稿提出了寶貴意見；而杜國樑與邢益耀也繼《吳作棟傳（一九四一～一九九〇）：新加坡的政壇傳奇》之後再為本書獻力。伯洲也同樣為兩本書提供了寶貴意見。

我在總理任內歷經三場全國大選。一九九一年，人民行動黨得票率六一％；一九九七年六五％；而到了二〇〇一年，七五．三％。

能為國服務，我深感自豪。我完成了自己的馬拉松政治長跑——擔任國會議員四十四年，其中十四年以總理身分走出自己的路。

正如勝暉所言，比起接下新加坡第二任總理棒子的「高難任務」，在之後十四年總理任內歷經種種考驗與磨難還能堅韌無懼、昂首挺胸，是一項更為艱巨的使命。更重要的是，新加坡也在第二代團隊的領導下，繼續站上世界的高台，傲然而立。

我將《吳作棟傳（一九四一～一九九〇）：新加坡的政壇傳奇》獻給我的家人。《吳作棟傳（一九九〇～二〇〇四）：新加坡的卓越關鍵》則是我贈予馬林百列居民和新加坡這個大家庭的獻禮。

吳作棟

新加坡總理（一九九〇年十一月至二〇〇四年八月）

國會議員（一九七七年二月至二〇二〇年六月）

前言

白勝暉

一九九一年，就在人民行動黨於全國大選中遭遇重挫兩天後，鄰國馬來西亞一份小型報《淡米爾尼申報》（*Tamil Nesan*）刊載了一則新聞，標題是：〈蘇聯總統戈巴契夫（Mikhail Sergeyevich Gorbachev）：無意辭職下台〉。豈料這份每日發行二萬四千份的淡米爾文日報為這則新聞所搭配的照片——哎，居然是新加坡新任總理吳作棟。

翻開這份報紙，隔了幾頁之後還有另一則新聞，標題是：〈並非吳總理的個人敗績〉，刊載的照片卻是戈巴契夫。《淡米爾尼申報》擺了烏龍，把兩張照片弄混了。吳作棟在李光耀的鐵腕治國後接過棒子，開創出了自己的一套協商式治國理念，而當時坊間也普遍認為這一理念與戈巴契夫所提倡的開放政策理念有異曲同工之妙，確實也經常將這兩位領導人的姓氏「Goh」和「Gorbachev」結合起來，戲謔這位新加坡領導人為「Gohbachev」；所以報章編排上的這個失誤似乎還算是情有可原。只是很不幸的，這個無心之過所引發的後續效應，遠遠逾越了這份淡米爾日報有限發行量所能企及的範圍。

報章於九月三日在馬來西亞面世後，關於吳作棟準備辭職下台的謠言在幾個小時內就傳到了新加坡。上任不過區區十個月，他眼看就要為人民行動黨痛失四個國會議席而擔起全責，這可是獨立建國以來執政黨失去最多議席的一次。他在選後電視直播的記者會上愁容滿面、神色凝重，大家都見到了，不是嗎？

新加坡股市在午後即出現浮動，標的指數在半小時內驟降八點；坊間甚至紛紛流傳有人親眼目睹好幾輛車子接二連三駛進國會大廈的消息，有關吳作棟即將召開記者會的傳言甚囂塵上。吳氏主政年代——或者更準確地說，吳氏主政月份——眼看即將告終。隔天的股市估計會再度受挫。《海峽時報》（*The Straits Times*）專欄作者陳世雙形容，在一個傳真機和國際直撥電話盛行的世界裡，謠言威力之大與傳播速度之快，讓人不知所措。

顯然，早在智能手機和社交媒體當道的數位時代來臨前，假新聞這回事已有跡可循。吳作棟原訂於九月四日接見外媒，就藉機在那場國際記者會上闢謠。他澄清，自己無意把總理職務交還給李光耀，也不打算在眼下就交棒給李光耀之子、時任副總理李顯龍。

他還要完成自己設定的目標：讓新加坡在一九九九年達到與一九八四年的瑞士相等的優質生活水平。「這也意味著，到了一九九九年，我的任務便完成了……到了那個時候，其他人就可以接替我了。」

他也確實堅持下去了，不光履行了諾言，還成就了更多；而這段有點滑稽的鬧劇和閒話，也終在公眾的記憶裡淡去。就連吳作棟本人也已全然不記得了——我們在為這本書進行採訪時問起此事，對於這場茶杯裡的風波他根本毫無記憶。

追根溯源，所有謠言實則始於《淡米爾尼申報》的失誤，但這段插曲也恰恰凸顯了吳作棟在總理任期伊始，確是在流沙險境中掙扎立定。一些人始終不相信吳作棟會當上總理，更有好些人認定他撐不了多久；就像政治觀察家賈納達斯・蒂凡（Janadas Devan）在《吳作棟主政新加坡的時代印象》（*Impressions of the Goh Chok Tong Years in Singapore*）（以下簡稱《印象》）一書中所言：「一九八〇年代的新加坡，無論國內國外，許多人都不敢確定這個國家在李光耀之後究竟還能否繼續生存。」這的確是一項高難任務。

輿論的質疑在如今看來似乎過於苛刻，但在當時那個年代裡，亞洲有多少魅力型領袖各領風騷，卻又紛紛面臨接班人相形失色的處境；這或許也反映了當時的主流論述。諸如華國鋒、印度的夏斯特里（Lal Bahadur Shastri）、嚴家淦，在強人之後繼任，最終的確也基於各種原因，尚未坐暖首席之位，卻已淪為歷史的注腳。

在許多人眼中，吳作棟遲早也會加入他們的行列。這也是為什麼那些謠言幾可亂真。可是他沒讓這些唱反調的人如願。本書所敘述的，就是這麼一位環球政局中的異數，他那了不起的執政經歷，以及他又是如何證明自己、讓所有人刮目相看的。本書緊接著第一輯《吳作棟傳（一九四一～一九九〇）：新加坡的政壇傳奇》終章，從一九九〇年吳作棟就任總理說起。

第二輯將追溯吳作棟自一九九〇年起出任總理至二〇〇四年卸任交棒的這十四年政治生涯；雖然他其實早在一九八四年起就已經有效地擔起了重責大任，這在第一輯裡也提到過。起初他自己也未對這段主政生涯抱有太大的期待。「正因為李光耀先生把一切都做得太徹底了，大家可能也就覺得接過他的棒子是我不走運。他也沒留下多少事可讓我做的了。」這是吳作棟在一九九一年四月一場總理就職祝賀晚宴上自我調侃的一番話。「哪裡還有新的巔峰可以攀爬？哪裡還有什麼挑戰能讓你興奮起來？還有誰能在他的成就之上更上一層樓？」

事實證明他大錯特錯。這十多年任期恰逢世界政局風起雲湧的巨變時代。戈巴契夫下台了，有了與吳作棟不同的下場，也就此終結了蘇維埃政權與冷戰時代。一九九〇年代隨即跨入了一個全新時代，美國所主導的一個單極世界邁向了貿易、通聯、信息的全球化——二十四小時全天候新聞台與有線電視冒起，報章雜誌突增，真人實況電視節目啟播，激起了世界全人類對大動作和動作明星的渴求，娛樂、政治，同出一轍。正如流行樂壇創作歌手喬治·麥可（George Michael）在歌曲〈等待這一天〉（Waiting for That Day）中唱道：「當下人人津津樂道，說著這個全新十年。」

吳作棟一腳踏進這個花花世界，他那無比低調的行事作風，在當時那個新奇喧鬧的音樂電視世界裡顯得如此格格不入。然而，這個世界總還是不缺辦法，能為他的主政生涯注入戲劇元素。吳作棟主政時代的故事本就渾然天成，幾乎涵蓋了一篇精采小說所應有的藝術元素：上任初期迎來重重考驗，一路披荊斬棘克服挫折，後期歷經意想不到的戲劇性轉折，最終奔放猛進、高亢落幕。正如他在二〇〇三年任內最後一場國慶群眾大會演說的主題所概括的——「從深谷到高原」，他的主政時代越過高山，翻過深谷，歷經多少迂迴曲折，走到山窮水盡，拐個彎又柳暗花明。

倘若將這段經歷畫成圖表，吳作棟總理任內的歷程會是一張狀似「W」形的線形圖，呈現的還是崎嶇不平的曲線。一開始就是一場恐怖份子劫機事件，緊接著是全國大選遭受重挫，然後兩個副總理同時確診患癌，並對前任兼恩師李光耀展開調查，又罕見地捲入與前副總理的政壇精英衝突，迎來又一場恐怖襲擊威脅，最終是神祕病毒來襲……在這一場場風暴接踵而來，令人無暇喘息之際，吳作棟也落實了一系列劃時代的重大政策，如資產增值、部長薪水調整、外來人才政策、經濟自由化。他氣定神閒、不動聲色，領導著新加坡和新加坡人民更深刻嵌入全球布局中，或如那些經常語帶雙關的分析家所說，吳作棟掀起了一場「Goh-balisation」——吳氏環球化。

一路走來，他不斷從經驗中學習，也將新加坡從邊緣乃至核心徹頭徹尾地予以重塑。這個國家的領導風格與政治文化改變了。正如李光耀總理在《白衣人：新加坡執政黨祕辛》（以下簡稱《白衣人》）一書中形容：「一旦他掌控了按鍵，按鍵就全屬於他了。他必須自己操控。」結果，吳作棟在鍵盤上處處留下了自己的指紋。

到了一九九○年代中期，新加坡已然走出了李光耀時代。新電信配股、教育儲蓄計畫、保健基金、組屋翻新計畫，種種經濟成果以全然意想不到的方式與全民共享；而林寶音事件和玉納園購屋風波，也進一步印證了這個國家已翻開了全新篇章。

然而，改變並不意味著倒向另一個極端。這是吳作棟在後李光耀時代逐漸展現的純熟領導能力——足以抗拒全然仿效的誘惑，也抵制了標新立異的虛榮。他既不是李光耀的翻版，卻也非李光耀的反面。吳作棟最為人所津津樂道的政治智慧，就在於他懂得抗拒極端，始終恰如其分地把握分寸，堪稱儒家中庸之道的精湛體現。他在自己的就職典禮上宣誓決心：「我不想穿上他的鞋。我會找到適合自己的鞋子，邁開自己的步伐。我會扮演好自己，樹立自己的風格。」這番尋找自己的鞋履的比喻，他果然堅持了十四年。

對於李光耀的治國元素，只要是他認同的，他都予以保留——而且留下來的還不算少。其餘的，他微調、修訂，進而改善。如果你以為他主張的更寬容、更溫和的社會意味著從此以往新加坡就能擁抱全新自由的生活方式，那你必然會被迅速回擊。所以，當藝術工作者黃新楚在一場公開演出上演剪恥毛一幕，吳作棟被冒犯惹惱了，甚至到了今天，在我們的訪問中他還以「混蛋」來形容黃新楚；這個詞出自這麼一位公認的翩翩君子口中，算是非常罕見的犀利指控。

用現代的話說，吳作棟有一種堅持做自己的「醒覺」，為人民行動黨注入了一股摯誠暖流，而這也成為了行動黨在一九九〇年代中後期的精神支柱，率領著行動黨勢如破竹地邁入新千年。他滿懷信心，深信新加坡已做好準備迎接後李光耀時代的全新領導風格，而自己完全能夠勝任這個角色。也正是憑著這股氣勢，讓他組建起了政治分析家契連・喬治（Cherian George）口中的內閣「夢幻團隊」，當中包括了吳作棟本身，還有政壇「聖賢」李光耀，以及「聖賢之子」——天才小子李顯龍。

在我們的訪談過程中，誠如吳作棟所言，這一切都該歸功於李家父子——李光耀給予吳作棟做為團隊新領導人的絕對尊重，李顯龍也表現出對吳作棟做為統帥的絕對支持。「一切能如此順利，是因為李顯龍從來沒顯露任何不耐煩——這是關鍵所在。」吳作棟如此總結。「他非常忠誠，非常支持，非常積極，是一位非常幫得上忙的副手。他從來也沒讓我感覺到他想削弱我的威信。我也從沒聽說過他在背後跟人抱怨說為什麼接班要讓他等這麼久。我從沒聽到過任何非議。我給他打滿分——這也就是為什麼我們可以組成團隊一起共事。」但有一點要搞清楚了；政治記者朱艾達（Zuraidah Ibrahim）二〇〇四年在《海峽時報》如此寫道：「（內閣的）政治心臟，（內閣的）主旋律，還是吳作棟。」

這部傳記《吳作棟傳（一九九〇～二〇〇四）：新加坡的卓越關鍵》以未經剪輯一鏡

到底的懸疑驚悚攝錄手法，記述了吳作棟主政歲月的故事，附帶新觀點、新視角，以及許多首次曝光的信息。我和採訪團隊在長達九個月的時日裡，到總統府吳作棟辦公室與他做了十七次訪問。與我一同進行採訪的還有《海峽時報》特別任務總編輯韓福光，以及我在納高（The Nutgraf）創作室的團隊成員謝瑞英、劉錦華和李珮瀅。

與撰寫前一本書時不同，我們還要特別感謝吳作棟，是他讓我們這一次有機會翻閱好些當年的內部報告。能看到內閣與行動黨內部機密文件，以及國家領導人之間從未公開的意見交流，讓我們對吳作棟政府有了更深一層的見解。例如，吳作棟跟我們分享了他與李光耀之間對於調高部長薪水一事的私函往來。吳作棟也首次披露一九九九年王鼎昌正猶豫是否再次參選總統時兩人私下交流的內容，不過他談起這個課題時還是顯得不太自在，並再三重申不想對已故王鼎昌和其家人有任何不公之處。

本書格式延續了第一輯架構，採取的是以時間順序為縱向軸線，再橫向穿插主題的雙軌敘事方式。現實中的時間軸線往往難以整齊劃分為不同章節，因此本書希望藉著縱橫交錯的雙軌敘事法，能為讀者展現更為清晰也更有焦點的脈絡發展。每章由兩個環節構成，先是敘事主線，後為採訪團隊與吳作棟的訪談摘錄。

我們的訪談總會由過去談到當前，因此直接呈現訪談答問，不但能描繪出歷史上的吳作棟，更足以捕捉眼前現實中的吳作棟。唯一例外的是第十四章，我請吳作棟談談他對幾位國際領導人的個人印象，從小布希（George W. Bush）到李鵬，還有馬哈迪（Mahathir Mohamad）、莫迪（Narendra Modi）。這些內容取代了這一章裡的訪談部分，也讓讀者有機會一窺環球精英政治裡最核心的一些耐人尋味的互動關係。全書尾聲，吳作棟也記錄了自己對於書中各章的反思與感想，讓讀者直接聽聽他的親述心聲，為這本傳記注入另一重意義。

本書更多著墨於國內事務而非國際關係。吳作棟主政期間的外交部長賈古瑪（S. Jayakumar）已出版過兩部關於自己從政經歷的著作，慮及於此，吳作棟認為無需再對他任內爆發的數起外交風波多加複述，例如一九九四年美國籍青年邁克菲（Michael Fay）被施以鞭刑一事，以及隔年因為雙重謀殺罪而被判處絞刑的菲律賓女傭弗洛爾（Flor Contemplacion）一案。本書述及的對外事務，更多是從吳作棟的角度出發，闡述他的思想，以及他與國際友人間的情誼。但當中也有個相當突兀的例外：吳作棟在總理任內雖與馬哈迪有過頻密接觸，但他始終不願透露兩人之間圍繞著水供協定、星馬第三大橋等爭議雙邊課題所開展的協商過程有多折騰磨人。這不可不說是一大憾事。我們也只能寄望有朝一日，還能有人將這段經歷公諸於世吧。

這部吳作棟授權撰寫的傳記分成四個部分，展現前文所提及的近乎懸疑驚悚小說的敘事結構。第一部分，吳作棟新政府甫成立就面對著數番重大挑戰，讓他甚至不確定自己能否熬過最初幾年。到了第二部分，他克服難關逆勢而上，落實自己的關鍵政策，成熟幹練的政治領袖魄力逐漸成形。他在第三部分迎來一連串沉重打擊，外在環境與團隊最核心深處紛紛爆發了無可預見的嚴峻考驗，讓他心力交瘁、疲於應付。然而，一切困難終究迎刃而解，而他也精明地選擇了在自己的執政巔峰交出領導棒子，譜寫出圓滿終篇。《吳作棟傳（一九九〇～二〇〇四）：新加坡的卓越關鍵》的情節猶如電影般曲折精采。期許吳作棟主政時代的這齣人生劇本，能透過這本書，讓讀者您更全面清晰地見證這位卓越領袖的非凡事跡。

SINGAPORE AIRLINES

part 1

蹣跚起步

我會扮演好自己，
樹立自己的風格。

第一章 一夜安眠，漂亮出擊

「這是劫機！膽敢在新加坡降落的話，
我們立刻把整架飛機炸毀！」

——新航一一七劫機犯蘇姆羅（Shahid Hussain Soomro）說[1]

一九九一年三月，一個安靜的星期二夜晚，還差幾分鐘就是深夜十一時了，電話突然響起。對多數家庭來說，這個時候接到來電算是晚了，可是吳作棟早已習慣。大家都知道李光耀睡得晚，習慣在這個時間撥電給他的繼任者交流幾句。吳作棟的隨扈接起了電話，但來電者出乎意料地並不是李光耀。電話另一端傳來了一把陌生的聲音，是個讓人意想不到的來電者，尤其鮮少會在這種深夜時分來電——那是國防部常任祕書林祥源。

隨扈從執勤處望向吳作棟官邸，發現書房的燈還亮著。新總理一如既往還醒著。電話接過去了。這位上任不過區區四個月的新加坡領導人，即將面臨他任內的第一場危機。

林祥源向總理報告了他當時所知的有限信息：新加坡航空公司一架往返星馬的五十分

鐘短程航班一一七號班機，在一九九一年三月二十六日從馬來西亞梳邦機場起飛後不久遭劫持；深夜十時二十四分在樟宜機場降落，四名劫機者挾持了機上的所有一百一十四名乘客和十一名機組人員。這個消息讓吳作棟大吃一驚。他回憶起接到消息時的反應：「我非常震驚。客機遭劫持——這種事只可能在其他國家發生，在新加坡是從沒聽說過的事。」可是他卻是一點兒也不慌張。在林祥源的記憶中，這位總司令「非常冷靜」：「我不記得他確切說了些什麼，當時他給我的感覺就是：好的，他明白了。他讓我們繼續，說我們會知道該怎麼做。就是這樣。」接著，通話結束了。

吳作棟這時候有了一些不太符合常理的舉動，對一些人來說甚至有點不可思議——他不是急匆匆地衝往機場，也並未在家中來回踱步坐立難安，而是直接回房休息。「不一會兒，我就上床睡了。」他第一次對外披露自己對劫機事件的反應。「如果有什麼需要我做決定的，他們會讓我知道。」他胸有成竹，很清楚自己不必為此事過度操心。

他的從容與自信，源自於他與同僚同儕在過去二十餘載那高度隱祕的準備功夫。他之所以能高枕無憂，枕著的是兩大組織：執行小組和特別行動部隊。在這場劫機事件爆發以前，除了政府與武裝部隊內部最高層級的少數決策者之外，沒有其他人知道這兩大單位的存在。林祥源說明，高度保密是刻意為之的。「人們必須清楚認識到，威懾效應裡最重要的一點就是：如果新加坡武裝部隊向你展示了什麼，它也必定還具備另一些不讓你看到的更深層、更強大的實力。」他咧嘴笑著說。「這是整個防務概念不可或缺的一環。換言之，非到必要，絕不暴露。」

而那個晚上，新加坡的真正實力，赤裸裸地展露無遺。「執行小組」這個平淡無奇的名稱只不過是個幌子。新加坡自一九七四年在「拉裕號」（Laju）渡輪劫持事件[2]首次遭遇恐怖主義襲擊之後，政府就決定必須成立一個跨部門機制，以更有效地應對天災人禍或恐怖襲擊等災難性事故。自那次以後，政府就反覆演練重大災禍情境，確保軍警部隊、民防部隊、醫療護理團隊，甚至公共關係團隊在面臨危機時能步伐一致。早在「整體政府框架」這個名詞盛行於民事服務領域以前，這一做法已然存在。林祥源當時正是以執行小組代主席身分致電吳作棟；時任執行小組主席的內政部常任祕書陳振忠在事發時正好出了國。

如果說執行小組是大腦，特別行動部隊就是支撐著大腦的堅實肌肉和體力。這支精英作戰部隊在一九八五年成立，賦予反恐特別任務，尤其是應對劫機危機。當年首次提出組建這麼一支精銳部隊的是前三軍總長黃維彬。他透露，當年他爭取到了上頭批准，創建一支由一位指揮官外加百名戰士組成的一〇一人單位。「新加坡在那個時候還沒有對抗恐怖主義的實力。我需要培養一支內心剛毅、攻擊力強、槍法精準的精兵。我需要上頭的批准才能展開訓練，進行遠超普通步兵團標準、甚至會被視為艱苦嚴酷的魔鬼式軍訓。」

當年批准這個想法的長官，正是吳作棟——他自一九八二年起出任國防部長長達九年，一九九〇年當上總理之後仍繼續掌管國防部。黃維彬說：「是政治意志讓我們最終得以培養出這麼一支強悍的精銳部隊。單花錢購買武器是遠遠不足的。」特別行動部隊成立以後的足足六年裡，軍士們祕密練兵，甚至對家人也不准透露部隊的真正性質。為了模擬劫機實況，這支特種部隊還動用了新加坡航空公司停飛維修的珍寶客機進行各種演練。一次演習中，突擊隊員強攻一架波音七四七客機，交出了完美成績單：蠟質子彈命中所有目標，無辜人質則毫髮無損。在場觀訓的吳作棟徹底折服了。「當我說我們的武裝部隊應付得了，我必須讓我的長官相信我說的話。」黃維彬露出了心照不宣的笑容：「養兵千日，不就是這麼一回事嗎。」只是，劫機者首領蘇姆羅顯然毫不知情。

這名巴基斯坦人與其他三名同伙在控制了駕駛艙後，就馬上威迫機長改道飛往澳洲雪梨；倘若不服從指令而讓客機按原定行程在新加坡著陸，他就會立刻炸毀整艘客機，讓百多人一起陪葬。不過，當被告知客機的燃油不夠，無法飛往雪梨後，他允許機長在新加坡落地添油，再續程飛往雪梨。飛機在樟宜機場降落之後，四名劫機者開始往機艙內潑灑烈酒，恫言放火燒毀客機。劫機者要求跟巴基斯坦前總理貝娜姬（Benazir Bhutto）對話，並要求釋放當時正在服刑的貝娜姬丈夫阿錫夫和另幾名政治犯。

以林祥源為首的新加坡官方代表繼續與劫機者進行談判，但是劫機者在談判過程中卻不滿星方延誤回應而開始襲擊機長與乘務長。深夜十一時二十分，劫機者犯下第一個錯誤。他們失去耐性，愈來愈浮躁，將空服員陳振全扔出A三一〇空中巴士機艙。陳振全從四．五米高處重重摔落在停機坪柏油路面上，他受盡折磨，滿身瘀傷，卻僥倖生還，還能向執行小組提供有關劫機者的重要信息，包括他們所持的武器，以及在機艙內的位置。約四個小時後，恐怖份子重蹈覆轍，再將乘務長張益萬推出機艙。乘務長同樣給新加坡談判代表提供了重要信息。

整個過程中，特別行動部隊正在另一艘結構相似的空中巴士機艙內為突擊行動進行模擬演習。黃維彬憶述當時的情景：「我還得來一場終極演習——盡可能以最接近現實的狀況為依據。」清晨六時四十五分，當劫機者發出最後通牒，恫言若無法獲准在五分鐘內離開，就會先幹掉副機長；精銳部隊早已做好準備隨時出擊。黃維彬此時籲請林祥源以及內政部長賈古瑪與交通部長兼國防部第二部長楊林豐這兩位總指揮發出進攻指令。這位三軍總長強調：「我們必須馬上強攻。」還差幾分鐘就破曉了，他急需借助轉瞬即逝的夜幕作掩護，讓特別行動部隊在不被發現的情況下逼近機艙。最終，明確指令發下來了。賈古瑪在自己的回憶錄《座上賓或盤中飧》（*Be At the Table or Be on the Menu: a Singapore Memoir*）裡形容，形勢眼看就要失控，「我們沒得選擇。」他寫道：「一旦劫機者開始倒數殺害機上乘客，我們的行動就刻不容緩了。」

六時五十分，突擊隊員以炸藥轟開機艙門，往機艙內拋擲閃光彈。電光火石間，七年的縝密軍訓收穫了一場精確的突擊行動——三十秒內將四名劫機者一舉殲滅，機上所有乘客和機組人員全數獲救，且安然無恙。執行小組控制室歡聲雷動，黃維彬形容，如同「足球場內即興響起的喝采聲」。

馬上，一通電話又撥到了吳作棟官邸，向他通報危機已解除。沒人知道在這之前他已安睡七小時。林祥源只說，總理沒到現場，大家反而心存感激。「換作是其他人，很可能每小時來電話問你情況怎麼樣了。但是他沒那麼做。這其實幫了我們很大、很大的忙。因為如果負責處理危機的總指揮，還得要每小時向上頭彙報一切進展，不管從哪方面說都是非常干擾的。這意味著你根本沒法專注應付眼前的危機。」吳作棟再三強調，他絕對信任他的團隊，無論是賈古瑪、楊林豐，或是林祥源、黃維彬。「我有百分百信心。我知道我們有一支特別行動部隊。所以沒什麼需要驚慌的。一切都有可靠的人在看著——這才是最重要的。」他安然地克服了總理任內的第一場危機，在安穩地睡了一夜之後。

問：您當時可曾想過要到機場去？

答：我是刻意決定不去的，因為我知道如果我在場，一定會讓那些負責指揮的領導分心。在處理任何危機時，必須懂得什麼時候得出面干預，什麼時候又該在現場出現。這很重要。

如果我去了現場，各個負責人一定都不敢擅自做決定，都會先問過我。賈古瑪會忙著向我彙報進展，而我很自然地也會表達我的看法。他們的一舉一動都會變得瞻前顧後。

賈古瑪是當時擔任總指揮的部長。我很清楚他完全有能力處理這個局面。賈古瑪對林祥源大概也有同樣的想法，那就是，放手授權他主持大局。只有當林祥源緊張起來了，賈古瑪才會出面說：「祥源，現在這麼做，然後這麼做。」

問：可是，即使您不在現場指揮大局，您待在家裡難道不會擔心焦慮嗎？

答：沒必要擔心。我們已有充分準備；此外，更是關係到對自己團隊的充分了解。這個團隊的一個共同點是：大家都很冷靜，全都展現了沉著自信的領導能力。根本沒有人在慌。要是你有個總理，總在上躥下跳，不斷追問：「賈古瑪，事情怎麼樣了？有任何最新進展嗎？祥源，你什麼時候要採取行動出擊？」那整個局面就垮了。所以，身為政府的掌舵人，非到必要時不要干預。既然已經萬事俱備，你也相信有靠得住的人在掌控局面，那就只需要從旁監督與觀察就夠了。

問：我想很多人大概都會坐立不安吧。

答：那你就當不成總理了，因為你沒法控制住自己的情緒！至少我不認為那是總理該有的樣子。如果我是個緊張大師，遇到危機就坐立不安、上躥下跳，那這種情緒肯定會一層一層地蔓延下去的。如果祥源在跟我通話時聽出了我在緊張，他心裡一定會想：「噢！總理也慌了。」我告訴自己一切都不會出錯，因為我信任他們，我信任新加坡武裝部隊的實力！可是，萬一事情出了錯，我就得承擔責任。總理必須負起責任，面對問責。

問：所以，您當晚睡得可好？

答：我睡得挺安穩的。雖然起得比平時要早一些。

問：您的反應還是讓我不可思議。

答：你不相信嗎？

問：不是不相信。只是，這場劫機事件突如其來，您才接任總理不過四個月。這事在您接班後沒多久爆發，您在整個過程中，難道就從來沒想過需要做些什麼來向外界展示自己的能力嗎？

答：你是想說這場劫機陰謀是我一手策劃的嗎？（大笑）有什麼需要展示的？如果你

認為我必須藉著這次事件來凸顯自己，甚至於大秀一場，那我就不是我了。從《吳作棟傳（一九四一～一九九〇）：新加坡的政壇傳奇》的第一次訪問開始，我就不斷地告訴你——我從來沒想過要向任何人展現什麼、或證明什麼。

為什麼呢？因為這就是我。我不相信說當上了總理，就必須對外展示我有多成功。你只需要把工作做好。一旦把工作做好了，你就成功了。工作做不好，那就等著下台吧。我完全沒想過把這場劫機事件看作是當上新總理後閃亮登場的一次機會。要真是這麼想或這麼做的話，那就錯了。

問：那可是極大的自信。

答：我不知道那算不算是自信。實際上，有些人可能會說，我太悠哉閒哉了。如果我真有極大的自信，上任後的第一場國慶群眾大會就不會那麼緊張。不，這不算是自信。只是我的性格使然。

問：那場危機過後，分析家和媒體都說劫機事件是對新加坡發出的挑戰，是要看看這個國家在李光耀引退之後是不是變得軟弱了。

答：你不能這麼說的——說那是對新總理發出的挑戰，為了看看他扛不扛得住。事情發生了，考驗了我，考驗了整個政府，也考驗了新加坡。假如這次事件中有人死了，會不會說這個新總理就沒有處理危機的能力？是不是說如果還是李光耀主政，就不會有人會被殺害？或者，甚至於說如果李光耀還在位，客機根本就不會被劫持，因為連恐怖份子都怕了他？人們會是這麼說嗎？（大笑）

問：當您說您在事件成功化解後並不想出面展示什麼，我假定您的意思是從沒想過要利用這件事來撈取政治資本。我想這還真是新加坡獨有的作風。在其他國家可不會是這樣。

答：差別就在這裡。突擊行動成功後，我並沒有突然出現在記者會上攬功勞。不，我的同事們不會想要那樣的領導。我也說了，萬一有什麼閃失，我會挺身而出負起責任。畢竟我是總理。可是當一切順利解決了，就該讓其他同事得到應有的表揚。

問：您之前提到自己上任後的第一場國慶群眾大會。那會比劫機事件更讓您感到焦慮嗎？

答：是！肯定！那一次是我一個人站在台上全權負責。我得有所表現。這對我來說是件大事——第一場不是由李光耀發表的國慶群眾大會演說。那可是萬眾矚目的大戲啊。我非常緊張，喉嚨還有點乾。李光耀教我在舌下含一片人參片，可以刺激唾液的分泌。他說他就是這麼做的。可是當我照他說的做，我發現自己更緊張了。你會時時想著嘴裡含著東西。最後，太太很體貼地給我泡了一壺人參茶讓我隨身帶著。

我決定不帶太太到現場——不然我會更有壓力。現場已經有了李光耀和那麼多人，大家都在看著。如果太太也去了，而我碰巧又看到她在台下的表情，她的表情要是不滿意的話，我就會受到影響。

問：結果您太太當時在哪兒？後台嗎？

答：她在家。我到現場彩排時太太是陪著去的，也給我提了不少建議。

問：但後幾年的國慶群眾大會，太太到過現場嗎？

答：也不去。我讓她在家看電視直播，然後從電視螢幕前的觀眾視角給我提意見。

問：她會希望也在現場嗎？

答：她讓我決定。第一年決定讓她別去，接下來的幾年也就一直延續著這個習慣。其實你還是第一個問我這個問題的人。沒有人曾經問過我為什麼太太沒在現場。

問：這麼多年都沒人問起？

答：李光耀從來不問。同事們也都沒問過。也從來沒有議員問起我這事。我猜大家都知道我的作風跟李光耀不一樣吧。

問：好啊，現在倒是讓我們發現了！您可曾想過索性取消國慶群眾大會？

答：有的。其實早在成為總理之前，我就在想著這事了。我擔心的是得用馬來語和華語演講。你知道的，我不是多語人才。我是殖民地教育體制下的產物。

我心想，是不是應該改像美國總統那樣在國會上發表國情咨文？這麼一來我就可以省去以馬來語和華語向全民發表演講。

另一個我反覆在想的可能性是把它改為晚宴形式——那種場合，你只需要說幾句簡單的開場白，如「你好嗎」，然後轉為英語發表演講。如果是晚宴形式，我會不會比在群眾大會上來得更自在？那是肯定的。畢竟場合沒那麼正式。

而我最終的分析是：我如果取消了國慶群眾大會，人們立刻會說，這位總理無法與李光耀相提並論，永遠做不到。反之，如果我讓大家看到我願意學習，人們就也許會想：「嘿，這人還不錯。」所以，我決定按照原來的模式，硬著頭皮上陣。

問：國慶群眾大會演說的準備過程有那麼痛苦嗎？

答：我在第一場國慶群眾大會演說一開場就坦白地說，多虧有了提詞器，讓我能夠以馬來語和華語演講。這是為了讓大家知道我必須去學習怎麼說馬來語和華語，而且還得靠提詞器幫忙。這樣人們才會明白這個人並不是想誤導大家，讓人們以為他的馬來語和華語在一夜間突飛猛進。我不想裝作自己能像李光耀一樣揮灑自如地演說，讓在家收看電視的觀眾產生誤會。後來我才發現，西方國家好些能用在地語言滔滔不絕演說的領導人，其實也都是靠提詞器。電子提示器在電視時代還真是演說者的好朋友。

問：結果那一場演說之後反應如何？

答：嗯……我一走下台，就看到李光耀笑了。他是第一個向我祝賀的人。他說了一些話，大概就是幹得好的意思。他的微笑讓我知道自己表現得還不錯。然後其他人上來跟我說恭喜，很棒。我才鬆了一口氣。

當那場國慶群眾大會來到尾聲，吳作棟的新總理任期正進入最甜蜜的蜜月期。主政九個月，他就教育、醫療、住屋等領域宣布了重大的新政策，這些我們稍後會再詳談。同時，他亦克服了自己在國慶群眾大會處子秀上的一大障礙，這對他而言不能不說是一項重大挑戰，畢竟他的公開演說技能，或者說在這方面的欠缺，曾經受到前任總理的高度關注與檢視。

即便是那場最意想不到的新加坡歷來第一起劫機事件，也以最好的方式收場。正如時任美國駐新加坡大使洪博培在致新加坡政府的信函中所說：「從整個行動過程的效率來看」，這是他所見過「最好的案例」。

觀察家很快指出，吳作棟展現了後李光耀時代的新加坡並未變得軟弱無力。政治學家比爾維爾星在《新航一一七號劫機事件》一書中寫道：「有好些不懷好意的人一心想要考驗吳作棟先生領導下的政府有多大能耐；而在劫機行動的處理上，就正是新加坡新政府的強悍與實力的鐵證。」

吳作棟對第一章的反思與感想，請見〈省思〉「準備就緒」第三四四頁

第二章 閃電大選

蜜月期在大選當日宣告結束。

——人民行動黨一九九一年選後檢討報告

一切看似那麼完美。到了一九九一年八月，看在人民行動黨眼中，可說是一片歌舞昇平——爭議性政策減至最少，經濟前景一片大好。公務員領了三個月花紅，堪稱一筆慷慨的工資獎勵。上一輪生活費的重大調漲已是一年半載以前的事了，分別是一九九〇年下旬巴士地鐵車資調高，以及一九九一年初大學和中小學校學費增加。通貨膨脹率有所減緩，而原定在七月推行的住院費上調計畫也已展延。

最重要的是，人民行動黨換了新總理掌舵，而吳作棟就像是搖滾明星一樣，自帶一股讓人親近且信服的魅力。他從六月起就在全島積極展開「訪民情，商國策」社區訪問活動，三個月來在民間獲得熱烈回響。無論是透過官方渠道或非正式民調，行動黨探測到的民意均指向同樣信息：吳氏領導風格親切零距離，尤其廣受中產階級歡迎。這是行動黨一九九一年全國大選後檢討報告上所記錄的選前氛圍評估。

這份長達十九頁的報告書上寫著，新加坡人民開始感受到政策是可以因應民意而調整的，人們可以自由地暢所欲言，執政當局即使面對不同政見與主張，也更願意容忍甚至予以尊重。新加坡最早期的政治漫畫家喬治・諾伊斯於一九九一年出版的《李光耀再見，吳作棟你好》一書中如此形容：「吳作棟接任後，我明確感受到民間氛圍不一樣了。新加坡人對新總理的行事作風深感振奮。」他寫道，「新開放政策」讓這個國家享有更大的自由。

選後檢討報告上所記載的民間氛圍，跟吳作棟自己的觀察是吻合的。「當時的形勢對我們非常有利，我就希望能為自己爭取到人民的委託來治理新加坡。如果新總理漂亮贏得大選，就能讓新的領導班子擁有更堅實的立足點來領導國家。這就是我當時的想法。我認為那是舉行大選的最好時機。」他的看法也獲得黨內認同。報告上明確闡述：「爭議性政策並不存在，蜜月期效應和新總理本人的受歡迎程度，理應足以扭轉行動黨在一九八四年及一九八八年連續兩屆大選中支持率下跌的頹勢。」

正是本著這股信念，人民行動黨甚至準備涉足之前從未到過的禁區。自獨立建國以來的二三十年裡，行動黨從未在農曆七月中元節期間舉行過大選。新加坡的絕大多數華族人口把每年的這個月份視為鬼門關大開、陰間靈魂返陽的時期，算是一年當中最不吉利的月份，但凡人生大事都會刻意避忌。但是向來高舉著世俗主義旗幟的人民行動黨，可不理會這些迷信說法。更何況，根據黨內的透澈分析，眼下的政治氛圍和形勢確實是完美無瑕。咳，不過在新加坡這種熱帶潮濕氣候之下，再完美無瑕的面容，最終也可能輕易讓一顆青春痘給毀了。結果，這場選舉對吳作棟總理生涯產生了超乎想像的影響，讓這位坦誠率直的領導者脫胎換骨，轉變為精明老練的一號政壇人物。

國慶群眾大會三天後，國會於八月十四日解散。全國大選定在八月三十一日舉行。儘管本屆國會會期大約還要兩年才屆滿，吳作棟和團隊還是決定提前舉行閃電大選。吳作棟暗自希望借助這次大選扭轉行動黨近十年來得票率持續下滑的頹勢。他憶述當時的想法：「我認為我們這一次的成績應該會好一些，因為我能感受到人民希望看到改變。而且人們喜歡我的作風。更開放、更願意與民協商……所以，他們會支持我的，讓我持續這樣的治國理念。」人民行動黨在一九八八年大選的得票率是六三．二%，只失去一個國會議席。那是吳作棟必須跨過的門檻。

很快，如意算盤幾乎就在提名日當天失了算。原本如同一盤散沙、各自為政的幾個在野黨，居然首次決定團結起來，實現所謂的「補選效應」策略。在野黨只競逐國會八十一個議席中的四十個席次，讓人民行動黨在提名日當天就取得國會大多數議席優勢，在選戰還未開打之時就自動蟬聯執政。

這招「欲擒故縱」的策略唯有在新加坡獨特的政治生態中才能奏效。這些年來，選民既要人民行動黨政府執政，卻也希望國會中能有少數在野黨議員發聲，以制衡執政黨一黨獨大而變得自滿、傲慢。如此尷尬的投票心態萬一在投票日當天失衡，是有可能出現意想不到的結果，讓人民行動黨意外出局。執政黨上下，包括吳作棟在內，長年下來都不斷發出警告——選民萬一「弄巧成拙」，就會換來一次「詭異的選舉結果」。

因此，在野黨對人民行動黨祭出的回應就是：將全國大選塑造成一場「補選」，那就不必擔心會出現什麼「詭異的結果」了。選民既然已經知道行動黨會繼續執掌政權，就大可放心地把票投給在野黨候選人——這就是他們的道理。「補選效應」策略出自在野黨領袖詹時中領導的新加坡民主黨，他在記者會上說，在野黨之間的協調合作「簡直漂亮極了」。

吳作棟為本書受訪時說，反對黨是把障礙變成資產，轉劣勢為優勢。一眾反對黨其實是根本無法湊集足夠的候選人去競逐所有議席。「這根本談不上什麼策略。他們只不過是機緣巧合下形成了這個局面。他們在提名日當天發現，即使把所有政黨的候選人加起來都不夠。根本不是一次結盟，不是說他們聚在一起商量了，然後突然有人想出這個點子，說不然大家來合作，確保競逐的席次總數不會超過大多數優勢門檻。」但他也認可詹時中夠機智，懂得利用這樁偶然促成的美事反守為攻：「這的確是高招。選民既想要國會中有反對黨，卻又擔心會出現詭異的選舉結果。所以詹時中就讓大家儘管放心，因為行動黨已經是執政黨了，大家可以放心地把票投給反對黨。」這就是在野黨的優勢。

選戰號角一響起，人民行動黨馬上就發現選情氛圍並不如想像中好。執政黨也在這個關鍵時候犯下好幾個非典型失誤。先是，它決定不像往常一樣舉行戶外群眾大會，改而辦起像馬來西亞競選講演會之類的小規模室內對話會。這是有感於上一屆大選群眾大會場面冷清而刻意在形式上做出的改變。吳作棟和團隊也認為，改以較輕鬆自在的小型室內場景更能讓他們發揮所長，畢竟他們不太善於發表公開演說。他說：「競選團隊覺得我們辦群眾大會總是沒法吸引人潮。與反對黨一比較，就顯得我們聲勢太弱了。所以，我們選擇改辦小型對話會，大家都會舒服自在得多。」

結果卻適得其反。行動黨在選後檢討中稱之為「嚴重的錯誤」，指這個決定讓黨內動員群眾的能力完全失效。檢討報告指出，黨內活躍份子需要實際感受到執政黨的存在與聲勢。報告說：「不辦群眾大會，等於把群眾大會場子拱手送給了反對黨。」而在野黨正好趁虛而入，通過一場場群眾大會，充分利用各種方言和大家熟悉的生活語言，傳達他們的競選信息。

其次，吳作棟的治國綱領《新的起點》（*The Next Lap*）[1]亦難以打動選民。選後檢討報告坦言，綱領中的內容與信息「讓選民難以捉摸」。當時仍是行動黨祕書長的李光耀在選後召開的第一場黨中委會議上直言，這份治國綱領有「過度行銷」的風險。根據會議紀錄，他進而提到，組屋居民構成了新加坡選民中的很大部分；對這些選民來說，這份治國綱領所列舉的概念與計畫，顯得「虛無縹緲、不切實際」。相比之下，反對黨一再重提生活費上漲等課題，輕易地就引起了共鳴。尤其當他們一再抨擊政府只管自己致富而不顧百姓貧困，馬上就在民間獲得廣泛回響。

到了開票夜，上述種種在這一刻爆發為吳作棟所形容的自己政治生涯當中「最糟糕的一夜」；善男信女在中元節燒香焚紙的裊裊青煙，化為焦躁選民選票上的沖天怨氣。人民行動黨這一回丟失了四個議席，比上一屆大選還多失了三個。落選的包括一位代部長，也是新加坡歷來首位女部長。這還是自一九六三年以來第一次有部長在大選中落敗。人民行動黨也未如預期般取得比一九八八年大選更好的成績，得票率反而再下跌二・二個百分點，以六一％創下歷來新低。吳作棟形容：「那個晚上處處愁雲慘霧；比起來，安順根本不算什麼。」他指的是一九八一年由他統籌的安順區補選挫敗。[2]凌晨四時，當吳作棟出現在電視直播記者會上，失望之情表露無遺。大多數政治人物，尤其是甫上任的新總理，在分析選舉這樣的結果時都會設法予以正面解讀，吳作棟卻毫不掩飾當下的強烈失落感。

「嗯……這也許不能算是……一巴掌打在我臉上，但肯定也不是輕拍我背的讚許表示。」

他在記者會上流露內心的委屈。「我以為選民會擁戴現在這個開放協商式治國作風，我以為選民會對我和我所推出的計畫給予鼓勵。可是得票率反而進一步下降，我們還失去了四個議席。無論我的治國作風有多受歡迎，但凡事都有一個所謂的最終結果。這樣的開放協商式作風，讓我這次痛失四個議席。未來，會不會再讓我多丟四個議席？所以我必須檢討自己的作風。」

他的直言不諱，讓許多人震驚。接下來幾天，人民對新總理的支持紛紛湧現，不少人投函報章籲請他別氣餒，說要不是因為他，大選結果可能還要更糟。連新當選的在野黨議員劉程強都說：「吳先生其實贏得了六一%的明顯優勢，不應該感到失望。他應該繼續推展《新的起點》框架下的計畫……」但與此同時，也有評論抨擊吳作棟的示弱舉動。人民行動黨的選後檢討似乎也同樣暗指吳作棟選後的陰沉論調，僅短短幾小時內就在全國各地蔓延開來，舉國上下都籠罩在一片愁雲慘霧、暗流湧動之下。選後檢討報告還引述了選民對行動黨議員表現過激的相關報導，說：「人們開始誤以為他們可以向政府或個別議員施壓。」

回看這段經歷，吳作棟坦言，自己當時處在一個「兩面不討好」的處境。「我如果強顏歡笑，大家會說我假，說這人其實心裡在淌血流淚。這麼說吧，我希望忠於自己，心裡怎麼想，就怎麼表達。有些人可能認為我表現得太軟弱，認為我應該更堅定果敢一些。這個看法是合理的，因為你的行為表態很重要。我在黨內也聽到了相同的反饋。一些黨員說，我可以感到徹底失望，這是自然的，但身為領導人卻不應該讓人覺察出一絲軟弱。是的，我表達了自己的失望情緒。但難道這就是軟弱嗎？對我來說，並不是。就只是失望而已。不過當然，這也關係到觀感的問題。如果我的失望讓人們看作是軟弱，那就不好了。」

舉行記者會的時間點，也是個問題。「從那以後就有了個決定，往後再也不會在凌晨四時召開選後記者會了。」他自我挖苦地說。

問：一九九一年大選競選期間，您是到了哪個階段才感覺到事態的發展可能不如預期？

答：競選活動來到中途時。群眾大會的人潮，人民對候選人的反應，媒體報導等等。一般到了那個時候，我們就大概能感受到風向有多大，是否對我們有利。在任何一場選舉，行動黨的起點通常都是很高的——我們總會在自認為最巔峰的時候進場。如果並不是處在最好的形勢，而又不是沒得選擇，我們也不會宣布大選。

接著，隨著選戰開打，你一定要有心理準備，反對黨必定會揭瘡疤、翻舊賬，將各種各樣真真假假的課題統統翻出來說。反對黨會想盡各種方法來攻擊你，攪動民心，爭取選票。就像是舉起機關槍掃射百多發子彈一樣，必定會有幾顆命中目標。所以你馬上能感受到選民對人民行動黨的支持度是不是開始往下跌。

問：具體是哪個階段讓您開始擔心了？

答：通常到了競選中期，行動黨就必須對種種攻擊做出回應。肯定會有一些課題引發爭議，即使再荒謬都好，你總還是有辦法及時滅火，把它壓下來的。但另有一些話題，比如說生活開支問題，這些是最難處理的。「政府賺這麼多錢，卻不肯幫助人民」，這些是最難化解的。生活成本是個歷久不衰的爭議課題，哪怕政府一直都在想辦法解決，哪怕生活水準其實已經不斷在提升。

然後，我們就得反覆闡明我們的主張。所以到了競選最後階段，通常會看到行動黨的支持度再次回升。這是因為選民聽到了我們的回應和反擊。競選期間，所有的政綱、所有的計畫，其實人民一般就是聽了就算。我認為這些實質東西並沒有獲得選民應有的重視。反而是競選造勢，才會真正地左右選情。

二〇二〇年大選也出現了類似趨勢。差別在於，即使到了競選尾聲，行動黨還是沒能等到支持率回彈。一般來說，碰到像COVID-19疫情這種危機時刻，打安穩牌準沒錯。而且好些讓人傷腦筋的問題，如地鐵系統發生故障，醫療費上漲，全都妥善處理了。行動黨原本預測支持率會在六三％至六五％之間。

工人黨呼籲選民別給行動黨開出「空白支票」，還說這屆大選真的有可能會讓反對黨「全軍覆沒」。這個說法引起了選民的共鳴，尤其是在原本就由工人黨掌管的兩個選區。其他反對黨的競選主軸則是呼籲選民拒絕讓行動黨在國會擁有「超級多數」的壓倒性優勢。這一招最終證實對選民作用不大。

問：那你們為什麼還要推出競選綱領？

答：我們畢竟是執政黨。沒有一套競選綱領的話，我們要怎麼具體說明自己的主張？所以，你得向全國人民呈現全盤的政策與計畫，一一解釋清楚。到了競選後半期，我們又得再來重申競選綱領。選民聽反對黨說了很多，你能反駁一些，不過總有一些指控是你化解不掉的，因為你永遠改變不了人們對某些政策的看法。可是你可以回歸到競選綱領。這場大選意味著什麼？我們想要爭取什麼？我們又為新加坡勾勒出什麼樣的願景？

選前一天最為關鍵。選前最後一刻的氛圍，足以讓形勢倒向任何一邊，差距可達幾個百分比。如果行動黨的支持度在往上走，最後一天一般都會稍微滑落。可如果黨在這個時候出現了什麼嚴重失誤，那最後一刻的下挫幅度可能會相當顯著，會流失相當大的支持度。

所以，如果我們為整個競選過程的趨勢畫個線型圖，會是這個樣子的：開盤走高，然後滑落，略有回升，到選前一天的最後一跌。

二〇二〇年大選，行動黨幾乎是自競選開跑那一刻起就感受到支持度在下滑。競選接近尾聲時，行動黨重申了競選宣言：在COVID-19疫情危機當前保工作、保飯碗、振興經濟。這句口號雖止住了跌勢，卻仍不足以反轉逆勢而上。電視辯論也讓一些反對黨候選人加分。選民有機會近距離看到這些反對黨候選人，當中一兩位表現亮眼，有位新人甚至掀起了追捧熱潮。[3]

問：你分析新加坡選舉形勢的線型圖還挺有意思的。

答：這是我的觀察。我沒有任何經驗或數據來支持這個說法，純粹是我的觀察，而這也是我們制定競選策略的依據。

問：是不是因為這樣，你們也總愛把競選期只維持在憲法規定的最少九天？

答：不是的。主要還是為了生產效率。大選過後，日子還是得照樣過。如果競選期拉得太長，人們會說我們太專注於打選戰而忽略了民生和下來的挑戰。

就算我們把競選期拉長，也未必對反對黨有利。他們的說法會變成舊聞在不斷重複。如果競選期長達二三十天，反對黨豈不要累垮了？總不能天天晚上舉行群眾大會吧？還有什麼可以說的？事實上，我們反而可以有更多時間去反駁他們的論述。反對黨不會像行動黨一樣有精力和資源去打一場持久的選戰。

所以在我看來，短暫的競選期對誰都好——對執政黨、對反對黨、對整個國家，乃至全體人民。

問：回到您剛才描述的線型圖，如果說行動黨所獲得的支持度一般會在競選最後一日下滑，那如今多了個「冷靜日」，會怎麼改變原有的線型圖？[4]

答：我們參考了其他國家的經驗。政府決定設立「冷靜日」，讓人民有時間去冷靜思考跟大選相關的種種關鍵議題。我們希望由哪一個政黨來組織政府？我想要哪個政黨或哪位候選人代表自己在國會上發聲？我希望由誰來管理我的市鎮會？國家此刻正面對哪些真正的考驗？與其讓競選最後一天群眾大會上的奮慨激情沖昏了頭，選民現在有多一天時間好好思考。新加坡的選民還是相當理性的。

問：您認為增設「冷靜日」，是否有利於人民行動黨選情？

答：對整個制度是好的。倒不是為了行動黨。我的意思是，如果你要認真對待大選，就得花些時間去好好想想這些競選課題。大家的說法你都聽到了。過去的經驗顯示，反對黨往往靠著最後一場群眾大會煽動了好多人。所以，大家其實都在各出奇招。政治就是這麼一回事。我們總會早早就去排隊搶先預訂群眾大會場子。在我們那個年代啊，得到現場排隊才能申請准證。

為了排在人龍的最前面，我們其實動員了一些人徹夜排隊。你申請到准證，搶先訂下反對黨最可能用來鼓舞人心的場子，逼著他們只能轉移陣地到其他不那麼理想的場地，那他們製造出來的效果也會失色不少。

我認為對政治來說，「冷靜日」是好的。但這未必對行動黨有利。反對黨如果提出了強有力的論述，而行動黨又無法很好地做出反駁，那我想「冷靜日」就反而會對他們有利了。關鍵終究是，別因為一時衝動而投票。花點時間反覆思考競選議題，想清楚了再投下手中的一票。

大選後幾天，關於新總理將引咎辭職的謠言甚囂塵上，吳作棟卻在一場國際記者會上澄清自己並沒有下台的打算。「好好睡了一覺之後，大選成績看起來其實還不算太糟。」他在記者會上這麼說。

「我們選後評估認為，投反對票的選民其實並不太在乎我的治國作風為何。他們所關心的是溫飽問題，而這些問題我們接下來將更加關注。」

儘管這些檢討與評估都更為積極正面，但顯然地，他骨子裡的某些東西變得不一樣了。他為這場全國大選押上了自己的協商式治國作風，但選舉結果卻在這個他一手創立的品牌上烙下了令人難堪的傷疤。事隔三十年後，他承認，當年的那一場選舉結果，「形塑」了他最終的領導風格。「這段經歷加速了我做為一名政治領袖的成長過程。」他坦率地分享著內心的感受。「雖然我還是願意聆聽各方的反饋，但有時候也會『比較聽不見』。換句話說，我還是必須繼續領導國家，但有些意見我可能不會花太多心思去關注，也就是說，我也可以果斷、強悍。與民協商，也並不意味著任何時候都得聽取所有人的意見。」

更寬容、更溫和，成了吳作棟政治菜單上的單點菜色，而不再是那種任點任吃的自助餐。而自此以後，那一抹政治上率直單純的真性情，在他身上消失了。正如他在一九九一年選後接受外國記者採訪時說的，他今後也會採取一些強硬做法，比如動員黨工「到咖啡店裡暗對反對黨展開反宣傳」。只是，這位新上任的領導人要想重拳出擊，還得再經歷好幾場意想不到的紛爭；還有好幾道坎，有待他去一一逾越。

吳作棟對第二章的反思與感想，請見〈省思〉「隨遇而安、泰然處之」第三四六頁

第三章　禍不單行

「你最好還是找慶炎和丹那談談。」

——一九九二年，李顯龍對吳作棟說道

「陳慶炎……」吳作棟喃喃地說道，然後沉默了片刻，又幽幽地搖了搖頭，望著手中握著的辭職信。這封信在他的辦公室檔案內整齊留存了近乎三十載，歲月的流逝卻也稍稍撫平了一紙書信所造成的傷痛。他讀著這封信，應該已經看過不知多少回了，然後開始笑了起來；先是輕輕一笑，而後轉為咯咯大笑。傷痛多少已讓幽默取而代之。「如今我想起這事，之所以會笑，是因為這些我都經歷過了，也熬了過來。」他此時正坐在總統府辦公室裡接受我們的採訪。「可是在那個時候，可不是鬧著玩的；我感受到的就是一股椎心的失落感。」

一九九一年八月十五日，就在國會解散、吳作棟為總理任內首屆大選拉開戰幔的隔天，陳慶炎私下與他的這位新領導會面，拋下了一枚震撼彈。這位當任教育部長，也是李光耀欽點的首選接班人，決意退出政壇。他告訴吳作棟，他仍然會參選，不過會在選後退出內閣。換句話說，他還是會繼續當國會議員，不過不會留任部長。十天後，也就是八月二十五日，陳慶炎正式遞交了辭職信。

對吳作棟來說，這個打擊讓他倍加難以承受；公眾當時不知道的是，陳慶炎並非他的新內閣團隊中第一個提出辭呈的部長。早在三個月前，也就是一九九一年五月，丹那巴南也向這位才剛上任的新總理表達了退出政壇的意願。丹那巴南當時是國家發展部長，掌管新加坡至關重要的公共住屋問題，是吳作棟內閣團隊中的重要成員；而他，一如陳慶炎，此前也都推舉了吳作棟為團隊領導。

「我當時心裡急得直跳腳！」吳作棟說著，不經意地流露出一絲殘留的苦惱。「他們在一九八四年推選我為大家的領導。而我才剛上任不久，他們兩人……都是很年輕很有實力的部長，卻先後說要離開。兩根柱子眼看就要塌了，而我的工作才剛開始啊。他們怎能就這樣把我推上來當領導，然後一走了之。」陳慶炎和丹那巴南是第二代領導班子中的重量級將領，眾人也看好他們會在接下來的多年裡充當吳作棟的左膀右臂。豈料，正如吳作棟不斷念叨的，「我的工作才剛剛開始啊。怎麼會這樣？」

吳作棟接受了兩人的請辭，心裡很清楚他們去意已決，不可能再說服他們留任。「駿馬脫韁，我又怎能緊抓著不放手？」他邊說邊七情上面地（編按：「七情上面」為表情豐富之意）指向某個看不見的目的地。「我只好同意，因為我太了解他們了，不想彼此鬧得不歡而散。」不過，他成功說服丹那巴南繼續參加一九九一年大選，否則外界很可能將之解讀為這是內閣團隊在大選前夕對新領導投下的不信任票。

更重要的是，這兩位同僚都向吳作棟做出承諾，未來如果還需要他們效力，必當義不容辭隨時應召。「他倆離開時，我說，好吧，我們只能盡力在這個艱難時刻爭取到最好的局面。」吳作棟分享著當時的感受。「他們兩位都是責任感很重的人，他們今後肯定還是會有所貢獻的——不一定是在內閣，也可能是在內閣以外的其他崗位上。眼下需要的是明白他們請辭的原因，與他們維持良好的關係。沒必要耿耿於懷，壞了彼此之間的關係。」

可是在那一刻，無論是吳作棟本人或是兩位決定引退的部長，都料想不到彼此間的承諾會那麼快兌現。吳作棟甚至還沒來得及從一九九一年大選結果的挫折感中回過神來，就又在內閣遭遇到一連串的戲劇性打擊；其衝擊力度和規模之大，至今仍是新加坡政治史上前所未見、絕無僅有。一九九一年九月五日，大選結束後不過五天，吳作棟對外宣布了丹那巴南與陳慶炎辭呈的消息。兩位部長都以希望重返私人企業界做為引退的理由。這個消息所引發的輿論衝擊對吳作棟來說非同小可，尤其坊間也到處流傳著他將引咎辭職的謠言。可是這三位當事人之中，包括吳作棟在內，恐怕誰都沒料到這些有關他們辭職的謠言會持續好幾十年，甚至以訛傳訛，淪為荒誕的「都市傳說」。

諷刺的是，謠言的其中一大源頭，居然是來自李光耀。李光耀在二〇一一年出版的《李光耀：新加坡賴以生存的硬道理》一書中披露：「……突然有三位部長相繼辭職，他們是陳慶炎、楊林豐和丹那巴南，三位都是重量級部長，原因是他們不習慣他的領導作風。因此，我給他們打電話說，給他一點時間吧，讓他先安頓下來……後來他們改變了初衷。我幫忙解決了一些問題，所以最終他們都留下來了。」[1]楊林豐是繼陳慶炎和丹那巴南之後，於一九九四年離開內閣。[2]《硬道理》一書出版後，文中提到的幾位部長，包括吳作棟自己，均未出面駁斥李光耀的說法；只是上述幾人在為這本書接受採訪時都說是這位已故領導人搞錯了。丹那巴南斬釘截鐵地否認了李光耀的說法：「外界似乎誤以為我的離開，以及之後慶炎的離開，都是因為不認同吳作棟。事實並非如此。我們請辭與吳作棟無關。」他進而說明當年的真實想法：「我是因為馬克思主義事件而離開的。我必須確保自己不會無意間造成人們誤以為我是因為與吳作棟合不來而離開。那也是為什麼後來我留了下來。」[3]

吳作棟在《白衣人》一書中首次披露丹那巴南離開內閣的真相，是因為他無法認同一九八七年政府針對「馬克思主義陰謀」所發動的大逮捕行動。[4]陳慶炎則在辭去內閣職務後重返老東家華僑銀行；他同樣表明自己與吳作棟並無不合。「我在一九九一年大選之前就已經向他（吳作棟）表明，我有意在完成對國家的責任後卸職，回到華僑銀行服務。」他為本書受訪時如此憶述。[5]

丹那巴南和陳慶炎的憶述與他們當年給吳作棟的說法前後吻合。吳作棟說：「我想，丹那如此真誠地告訴我說是他良心過意不去，所以我願意體諒。同樣地，慶炎對自己曾向伯父做出的承諾有著強烈的使命感。我告訴李光耀，我會放手讓慶炎離開，因為任何人對自己的長輩許諾，就一定得做到。」

然而，無論是公開場合或私下，吳作棟從沒就此事糾正過李光耀。他解釋說，因為「根本沒用」。「一旦他對某個人有了既定印象，就很難再讓他改觀。我看過很多其他例子，只是要一一點名的話，會對當事人不公平。他看人的眼光我未必總是認同。他也並不是存心要打擊我，但是他掌握到的細節和所做出的解讀並非永遠都百分百準確。我了解他。由衷地說，這是他的解讀，而他覺得有必要也讓我知道。而因為我很清楚當事人心裡真正的想法，所以我並不會太在意。我倒是從來沒想過他倆（陳慶炎與丹那巴南）會不接受我的領導。」

如果說這兩位重量級部長的雙重辭呈內幕議論就足以持續延燒好幾年；卻還有另一個更加聳動的傳言，更加奪人耳目、歷久不衰。據說時任副總理的李顯龍與其他高級部長在內閣會議上激烈地吵了起來，導致陳慶炎和丹那巴南雙雙憤而辭職。這場風波甚至讓澳洲學者羅斯・沃辛頓（Ross Worthington）寫進了他在二〇〇三年出版的著作《新加坡治國之道》（*Governance in Singapore*）裡，給流言增添了幾分真實感。作者指稱，李顯龍與時任財政部長的胡賜道因意見不合而起衝突，而陳慶炎和丹那巴南是站在胡賜道這一邊的。丹那巴南在內閣會議上責問李顯龍，李顯龍當下更是隔著會議桌刮了丹那巴南一巴掌。陳慶炎和丹那巴南遂憤而辭職，以示反擊。

沃辛頓的書出版後，吳作棟在同一年裡，也就是二〇〇三年總理任內最後一場國慶群眾大會演說中，以他那獨一無二的吳氏幽默，主動提及這個故事。他當時說：「你們可能也已經聽說了這個有關顯龍的老故事了。如果還沒聽過，我就在這裡告訴大家吧。故事是一九九〇年發生的，顯龍和胡賜道吵了一架。丹那巴南是胡賜道這邊的。顯龍大發脾氣，隔著桌子狠摑了丹那巴南一巴掌！整個內閣頓時一片譁然。我接著逼顯龍道歉。我看我八成是患上失憶症了。這事我怎麼完全記不起來！現在你們知道新加坡人多有創意了吧！」

他嘗試以幽默的方式來化解謠言，結果卻失敗了。這個傳言非但未曾平息，反而更添一分虛虛實實的混淆與揣測。

吳作棟在為本書受訪時坦言自己這招「惡作劇式的幽默感」有點弄巧反拙了。「任何進過內閣會議室的人都會知道這事不可能是真的，因為你根本沒法隔著桌子伸手掌摑坐在對面的人，內閣會議桌太寬了！」他先是笑著澄清，緊接著詞鋒一轉，決絕地戳破流言：「為免這本書的讀者還是沒能看懂我的笑話，我要在此挑明——顯龍賞丹那巴南巴掌的傳言完全是子虛烏有。全是假新聞！」

然而，在一九九一年最後幾個月的那段黑暗日子裡，先是一場遠不如預期的大選結果，再得面對陳慶炎和丹那巴南兩位部長的雙重辭呈，讓吳作棟幾乎笑不出來。他說：「我簡直說不出話了。」只是，他初任總理的顛簸之路尚未走完。接二連三的打擊接踵而至，一跨入一九九二年，他又迎來當頭棒喝。那一年四月，副總理王鼎昌告訴吳作棟自己患上淋巴癌。六個月後，另一位副總理李顯龍也確診罹患同一病症。聽著兩人先後透露病情，吳作棟心亂如麻，千頭萬緒湧上心頭，完全茫然失措。「我感覺自己像是連遭兩次雷擊。」他大叫起來。「我彷彿見到自己內閣團隊中四根最堅實的支柱一下子全消失了。」

問：您是怎麼得知兩位副總理患上癌症的？

答：鼎昌的病況我知道得比較早。到了十月二十九日那天，顯龍打電話給我，以最沉重的語氣說：「要告訴你個壞消息。我患了淋巴癌。」

問：您當時有什麼反應？

答：震驚。鼎昌才剛確診不久，怎麼緊接著又是這個消息。坦白說，當初聽鼎昌說他的病情，我還不知道淋巴癌是怎麼一回事。我們安排了一位腫瘤專科醫生到內閣來進行講解。他向部長們解說什麼是淋巴癌，這種癌症有多嚴重。鼎昌患上的是低度淋巴癌，醫生能做的不多，但病人還能活上好一些日子。

問：您當下最關注的是什麼？

答：當下最先想到的倒不是內閣，而是他們倆。一聽到是癌症，馬上聯想到的是最壞的情況。他們會怎麼樣？還能活多久？滿腦子想的都是這些問題。

問：當時陳慶炎和丹那巴南都已經離開內閣了，您有多擔心內閣團隊的實力？

答：非常擔心。我跟你分享一件有關顯龍的事。這也是為什麼我如此敬重他的原因。他告訴我患上淋巴癌隔天，又打了一通電話給我，說：「你最好還是找慶炎和丹那談談。萬一我和鼎昌有什麼不測……你，還有整個新加坡，就會陷入困境。最好能把慶炎與丹那請回內閣。」

當時我其實已經打算把慶炎和丹那找回來。即使在他們離開後，我仍然與他倆維持很好的關係，可以說是我的先見之明吧。顯龍的想法也跟我一樣。他這人才剛得知自己患上癌症，就已經在假定自己和王鼎昌可能無法繼續工作。他這樣想是很理智的，是領導人的風範。他想到的不是自己，他想著的是內閣與新加坡。

顯龍在自身遭受劫難之際，卻更憂心國家大事，這充分展現了他氣度非凡。我在後來跟他的幾次對話中發現，他處變不驚，沉著應對病情，很清楚自己該怎麼去對抗這場疾病。他並沒有因為生病而心煩意亂；就只是接受現實，然後往前看。

問：結果您跟陳慶炎和丹那巴南談得如何？

答：我打電話給慶炎，向他大致說了眼下處境有多嚴峻。他說：「先別慌。看看接下來事態如何發展。」這就是陳慶炎，對吧？非常冷靜。總是那麼沉穩。我確實有點焦慮，不過他說別慌。

丹那當時正準備出國旅遊。我撥電找他，說：「我知道你正準備出國渡假，但我有些壞消息不得不讓你知道。」你如果認識丹那，就大概能猜到他的反應。他對著電話筒大喊：「什麼?!」他不願接受這個消息，拒絕相信我說的話。現在回想起來，他的這些反應大概換作是誰都會有的。對於這個消息，我們全都很震驚。

我告訴他，顯龍患的是中度淋巴癌，我們確實大難臨頭了。所以我請他想想渡假回國後可以怎麼幫幫我們。為了使這個請求更有分量，我告訴他顯龍也讓我找他談談。接著，丹那在出國前也親自和顯龍談過。

問：李光耀呢？您沒找他談嗎？

答：他當時正在南非展開公事訪問。他收到顯龍患癌的消息後打了電話給我。他想要傳達的主要信息就是：為顯龍盡一切努力，盡我們所能幫助他抗癌。「他多活一天，新加坡就多賺了一天。」這是他的原話。但他也同時讓我做好最壞的打算，盡可能招攬人才加入我的團隊。他遠在非洲，可是他關心的不只是顯龍，還有新加坡──他讓我盡可能為團隊招攬更多人才，還有，幫助顯龍與癌症對抗。

問：要勸服陳慶炎與丹那巴南回來，會不會很困難？

答：不會。他倆清楚了我們的處境，都義不容辭地重返內閣。丹那巴南幾乎是立刻走馬上任，接管貿工部。陳慶炎讓我給他一點時間處理銀行的事務。不過兩人都表明，一旦危機解除，他們還是要回到私人企業界，尤其丹那巴南。[6]

我要求慶炎掌管國防部，費盡了一番唇舌才成功說服他。我認為慶炎會為國防部注入全新視角，他也會讓這個部門變得更有自信。畢竟他嚴肅認真也善於分析。慶炎起初不太有把握能否把國防這一塊做好。我對他說他完全可以勝任。我也曾經是國防部長，也同樣沒有任何軍人背景。最後他說好。我也決定讓他升任副總理。這點倒是他沒料到的。

問：您新官上任，就不幸處處碰壁，先是大選失利，而後部長辭官，接著是副總理患癌。坊間當時可有議論，說您的政府走衰運？

答：「衰」字其實是用在鼎昌和顯龍身上，因為患上癌症確實「很衰」。

問：經歷了這一連串事故，您會如何評價自己的團隊？

答：一個人最重要的是：氣度。

陳慶炎：永遠沉著冷靜；
丹那巴南：信守承諾，在我們需要他的時候回來了；
王鼎昌：一如既往，繼續生活，履行任務；
李顯龍：不自怨自艾，專注走好下來的每一步，關心的是我的內閣團隊能否保持強勁的後盾；
李光耀：心繫國家，而不只是關心兒子。

這支團隊，危機當前依然堅強。我為他們所有人感到自豪。

李顯龍後來完全康復了，他在吳作棟內閣中留任副總理，二〇〇四年接棒出任新加坡第三任總理。吳作棟透露，李顯龍此後之所以再也沒有重返貿工部，是因為李光耀相信頻繁出訪也是患癌導因。他告訴吳作棟，李顯龍不適合頻頻出差。「何晶也向我提出請求。」吳作棟說道，他指的是李顯龍夫人。

王鼎昌也戰勝了癌症，還在一九九三年當選總統。不過他所患上的低度淋巴癌不幸惡化，於二〇〇二年病逝。

對吳作棟而言，一九九〇年十一月宣誓就職才剛滿兩年，就遭受一連串意想不到的打擊。他想要建立一個更寬容、更溫和的社會，無奈命運卻讓他接二連三地受盡霉運與冷眼。吳總理就是一個傷痕累累的領導人，以最不吉利的方式開啟了自己的主政生涯。然而關鍵是，他在政壇上堅強存活了下來。縱使步履踉蹌了，卻不至於失足跌倒。不過，終究還是有賴於他摯愛的堅實後盾馬林百列，才讓他的總理生涯出現了重要轉捩點，為其主政時代送來了一份遲來的激勵，那份他早在一九九〇年就引領長盼的激勵。

吳作棟對第三章的反思與感想，請見〈省思〉「關鍵的團隊風險」，第三五一頁。

第四章　一雪前恥，再出發

「不把票投給吳作棟，就是為新加坡做了件好事。」

——詹時中，一九九二年馬林百列集選區補選時說道

不止一年了，吳作棟腦海中一直盤桓著一個極其冒險的想法。一九九一年當他決定舉行閃電大選時，在野陣營的政壇老將惹耶勒南（J. B. Jeyeratnam）因較早前涉案定罪，失去參選資格而錯過大選；[1]當時，這位工人黨黨魁指總理提早兩年舉行大選是極不尋常之舉，全因為怕了他，刻意要將他排除在外。吳作棟當下許下承諾，要在惹耶勒南禁令解除後辦一場補選。雖然當時並未透露選戰會設定在哪一個選區，吳作棟心中其實一直在盤算著，是不是就把戰線拉到自家門前，在自己的政治大本營馬林百列下戰書。總理押上自己做為政治誘餌，這不可不說是一場豪賭。但吳作棟可沒打算把自己當祭品。一九八一年的安順區補選讓他淪為惹耶勒南的手下敗將，如今他只想要再戰一回，一雪前恥。

李光耀卻是對這個決定感到很不自在。他再三詢問吳作棟是否真要下這一步棋。對李光耀來說，一想到自己的接班人可能在區區一場補選中輸掉一切，壞了他多年來精心策劃的領導層交接計畫，哪怕風險再小也會讓他如坐針氈。何況人民行動黨自安順區補選落敗以來，這十年來的得票率都在持續下滑。「他一直問我，確定能贏嗎？」吳作棟咧嘴笑著說道。「換作其他任何一個選區吧，風險都會很大。」考慮到惹耶勒南貴為在野陣營龍頭老大的江湖地位，吳作棟並不想把黨內其他同僚推上刀鋒浪口。「我不能提出要舉行補選，然後指派其他人出征。那個人可能贏不了。如果補選在單選區舉行，人民行動黨候選人勝算不大。換作是集選區，就有得一搏。」他所說的「集選區」，是個集合好幾個議席一併競逐的大規模選區。「自己提出補選卻讓其他夥伴代為犧牲，這可不是領導人該有的風範。」

李光耀知道自己無法勸服吳作棟改變主意，只好轉而向這位接班人保證，他絕不會袖手旁觀，任由選民恣意妄為地把在任總理淘汰出局。李光耀隨即進入一貫的鬥士狀態，他告訴吳作棟，黨會無休止地發動選戰，確保吳作棟繼續擔任總理。「他對我說：『萬一你輸了，大不了我們在其他選區再辦一場補選。』他說，必得讓新加坡選民明白政權交接有多麼重要！換句話說，他絕不接受我敗選的任何可能。我既是他的接班人，他勢必全力以赴支持我。」

可是吳作棟有信心自己絕不是一隻待宰的羔羊，反而會是一頭猛獅。一九九二年十二月初，他宣布在轄區馬林百列四人集選區舉行一場補選。不過兩個月前，他才剛向全國披露了兩位副總理雙雙患癌的消息。吳作棟正在玩一場致命遊戲，而他也不忌諱如此形容這場補選。他在記者會上說：「補選課題再清楚不過。賭注非常之高，事關吳作棟政府能否繼續執政。而賭上的是十九日（投票日）之後會出現什麼樣的局面——我們這個政府是不是還能持續穩定，又或者我們即將進入一個什麼都不確定的時期……如果我輸了，也許行動黨政府還會繼續執政，但肯定不會再有吳作棟政府。換一個人上台，我的觀點、我的政策、我的理念、我的價值觀，就不一定還能延續下去。」

這個論述是他戰略布局中的一招，是他打從一九九一年大選栽在在野黨「補選效應」策略下就開始籌劃的，要把在野黨喊出的「大選當補選」口號扭轉過來反向操作。眼下這場補選，不再只是一場地方選舉而已，讓選民可以隨意投票而不必承擔改朝換代的風險。他巧妙地翻轉了棋局，喊出了「補選當大選」口號；既把自己推上了斷頭台，雙手卻也牢牢地握住了懸著刀刃的繩索。吳作棟絕非衝動莽撞的政治領袖，他的謀劃正在漂亮上演。一九九二年，在馬林百列自家地盤上，他蛻變為一位足智多謀的政治謀略家；卻也同時與政壇一名在野黨後起之秀展開了長達十年的激烈纏鬥。

提名日當天，惹耶勒南在這場原為他而設的補選中，卻讓自己的政黨淪為了鬧劇。工人黨的其中一名候選人沒有現身，此人還是工人黨主席；結果惹耶勒南率領的候選團隊因人員不齊整而無法登記參選。記者出身的政治觀察家契連．喬治在他的著作《新加坡：空調國度》（*ingapore: The Air-Conditioned Nation*）一書中寫道：「這位在野黨沙場老將起初顯得非常焦躁，可最終卻是笑著離開提名中心，在場的目擊者全都摸不透究竟是黨內同志辜負了他，還是這根本就是他本人為臨陣退縮而自編自導的一場戲。」[2]人民行動黨的判斷倒是一點也不含糊，它在選後檢討報告中確指工人黨「怯戰」了。報告也指出，惹耶勒南不再是一位可怕的政治對手了。「這場補選成功地為惹耶勒南的政治生涯寫下了終章。即使他將來再出面參選，也恐怕難有作為。」

取代工人黨與惹耶勒南前來挑戰的反而是新加坡民主黨，新加坡政治也在此刻翻開了新篇章，迎來了民主黨新進明星候選人徐順全。巧的是，吳作棟在此後的政治生涯中，將多次與徐順全狹路相逢。儘管兩人的政治分量由始至終都遠遠無法相提並論，但是在此後長達十幾二十年裡，徐順全就像一根拔不掉的眼中釘，反覆招惹著吳作棟；惟更多時候淨是些場外花絮，卻無一齣是棚內主戲。

而兩人這種彼此厭惡的關係，就是從馬林百列開始的。徐順全以新加坡國立大學心理學講師的身分投入補選，首次在選舉舞台上亮相。一所國立大學的學者居然加入在野黨，讓許多人譁然，卻也成功吸引了媒體和大眾的目光。可是吳作棟毫無意外地對此人全然無感，甚至毫不掩飾對他的輕蔑。問起他對徐順全的第一印象，他僅僅一語帶過：「他就是個不可信的人。為了贏得選舉，什麼話都說得出來。」

徐順全祭出其貧寒出身背景，藉此與行動黨團隊新候選人張志賢[3]的富家子弟背景形成對比，以社會階級分化的論述直擊民心。民主黨群眾大會的出席人數從競選首日的五千人膨脹到競選中期的一萬五千人。連人民行動黨的選後檢討報告也不得不承認：「徐順全大受歡迎。」坊間開始議論，徐順全若單挑張志賢，必勝無疑。報告還記載，競選活動來到中期時，莊家開出的賭盤幾乎全認定人民行動黨得票率會跌破六〇％。「跡象顯示，即使是在馬林百列區，民情也開始躁動。」

選前民意調查讓行動黨很擔憂。一年前舉行的全國大選中，吳作棟領導的行動黨團隊在馬林百列集選區贏得七七．二五％有效票。這一回的支持率如果真如所料跌破六〇％，那會是非常糟糕的局面，形同選民對吳作棟這位總理投下了不信任票。更糟的是，人民行動黨甚至有可能輸掉這場補選。隨著民間風向勢頭漸猛，新加坡民主黨也更加大膽了，他們開始相信真有機會偷得一場勝仗，改寫歷史。

面對吳作棟拋出的「補選當大選」策略，民主黨在競選初期原本謹慎應戰，不敢公然以勝選為目標，惟恐被視為野心過大想要推翻吳作棟政府，或會引起選民反感。只是，眼看民間支持度愈發高漲，民主黨在黨魁詹時中的領導下也丟失了戰略紀律。民主黨開始辯稱，吳作棟並非不可取代，沒了吳作棟，一切仍會如常運作。他們嘲諷吳作棟只不過是李光耀接班人退而求其次的第二人選，戲稱他如果敗選，反而能迎來原本的第一人選陳慶炎執掌政府。詹時中說：「不把票投給吳作棟，就是為新加坡做了件好事。你就是在為原來的第一人選投票。新加坡不會沒了吳作棟就垮了。所有關於局勢不穩定的說法全是一派胡言。」民主黨團隊候選人蕭泉福進一步補充說，李光耀還在內閣效力，所以即使吳作棟輸了，新加坡也絕不會陷入混局。他說：「沒了吳作棟，人民行動黨也死不了。」

這股迅速膨脹的政治野心，卻正符合了吳作棟的棋盤布局。他要的就是衝高這場地方補選的賭注，將它拉升到全國大選層級，而詹時中和其團隊正好就加大了這場選舉的籌碼。正如人民行動黨選後檢討報告所言：「選情出現了出乎意料的逆轉，在公眾眼中，民主黨才是那個狂妄自大的政黨。」吳作棟藉著這股競選勢頭，再次提醒選民這不只是一場補選。他如果敗選，則意味著換政府，甚至警告說這個國家的下一任總理可能會是詹時中。

媒體也談到萬一吳作棟敗選，新加坡可能又將舉行另一場閃電大選。有讀者投函《海峽時報》交流版，描繪吳作棟落選後陳慶炎接替總理一職的可能局面，而民主黨也勢必在來屆大選強力出擊挑戰執政黨。這名讀者寫道：「直截了當地說，馬林百列集選區的選民將在明天決定他們是否要改變現有政府。」吳作棟呼籲選民切勿為了一時的異想天開而將自己的前途當兒戲。他在一場群眾大會上說：「這可不是在打彈珠。」

吳作棟還有另一個撒手鐧。政治生涯裡頭一次，他全程用福建話（閩南語）發表演說。福建話是他自小在家中常說的語言，也是許多老一輩新加坡人的共通語。在這麼一個全國由上而下提倡「講華語運動」的社會，華族方言已然在官方渠道上絕跡好幾十年了；一國總理突然一反常態之舉，立刻予人耳目一新之感，卻也帶點兒顛覆權威的意味。吳作棟接受本書訪問時說，當時在這場補選的第一場群眾大會上，他看到現場來了不少年長者，於是心血來潮，把事先準備好的華語講稿擱在一邊，改而用福建話即興演說。「我講華語不能沒有講稿。可是福建話是我的母語啊，我完全可以用簡單的福建話脫稿演說。」他憶述起當天晚上群眾大會上的情景，仍歷歷在目：「當我記不起或不懂得某些詞彙怎麼說，我會向現場的群眾求助，大家都很熱情地在台下用福建話大聲回答我。與群眾的互動很熱絡。大家都樂在其中。」

民間反應出奇地好。媒體為之驚嘆，競相報導宣傳吳作棟從權力最頂端發動的這場語言叛變。《商業時報》標題是：〈作棟以福建話衝鋒陷陣〉[4]消息很快不脛而走，更多群眾紛紛前來親眼見證這項罕見的「壯舉」。吳作棟憶述：「我聽說計程車司機議論紛紛，說『總理講福建話啊』。所以，好多人來聽。」可是李光耀不吃這一套，他提醒吳作棟，用福建話演講與官方倡導的講華語運動精神背道而馳。「我等於是在向人民發出信號：福建話並沒有被禁。電視上確實禁止使用福建話，如果我身為總理都可以公開說福建話，那政府要怎麼禁止民間說福建話？」[5]

吳作棟分享著他的前任給自己的提醒，一邊暗自發笑。「可是我先得跟選民溝通，引起共鳴啊。我不確定他們是否願意讓我上電視說福建話。但這是一場選舉；我說，你先得建立聯繫，抓住群眾的心，才可能勝選。必要的話，不得不說福建話。他明白的。」

前後兩任領導人之間的默契，進一步化為動力，讓人民行動黨在這場補選中勢如破竹。恩師兩度現身行動黨群眾大會現場，為徒弟站台打氣。其中一場，群眾大會進入尾聲時下起了毛毛細雨，李光耀為吳作棟撐著傘，兩人在台上並肩而坐。此情此景定格為歷史性的新聞照片，隔天見諸各大報章，其象徵意義再清楚不過——哪怕風雨再飄搖，李光耀和整個人民行動黨都願意充當吳作棟最堅實的後盾。

問：您在這場補選不久前剛升任人民行動黨祕書長，正式接過黨領導權。升任黨魁對這場補選有多大幫助？

答：沒什麼關係。我在無驚無喜的情況下接任總理，又在無驚無喜的情況下成為行動黨黨魁。這就是李光耀的作風，我也吸收了：政治從來不需要製造驚喜。

問：這對報章來說可不是什麼好事。

答：李光耀在我們的一次例常的午餐會上告訴我，他準備在下一次中委會議上卸下祕書長職務。他已經把國家領導棒子交了給我，接下來是黨的領導權。我也不覺得特別興奮。我說好。之後的中委會就確定了權力交接。

問：您認為是什麼原因讓他認為是時候交棒了？

答：他之前告訴過我，他打算留任黨祕書長「多一屆」，而他果然說到做到。他想必是觀察我一段時候了，也做出了結論，知道我不是一個會為權力昏了頭的人，也是個足以勝任的領導。要是他延遲交棒，就會顯得戀棧，或者對我缺乏信心。

問：《紐約客》（*The New Yorker*）一九九二年一月號一篇關於新加坡的文章一度引起很大的關注，文章引述一名歐洲外交官的話，說您「可能是全世界唯一不掌管自己所屬政黨的政府首腦」。面對這些犀利評論，您有什麼感受？

答：《紐約客》那篇文章要說的是，我還不算是領導人。李光耀才是真正的領導人，我「只不過」是總理而已。我完全不受影響，因為我知道自己在做什麼，李光耀也很清楚他在做什麼。他領導這個政府這麼多年了，為新加坡建立起完善的體制。他不會認為接班人可以就這麼接過棒子，在一夜間就有能力治理國家。無論是政府還是政黨，都是他一手形塑的，也依循著他的思維、他的方向發展。要交棒給一位新總理，總需要一段過渡期，這也是很合理的。

問：可是接任祕書長不會至少讓您感覺政權交接總算圓滿完成嗎？

答：是不是「圓滿完成」，我不是太在乎。我是總理卻不是黨祕書長，日子還是一樣過。再說了，李光耀還在內閣。這就是我們的作業方式。重點是確保內閣有效運作、政府有所表現、國家繼續發展。

問：可是正如您在傳記第一輯說過的，您接任總理的第一年，因為他還是行動黨祕書長，所以他可以隨時把您換掉。後來您終於接過黨領導權了，這是否意味著他就不再有這個權力？

答：他還是可以把我換掉，只要發動黨員集體反對我掌權。任何人都可以這麼做。他只需知會助理祕書長李顯龍和黨主席王鼎昌，以我能力不足或其他什麼原因為理由，要求黨中委把我換掉。但他要真是那麼做的話，就意味著他還不願意放手，而所謂的政權交接全是一場騙局。當然，除非我的確是無能，或是濫用職權，那又另當別論。

問：可是當上黨祕書長會不會起碼讓您覺得地位稍稍變得更穩固了？

答：我從上任第一天起就沒有擔心過。外界對我的種種非議影響不了我，我了解李光耀和李顯龍的立場。我們相互信任。跟你說，這可不是一場遊戲。這攸關的是世代之間的權力交接。是非常嚴肅的大事。關係到新加坡的前途。顯龍知道自己有一天很可能會是我的接班人。可是他一點兒也不急著上位。所以我們三人，「聖三一」：「聖父、聖子、聖吳」，組成了一個合作無間的團隊。就是那樣的相互理解，非常舒服的狀態。外面的人也許有其他解讀。我不怪他們。

問：那種相互理解的舒服自在的狀態，您會認為是無可複製的嗎？

答：我覺得不太可能。先是，你在未來怎麼還可能找到老李小李和老吳組合！認真來說，你不可能再找個父子檔，中間再夾個其他人。這是永遠不會再有的情況。

問：您就那麼肯定不會再出現其他李家人？

答：從目前看得到的情況來說，我是相當肯定的。也許還會再有其他李家人，可是不會是來自李光耀家族。

問：可能需要您再多加說明一點，就是，外界都認為行動黨領導權交接是您政治生涯的

一件大事，因為政權交替程序總算是完成了。可是對您本身來說，您卻覺得根本沒什麼大不了？

答：沒什麼大不了的。因為我當時就是全神貫注地在跑著自己的第二棒。我已經是總理了。我和李光耀都刻意把這事當作再自然不過的事，而不是什麼值得大肆宣揚的大事。雖是這麼說，可是這終究還是我人生中不可能輕易忘記的時刻。後來在我將總理一職交棒給顯龍時，我刻意留任黨祕書長，直至他宣誓就職幾個月後才召開的黨大會上，才正式交出黨領導權。沿用這一先例，是因為這麼做很明智，也將會是新加坡的常態。

當你經歷了這麼些年，無論是黨內、政府，或是其他方面；到了交棒的時候，繼續短暫留任黨祕書長，我相信會是件好事，能暗中觀察，盡全力幫助你的接班人取得成功。

就我的情況說，其實我完全可以馬上卸下黨祕書長職權。顯龍當我的副總理已經十四年了，而我在更早以前就已認識他。他不太可能還會改變。可是在未來，總理接班人可能只當過幾年副總理，就得接過領導棒子。這個人掌權後，性情很可能會轉變，也或者他暴露了自己的能力還不夠。這種時候前任領導不妨退一步多留任一些時候來觀察自己的接班人。理應有個過渡期，確保事態發展不會出錯。

我並不是在說李顯龍總理交接給第四代領導班子的過渡情況。我要說的是更重要的一點，那就是在新加坡，我們的每一步都要走得安全穩妥。這樣的慣常作業是重要的，才可以確保政權交接順利進行，不至於造成任何干擾。審慎處理政治交接，才是「新加坡之道」。

問：萬一未來有誰說，我就是偏要占據黨領導權不放，說好兩年交棒，變成四年，再變成五年呢？那我們不就會陷入某些共產國家的處境，執政黨黨魁和國家領導人不是同一人？

答：那這位新總理就會是一個「管不住自己所屬政黨的政府領導人」。（大笑）我們沒法排除任何可能性。政治這回事，一切都取決於掌權的人。

問：移交政府領導權而不移交政黨領導權的做法也許不是您開始的，但您選擇延續這個傳統，也鼓勵這個作風繼續下去？

答：我認為李光耀的做法是有道理的。他在自己的名下治理新加坡超過三十年。一個全新的人選要在一夜間接過駕駛盤並不容易。這人能勝任嗎？他會不會讓權力沖昏了頭？他會如何處事待人？看看馬來西亞的處境。馬哈迪欽點阿都拉巴達威（Abdullah Badawi）為他的接班人，然後又逼退巴達威，將納吉（Najib Razak）推上台。結果納吉為所欲為，馬哈迪只好重出江湖，把納吉拉下台。[6]

權力足以改變一個人。最好是可以在頭一兩年裡考驗接班人的表現。可是我得承認政治通常不是這麼一回事。在其他地方，政治往往關係到權力鬥爭。而很多時候這個權力為的是自己或政黨，並不是為了國家。

新加坡領導層更替的最理想方式是什麼？我們在設法建立一個體制，從中發掘並栽培可造可信之才，好讓他們能無縫隙地接管政權，無風無浪、無驚無喜。接力換人時，你可不會想讓棒子落地。

問：您的回應是不是也反映了人民行動黨的一些特質？這個寧願一切風平浪靜的立場是新加坡非常特殊的一點，政黨政治在這裡不像其他許多國家一般精采。政黨幾乎退隱到幕後，直至大選期間才活躍起來？

答：你發現了嗎？人民行動黨黨徽並不是處處可見的。如今由你執政，你就是靜靜地把工作做好。如果你在新加坡走到哪裡都大聲嚷嚷著行動黨這個那個的，說行動黨前行動黨後，人民會覺得處處受限。也可能會有些黨員仗勢欺人，說，我是人民行動黨幹部，所以你得為我效勞。我們想讓人民在沒有政治濫權、避免過度強調政黨存在的情況下，如常地過生活。

曾有位中國中央政治局委員到新加坡訪問。他對我說，人民行動黨無處不在卻又無跡可尋。這恰恰就是我們想要達到的境界。換句話說，你不會讓人們覺得不自在，而又無所不在地做著事，默默地、勤懇地，改善人民的生活。

到了補選投票日當晚，開票結果幾乎超出所有人的期許，包括吳作棟本人。他領導的團隊贏得了七二·九%得票率，而新加坡民主黨則只能爭取到二四·五%得票率。這場四角戰的另兩個小黨各自的得票率都未達一·五%門檻，競選保證金被沒收。許多觀察家預測吳作棟會獲得大概六五%至七〇%支持率。他自己的目標則是得票率要高於一九九一年全國大選行動黨六一%的總得票率。他說：「任何比六一%更高的得票率，都會是對我的領導作風的認可。萬一不達標，就會動搖我的領導地位。」

最後的結果對他來說簡直是太美好了。他補充說，這正是他在一年前舉行閃電大選時所要尋求的民意委託。他想要的認可也許遲了整整十五個月，但終究還是讓他等到了。問及這場補選對他的領導地位產生了怎樣的影響，他回答：「補選成績給了我信心。我知道人民接受了我，接受了我的領導作風。」

這場補選成了吳作棟總理生涯的轉捩點。正如《白衣人》書中所言：「吳作棟猶如脫胎換骨，成了一位鬥士，一位大師級的政治謀略家。」更重要的是，補選成績加上李光耀交出黨領導權，意味著吳作棟已全權在握，毋庸置疑。選後第三天，《海峽時報》標題寫著：〈觀察家：毫無疑問，吳作棟主政正式定調〉。[7]他準備就緒，摩拳擦掌，要全面推動自己的執政議程。

吳作棟對第四章的反思與感想，請見〈省思〉「走出他的影子」，第三五四頁。

part 2

劃出界線

我必須清楚闡明
「越界標記」。

第五章 潮漲眾船（未必）高

前人種樹，後人乘涼。

——諺語

一位六十多歲的長者拖著腳走進醫療社工林雅彥的辦公室，身上穿著單薄的半透明白色上衣、粗製的卡其色百慕達短褲，神色有點不自在。新加坡中央醫院無菌空調下的舒適氛圍並不是這位失業的長者所習慣的環境。他並不是自己預約來找社工的，而是醫生指示他到這裡來求助；原因是他患上了慢性疾病，卻不肯接受檢測。「我沒錢做檢查。」他用福建話說出了非常直白真實的理由。那是一九九三年四月，才剛從初級學院畢業沒幾個月的林雅彥詳細詢問了他的狀況，馬上就得出一個結論：這位年長者符合條件，可在政府推出的一項新措施下申請全額資助。她告訴眼前這位長者，放心去接受檢查吧。

可是他依然焦慮，問道：「所以我得要出多少錢？」

林雅彥說：「一分錢也不必出。不用擔心，政府會幫助你的。這是新政策，會幫助負擔不起的人支付醫療護理費用。」

「真是？這是真的嗎？政府哪有那麼好？」

林雅彥回想起來，對方的反應是「鬆了一口氣，卻又不敢相信。」她直率地說：「好到令人難以置信吧。對許多病人來說，一般總是認為一有什麼新政策出台，那八成是政府又往人民身上摳錢來了。」可是事實是，如今就是有了這麼一個「保健基金」（MediFund），為那些在政府提供的種種現有津貼後仍然付不起醫藥費的貧困人士，鋪設了一張全新的安全網。這是一項劃時代的新政策。

在這之前，醫院只能依賴非常有限的基金來源，以抵消貧困病患負擔不起的醫療費用，而醫療社工總是得四處奔走，向私人基金會募款。整個程序冗長緩慢，也不見得有收穫。打個比方說，如果病患需要接受核磁共振成像掃描，等到籌款有著落，卻早已延誤了診斷，也錯失了治療的黃金期。「而且，那個年代還沒有電郵。」林雅彥補充道。「貧困病人需要拖上好長一段時間才等得到回覆說能否繼續接受治療。整個程序非常繁瑣拖沓，重點是，基金非常有限。」

保健基金，終止了這些機制化的「乞討」方式。最大關鍵在於，設立保健基金，意味著新加坡的醫療體系不會再有人因為經濟問題而得不到應有的治療與護理。「這不只是願景，不只是溫情。這是個道德行為。」林雅彥如此總結。「而這一切，得感激吳作棟。」

一九九三年四月，馬林百列集選區補選結束四個月後，保健基金正式成立。這項新計畫連同「教育儲蓄」（Edusave）基金，在吳作棟一心想要建立的更寬容、更溫和的新社會裡，是他最早也最直觀的兩大倡議。這樣的一個新加坡，會對處境較不幸的國民幫扶更多，讓這些弱勢群體不至於掉隊。他後來稱之為「溫情的唯才是用制度」，雖然這個時髦的詞彙是在好多年後才出現。其實最先讓他得到啟發進而反向思考的，是早在他還未成為總理之前聽過美國前總統甘迺迪說過的一句名言：「潮漲眾船高」[1]；這句話與中文成語「水漲船高」不謀而合，意指強勁增長的經濟讓所有人受惠。

吳作棟並不認同這個說法。他說：「我很早以前就意識到漲潮時不一定每一艘船都會隨潮而升。我在巴西班讓長大，以前就見過小船一隻隻地繫在樁柱上，避免它們隨浪漂走。這些主要是舢板和小舟。船主會確保纜繩夠長，潮漲時海水才不會漫進小舟舢板或將之完全淹沒。偶爾我也會見到一兩隻舢板半淹在海裡。所以參照這個比喻，小舟能否隨潮而升，就得取決於繫著樁柱的纜繩有多長。這個樁柱就是國家。纜繩是你的家人，是你所處的經濟環境。纜繩太短的話，潮漲得再高也沒法把小舟推高，反而還會把它捲入海中。你得給我一條長點兒的繩子。可是長繩怎麼來？我們就把重點放在這裡——怎麼確保在潮漲時能給人民長點兒的繩子。」他把這番解說稱作自己的「小哲理」。

要給人民拋出長繩，他必須有資金來源。吳作棟並不想動用儲備金，也無意創建一個福利國家。但他決意不像李光耀政府這般極盡節儉。「我接任總理後，如果一味只懂得積累儲備金而不分享國家財富，肯定會讓政府在政治上遭到抨擊。」他說道。「記得劉程強在一九九一年全國大選是怎麼嘲諷嗎——『政府有錢人民無！』」劉程強是在野陣營工人黨所派出的候選人，一九九一年大選時用潮州話將這句口號發揮得淋漓盡致，在東北區後港力挫行動黨原任議員陳原生，爆冷勝出。

吳作棟決定改變李光耀長久以來在每屆政府任期結束時將所有財政盈餘撥入國家儲備的做法。他撥出部分常年財政預算，成立了兩項獨立的捐贈基金，分別是保健基金和教育儲蓄基金。吳作棟說，這個改變並未在內閣引起任何反彈，連李光耀也未提出反對。他說明：「捐贈基金的性質就同國家儲備金類似，本金是不能動用的，可動用的只有盈收。這麼一來，也就不違背不動用儲備金的原則。」

前公務員首長林祥源說，當時正是探討這個問題的絕佳時機：「總會來到一個階段，你會這麼問：積累了如此豐厚的儲備金意義何在？這是因為到頭來，這筆儲備金是當今的這一代人協助積累下來的。就新加坡的情況來說，我們沒有黃金白銀或者其他天然資源，我們擁有的就只有儲備金。儲備金對於新加坡來說，就好像是其他國家的油田和礦產一樣。但是，有了儲備金，你是不是該把它用在辛辛苦苦積攢儲備金的這一代人身上？

這是個再自然不過的問題，卻也同時是個看似毫無關聯的問題，除非你覺得國家已經存夠了尚未有指定用途的儲備金。我認為吳作棟先生能看到這一點是好的，他說該去想想這個問題。」

吳作棟運用財政盈餘的手法充分反映了他的品質：謹慎、投入、溫情。保健基金和教育儲蓄基金都屬於捐贈基金，政府最初分別投入二億新幣和十億新幣，在國家財政有盈餘時適當撥款給這兩項基金。到了二〇二〇年三月三十一日，在兩項基金成立逾四分之一世紀之後，保健基金已有四十六億新幣，教育儲蓄基金則達到六十七億新幣。再以本金總額進行投資以賺取收入利息，而每年的津貼撥款就是來自於這些投資所得和利息。

「本金總額全放入一個玻璃容器裡，閥門牢牢鎖上。」吳作棟如此形容。「只有負責看管的人握有鑰匙。所以每一年，你會打開水龍頭，流出一些股息。而我可以告訴人們不必再為醫療費用而操心，因為在衛生部的預算之外，我還有這筆經常性收入可以注入，幫助那些實在負擔不起的人支付住院費和門診護理費用。要是我把所有的錢都鎖在儲備金裡，一旦有需要幫助這些人，我就還得再提高衛生部預算，甚至調高稅率。」保健基金與教育儲蓄基金就好比國家開設的定期存款戶頭，可利用本金投資所得收入來扶持那些需要幫助的人。只要新加坡的經濟持續增長，吳作棟的計畫就能確保長繩一直都在，幫助小舟在潮漲時也隨之升高。

而醫療與教育，是他心目中的兩大最佳平衡槓桿：這兩方面最需要長長的纜繩。保健基金的扶助對象是最貧困的一群人，而教育儲蓄基金的宗旨就更為宏大了，要激勵學生，幫助弱勢家庭子女迎頭趕上。基金初期只是純粹為學校裡開辦的各種增益課程如舞蹈課、體操課、美術課等提供資助，家長也可動用教育儲蓄基金支付學校雜費或增益課程學費。漸漸地，教育儲蓄基金的用途從原來設立的獎助學金，擴展到領導能力與品德模範等各類獎項。在今天，每年通過保健基金和教育儲蓄發放的金額分別達一．五億新幣和二億新幣。吳作棟說明：「你永遠也不可能消除有錢人所能享有的優勢。但你可以確保那些處在最底層的人，不會只因為缺乏資源而被剝奪機會。我們的說法是，讓人人都能在人生的馬拉松長跑中站上同一條起跑線。」

就保健基金而言，他在設計這項計畫時已經把執行時的靈活性納入制度中。他很清楚經濟援助很少是直截了當，單憑收入水平就能決定的。所以，與其讓一群照章行事的公務員來決定誰才符合條件申請保健基金，他把這個決定權交託給醫療社工，由社工評估個案來酌情處理。吳作棟相信醫療社工的關注點不會只限於收入水平，而是更願意考量其他因素。關鍵在於，他明確指示保健基金應當以更寬鬆的方式來管理。換句話說，只要申請者能顯示自己確實無法負擔住院費，就可獲得批准。他說：「醫院應該把重點放在治療，而不是還得為壞賬操心。」林雅彥說，這個做法其實也讓醫療社工這一行獲得了必要的授權和認可。「保健基金的評估標準其實兼顧了感知度與敏感性，深化了這項計畫的價值。」她進而補充說：「他是我們這一行的『意外守護者』。」

無論是保健基金或是教育儲蓄基金，都折射出吳作棟早年的生活經歷在他身上留下的深刻印記，特別是年幼喪父之痛。他憶述：「如果當時的社會也有這麼一重安全網，父親可能就不會死於肺癆病。我從來沒問過家中長輩為什麼父親當年沒去看醫生接受治療。可能發現得太晚，也可能就是因為沒錢。保健基金對他來說就會很重要了。那個時候只要撥給他幾百塊錢，他也許就得救了。」正如林雅彥口中所說的，吳作棟「是一個生活經歷過磨難的人，一個曾經失去至親的人。」

父親臨終前留下了遺言要他努力讀書，他從此恪守一生。當他考取了優異成績，家裡卻經濟拮据，政府頒給了他助學金，扶持他從中學一路到考取大學學位。一九九〇年十二月，在出任總理後不過數週的一場演說中，他說：「我對國家心存感恩。國家給了我機會，可以跟其他富家子弟競爭。我投入了競爭。我成功了。」

問：有些人說政府在分享財富方面做得不夠——窮人還是很窮。不過卻也有另一些人

擔心政府做得太過，會傾向福利國家制度。像這樣的關注點，當年在您制定這些措施時是不是也曾提出來討論？

答：那個年代我們還不談論「收入不均」這個詞。我們的想法是，應該怎麼為國家創造財富，把財富適度地再分配給較貧困國人。首先，切勿向富人徵稅過重，免得反倒遏阻他們去辛勤工作，轉而想方設法通過成立信託甚至移民他處來避稅。稅率應該維持在一個人人都「樂得」繳稅的水平。而我說的不只是公民而已。我們需要吸引跨國企業到新加坡投資。如果企業稅率過高，他們就不會來了。你得與其他地方競爭，比如香港。所以，這是第一項原則：使稅率維持在國人都樂得繳稅的水平，外國人也會因為稅率較低而到我們這裡來設廠經商。

問：我還是第一次聽到這樣的說法：樂得繳稅。如今個人所得稅率已經下調到二〇%上下？

答：我們的最高邊際個人所得稅率一度降到二〇%。

問：降至二十，大家會很樂意嗎？

答：你用了「很」，我可沒有。（大笑）我們真正考慮的是最高邊際個人所得稅率和公司或信託稅率這兩者之間的差距。

問：目前的個人所得稅率最高可達二二％？

答：二二％是超過三十二萬元以上收入的稅率。我認為這是合理的。三十二萬元以上的收入，你每賺一元，付稅二十二分給政府，這是可以接受的。有些國家的稅率還要高得多，就反而會遏阻勞作。所以許多高收入人士都會選擇在其他國家註冊為稅務居民，例如巴哈馬、百慕達、英屬維爾京群島、摩納哥等等。我們富有的生意人、企業家理應推動經濟發展，也為財富再分配做出貢獻。

問：那要如何落實財富再分配？

答：我們會盡可能把財富再分配與勞動力掛鈎。確保人們得有付出才能享受福利，例如教育儲蓄獎學金、優異助學金、學業進步獎等等。其次，得有針對性，就如保健基金。放到今天的情境來說，這些惠民措施計畫就好比水電費回扣、消費稅補助券、就業補助計畫、社保援助計畫、樂齡補貼計畫等等。

問：如果您今天還主政，您會不會推出「建國一代」配套和「立國一代」配套？[2]

答：建國一代，會的。至於立國一代嘛，我很可能需要三思。

問：為什麼？您不認為立國一代也值得享有這些福利嗎？

答：這當然是他們應得的。當今的年長者賺的是舊時代的薪資，卻得活在這個時代的環境中，負擔這個時代的生活費——舊工資，新生活成本。我們的國家儲備都是建國一代和立國一代這些前輩們辛勤耕耘所換來的。在能力許可時與這些年長一代人分享儲備結出的果實，絕對是應當的。

問：但那是否意味著政府就得持續這麼做？

答：這也就是為什麼我會說，對於推出立國一代配套，我會三思而後行。如果你覺得這是你必須做的，那你就得確保自己有能力創造更多財政盈餘來支撐。財政盈餘多半仰仗於儲備金投資所得的回報。如果你有能力持續創造豐厚的財政盈餘，那就太好了。但這是否為恆久之策？這是關鍵所在。如果能做到，那就沒問題，你就能夠每隔十年左右，為後續的每一代人推出一個特別配套。

問：您好像對這種預想不太有信心？

答：綜上所述，有了建國一代配套，又有了立國一代配套，人民就會期望再有個「Majulah Generation（興國一代）」配套。行！如果經濟持續增長，財政有盈餘可以分享，沒問題。要不然，興國一代之後，就是「Mati-lah Generation（亡國一代）」了！[3]

問：這是不是為什麼您會在政府推出立國一代配套之後，擔憂新加坡可能會淪為「津貼國」？[4]

答：我們經過了這麼多年，才讓國人明白且願意接受福利國家並不是最理想的方案。我相信，大多新加坡人都會說福利主義不怎麼好。成為福利國，形同在走一條下坡路。這個觀念已嵌入我們的思維中。而今隨著財富重新分配計畫愈來愈慷慨，也許會讓人們誤以為我們有足夠資源，永遠也用不完似的。音樂總有一天會停的。那之後又會怎麼樣？

要是我們不加以說明，而如果福利不與付出的努力掛鈎，或者不經過經濟情況調查、津貼也沒有針對性，我們就會面對與福利國相似的問題。已經有好些家住有地房產的國人申訴說自己空有資產卻苦無現金，說他們也理應同經濟條件不那麼優渥的組屋居民那樣享有財富再分配的優惠。

我要說的是，我們應該格外謹慎。直到現在，我們還是會看到人們來找國會議員尋求經濟援助，有時候他們也毫不保留地宣洩自己的不滿。他們得到了援助金或援助券，可還是口口聲聲說這些還不夠。他們變得滿腹怨氣。我們在提供津貼時，並不在於完全解決他們的需求。津貼的目的更多在於幫助他們，為他們提供一些支援。我完全贊同為那些貧困和相對沒那麼窮的群體提供津貼，幫助減輕他們的經濟負擔。生活費是個很現實的問題。可是當中產階級也來申訴他們淪為夾心層，當坐擁好幾套房產的退休人士也來申訴他們沒有收入，政府會面對愈來愈大的壓力，要為愈來愈多新加坡人提供愈來愈高的津貼。我要再一次提出警惕：過度慷慨，哪怕有再充分的理由，都可能會把我們帶往一條下坡路，在未來終將陷入預算不足的困境。這就是「津貼國」背後的隱患。

保健基金和教育儲蓄基金是吳作棟新政府的兩大指標性政策，也是他就任總理不久後宣布的新措施。這兩項計畫啟動的時機點凸顯出他是多麼希望這些主張與之緊密相連，也期望它們成為外界對他所領導的新政府進行評估的指標。這一切都讓人不感意外。這兩項政策都經過精心設計，力求幫助貧困者，幫助那些在新加坡嚴苛的唯才是用制度下不經意被落在後頭的一群人，因此也廣獲認可。除了一些雜音指政府在一九九一年全國大選前啟動這兩項計畫是在「收買」選票之外，幾乎沒有引起任何批評與譴責。

到了一九九三年正式推出後，這兩項基金水到渠成地融入新加坡的醫療保健與教育體系中，輕而易舉地成了各大醫院和學校欣然歡迎甚至理所當然接受的政策。好多人，甚至醫療和教育兩大領域的前線工作者，卻早已忘了保健基金與教育儲蓄基金其實是吳作棟的主張。就連醫療社工也不知所以。林雅彥說：「發現有些同事根本不知道保健基金背後的推手就是吳作棟，我真的是大吃一驚，覺得不可思議。」她說得七情上面，情緒有些激動。「我以為每個人都知道！尤其是負責發放保健基金的醫療社工，更是應當也必須知道政策背後那位高瞻遠矚的是何人。」

如果說保健基金和教育儲蓄基金都深入民心，吳作棟的下一個大動作就不是那麼得心應手了；而這項政策最終也證實是吳作棟政府長久以來最具爭議性、最不受歡迎，也最具分歧的一項政策。

吳作棟對第五章的反思與感想，請見〈省思〉「分享福運」，第三六三頁。

第六章　拒絕平庸

當我們大談所有這些極其矯情、偉大、高尚的道德使命；請別忘了，到頭來，卻沒多少人成為牧師。

——李光耀，一九九四年國會演說1

二〇一八年八月的一場新聞發布會上，在東南區市長宣布將投入二十萬新幣推動更多社區項目之後，媒體記者就紛紛離開了職總大廈活動現場。大家都找到了新聞點；儘管沒多大看頭，這則社區撥款的消息也足以讓他們交差了。其實，同個場合隨後還有一場政治人物與基層領袖的對話會，會有好幾百人出席。可是像這類活動，媒體也見多了，就連吳作棟親自亮相也難以激起記者們的興趣。更何況他也說過的，這種場合「我一般不會想要說太多」。這位政壇元老寧可將鎂光燈和發言機會留給更年輕的議員。

一天後，本地新聞社交網站MustShareNews上載了一段音質含糊的神祕錄音片段，附上文字解說：「吳作棟——剽悍的部長」。這段音頻中，有個七十歲的布萊德嶺居民阿都阿茲向台上的議員問及政府要如何為年長者做得更多。他提出了兩項建議：削減國防開支，讓年薪百萬的部長減薪。在場的吳作棟顯然對這些建議不以為然，稱之為「民粹主義做法」。他劈頭就說：「我要告訴你的是，部長的薪水根本不足夠，繼續這樣下去的話，我們很快就會找不到人從政了，因為連公務員賺的都比部長多。這些情況，你清楚嗎？」他先問對方，再補充說，其實如今政府已經不敢再給部長一份優厚的薪水了。

吳作棟當時進一步說明：「對我們這裡的任何一個人來說，一百萬是很大一筆錢。那你要從哪裡找人來當部長？找那些每年只賺五十萬的人，那些一年只能賺到五十萬元的人嗎？我找人當部長，難道對方要求超過五十萬年薪，我就不該用他了？那就只能吸引資質非常非常平庸、在外面連百萬年薪都賺不到的人來當我們的部長。想想吧，這種情況對你來說會更好嗎？或者最終對我們來說反而會更糟糕？」

這段錄音曝光後，另一家新聞網站「網絡公民」跟進報導，也請吳作棟對此做出回應。吳作棟辦公室將吳作棟與阿都阿茲之間的完整對話文字記錄發給對方，「網絡公民」隨即將之上載到網站上。吳作棟的言論在網上迅速傳開，負面聲浪鋪天蓋地。網路世界毫不留情地炮轟吳作棟，尤其狠批他把「只賺五十萬年薪」的人形容為「資質非常非常平庸」。整個事件偏又與「部長高薪」這個新加坡最不受歡迎的公共政策扯上關係，吳作棟的言論措辭形同公共關係裡一次徹頭徹尾的大災難，堪稱他自二〇一一年退出內閣之後最嚴重的一次個人形象危機。

幾天後，在國慶日當天，吳作棟發表了一則臉書貼文，對自己的言論做出澄清。他說：「我從不認為某個收入階層的人民是平庸的，這也並不是我的本意。跟我共事過的人都知道，我最在乎的就是人民。我從政的初衷就是為民服務。當了新加坡總理十四年，我最關注的一直都是如何引領國家前進。而領導層是最大關鍵。在持續漫長的危機動盪年代，我毫不懷疑國人會挺身而出為國奉獻，金錢不會是主要考量。但是如今是太平盛世，不需要降妖伏魔，個人的抱負、自由、隱私、生活方式等等，就會成為優先考量因素。」

面對輿論炮轟，這位素來對民間反饋坦誠以對的政治領導人，並未置身於論戰攻守；他反而指出，這事在坊間引起熱議，讓他看到了「一絲曙光」。「國人都懂得一分錢一分貨的道理，從榴槤、服飾，到足球員、軍事武器，全都一樣。我希望國人願意更深刻地思考，怎麼做才能確保新加坡取得成功。」他最後在臉書上說：「我歡迎多元看法甚至歧見異論。我希望能在適當的時候邀請這些人提供意見，也許就通過一場論壇吧。新加坡值得擁有最好的。」

接受本書訪問時談及此事，是吳作棟自那場風波後首次表態。他說這起事件引起的反彈他不感意外。「是我失言在先。我沒有好好地把話說清楚。所以受到狠批也是意料中事。我其實想要說的是，如果內閣招攬到的人都資質平庸，那內閣自然也會變得平庸。遺憾的是我提到了薪水。不提薪水的話，光是『平庸的人組成平庸內閣』這句話，是完全沒問題的。不過，一旦我把這個說法與薪資掛鉤，那所有收入達不到這個數額的人就會不高興了。所以，我只能承受這樣的後果。」

有意思的是，這已不是他第一次將「平庸」的概念與部長薪水的語境掛鉤。一九九四年，他在國會辯論《部長與高級公務員薪水標準》白皮書時以總理身分發表開場演說，當時也提出了類似說法：「如果你準備接受一個平庸政府，不介意能力平平的阿陳或阿末來當你的部長或常任祕書，那部長及高級公務員的薪水水平就可以以全國人民收入的中位數為標準，大概一個月一千五百元。」[2]

正因為吳作棟拒絕平庸，他制定了任內最具爭議性的政策，也就此掀起了一場永無休止的兩極化辯論，在新加坡平民百姓之間也看似難以達致任何妥協。而二〇一八年，在相隔了二十四年之後的又一場「平庸」失言風波，只是再一次向他印證——關乎部長薪水這個棘手課題，即使過了這麼多年，其尖銳性也絲毫不減。「這個課題，是永遠沒完沒了的。」說著還略帶幾分認命的意味。

他不是要對自己留下的這一尷尬「遺產」推卸責任。儘管這塊政壇上的燙手山芋在李光耀逝世後即失去了其頭號佈道師，可是吳作棟卻是毫不猶豫地順位而上，成了這場百萬元辯論的下一名堅定衛士。他說：「這個課題，不管任何時候，都要盡可能賦予細心敏感的表述，讓新加坡人了解，問題的核心從來不在於金錢，而是在於怎麼吸引最優秀的人才。」

反諷的是，一九九四年就部長薪水標準草擬白皮書，恰恰就是希望就此終結所有關於部長和公務員薪水的辯論。吳作棟在向國會動議批准部長薪水白皮書時，闡述了此舉背後的用心：「今年一月，國會檢討了部長和公務員的薪水水平，使之更符合市場競爭標準。內閣資政在辯論時建議國會通過一套計算公式，好讓未來的薪水調整可以更直接反映出市場的變化，而不必每一次都仍需經過國會再行辯論。這個動議要辯論的正是這個算式。」

李光耀在國會辯論時還發表了一場馬拉松演說，他在總結時闡明：「我說我敢賭上我的經驗、我的判斷，來駁斥各方質疑所能蒐集到的種種論述。再過五到十年，當這個做法證實有效，新加坡擁有一個優質政府，人們必會廣泛接受這條算式，將它視為真知灼見。」

結果證實李光耀錯了。正如政治觀察家契連．喬治在《新加坡的缺憾》一書中形容，部長薪水標準「堪稱這個時代最具殺傷力的唯一政治舉措」：「正如批評者所料，它只能讓人民對政府產生懷疑不信任，甚至譏誚嘲諷。」[3]

吳作棟也同意，這項政策的確讓人民行動黨領袖與人民之間的關係蒙上陰影：「我們應該設法消除民間的冷嘲熱諷，不光是通過邏輯思辨，更要透過我們的真誠、付出、表現和人情味，來爭取人民的信任和信心。」他進而補充：「要不然，再這樣下去的話，我們只會愈來愈難找到優秀人才從政。我擔心的是，這個代價最終得由全體國人來承擔。」

儘管一談及部長薪水就會引發民間反彈，可是他相信行動黨和人民之間就這項政策在很多方面都是有共識的。首先，出發點是要為內閣延攬最強大的團隊。他說：「這個目標和民眾的期待並不抵觸。當然，『最強大的團隊』如何定義，就見仁見智了。」對行動黨來說，一個人的薪資水平並不是黨領導優先考量因素，抑或其最重要特質。

相反地，行動黨在遴選人才時看重的是正直誠信、動機純正、能持之以恆。黨領導會對人選進行各種考驗與觀察，對其做出自身判斷，查探對方的背景紀錄。候選人只有在過了這三關後才可繼續進入下一輪考核，否則到此為止。吳作棟將這三大核心要素稱為「否決要素」。三大要素通關後，才會考慮第四項條件——才幹能力。簡單地說，這個人能否勝任這份工作？「黨領導在遴選部長時所重視的條件，我相信跟國人的思維想法是一致的。也就是說，政府和人民對於部長人選應有的素質條件是有共識的。」

那分歧點在哪兒呢？「在於薪水。」他說道。「你能找到具備所有這些素質的部長人選。可是到頭來你還是得端得出一份像樣的工資配套，才能吸引到符合條件的人才進來。薪水問題是跑不掉的。」這麼說來，關鍵就在於具備上述四大要素的人選究竟值多少價碼。「價碼多少？」他反問道。「你總不能就這麼憑空隨便抓出一個數字來。你需要考慮這份工作的職務範疇、必須承擔的責任，所發揮的影響力，再衡量什麼樣的薪資水平才適當；然後再與其他也有類似要求的工作進行對比。」

政府提出的方案是，以新加坡六大專業領域的最高薪資水平為標準，制定部長和高級公務員薪水算式。這六大專業分別是：銀行家、律師、會計師、工程師、跨國企業總裁以及本地製造商，而這些領域也是潛在部長人選的主要來源。每一門行業取其收入最高的四人，再以總計二十四人平均薪資的三分之二為標準。除去的三分之一象徵著部長投身公共服務所付出的犧牲。這個算式確保部長薪水能與市場標準同步調整，政府也就不必每一次檢討薪水配套就得提交國會進行辯論。如果私人企業界高薪人員薪資上漲，部長薪水也會隨之上調。當然，反之亦然。這項政策的確算得上是十分典型的行動黨政府政策——精準、高效、明確。

問題來了，其實癥結也就在於這條算式。這個深具競爭力的薪水方案，新加坡廣大人民願意買單嗎？保守地說，反應不甚理想。雖說私人企業界頂尖人員的薪資水平幾乎總是居高不下，不過私人企業市場波動何其大，各行各業的頂薪人士也幾乎是年年不同。政府部門的情況就不一樣了，部長卻是可以持續幾十年領著高薪。分析家契連・喬治巧用流行樂壇做了番妙喻，指部長薪水「與私人企業界薪水水平掛鈎，好比在一九九〇年代與『西城男孩』（Westlife）齊名，二〇〇〇年代趕上『強納斯兄弟』（Jonas Brothers），到二〇一〇年代又能與『一世代』（One Direction）並駕齊驅。」換句話說，部長坐享向上偏誤的好處，萬無一失。吳作棟也承認部長薪水的確要比私企界總裁薪水來得穩妥，不過他也補充：「表現不好的部長也可以被撤換，表現不好的政黨也可以被拉下台；就像失職的總裁會被開除、業績差勁的董事局會被股東除名一樣。」

吳作棟也披露，此事其實在行動黨內部基層也讓好些人不自在，包括老幹部與新黨員。李光耀於一九九四年還捎了封信給吳作棟，談及黨內元老林金山對此事抱著強烈的保留態度。李光耀同吳作棟分享了這位新加坡公共組屋政策幕後推手的說法：「就連林金山也在一場午餐飯局上說我不該將部長薪水與市場標準掛鈎。我不得不問他，換作是今天，他還會不會義無反顧地放棄自己的事業轉而為國為民服務？[4]當我李光耀都說連我自己也不確定還會不會願意為那些滿腹怨氣的人民服務，他也點了點頭認同了。」

對李光耀來說，政壇元老那一代已成過去，不復再有。他於一九九四年在國會上曾經說過：「我們那一代的政治領袖，抱著堅定信念和滿腔熱血投入政壇，現在早成了恐龍，絕種了。」吳作棟也在議事廳裡分享了同樣的觀察：「今天新加坡和平昌盛，區域內機遇處處，與過去民不聊生、政治社會動盪，為獨立而鬥爭、掙扎求存，區域衝突不斷的年代相比，已不可同日而語。李光耀和他的老戰友們全是傳奇。如果還能有年輕的李光耀、吳慶瑞、巴克、拉惹勒南、杜進才、王邦文，請你們站出來吧。那我們大可把白皮書扔掉。

但可能嗎？」取而代之的一代人已是迥然不同的面貌。吳作棟不無感慨地說：「國人以物質成就與看得見的實質回報衡量自己的社會地位，有才華有野心的年輕人尤其如此。我們的體制必須承認這個現實狀況。」

吳作棟那一代的領導層也深感不自在。他說，因為可以預見到民眾的反應，大家也沒對此事感到特別熱中或興奮，甚至「有幾位」還覺得新訂薪資過高了。「也有顧慮說民眾也許會認為某些部長的表現不值得領取那樣的高薪。我們是知道的，部長們也很清楚。他們對算式和高薪資感到不自在，認為必定要為此付出政治代價。」就連吳作棟本身也覺得這場辯論讓人不舒服。「要總理和部長公開談論自己的薪水，是非常尷尬不好受甚至極為難堪的事。」他如此形容。「沒人喜歡談論這些，卻又不得不談。所以，最終只能由總理出面。即使這樣，還是很棘手。」為了能讓自己立足於一個道德制高點來公開談論這個課題，他在國會上說，自己會在這一任會期內，或者四五年內，放棄加薪。「要不然，我的話就不可能讓人聽進去。」

這項政策在整個吳作棟主政歲月飽受批評，但民間反彈尚未到達失控的程度。直至二〇一一年那場全國大選，在他引退並交棒給李顯龍七年後，局面卻完全改觀。外來移民和人口暴漲問題讓民憤空前高漲，導致人民行動黨歷史上頭一遭輸掉一整個集選區，迫使總理李顯龍不得不在選後對這些課題進行檢討，部長薪水自然也不能倖免。他承認國人對政治領導層現有的薪資水平確實感到不滿。人民行動黨政府不得不對一九九四年定下的部長薪水算式做出調整。那一年，政府宣布削減部長薪水，此後亦未見調漲。

這項調整，李顯龍事前曾與吳作棟討論過。「因為之前的算式是我拍板的，所以他來找我討論這事。」吳作棟說道。「我支持他做出調整。舊有的算式不改變，他實在很難繼續下去。考慮到當時民間的情緒，他不對部長薪水做出一些調整的話，根本難以再繼續治理國家。」

對吳作棟來說，二〇一一年的政策調整對於部長薪水這場永無休止的爭議來說，蘊含著一個寶貴的教訓。在他看來，這個課題的答案不在於完全取消與私人企業掛鉤的算式。關鍵其實攸關政府的表現。當政府做得好，經濟強勁增長，住屋、醫療、交通等順利發展，關於薪水的辯論就相對和緩。「人們當然還是會埋怨，還是老愛說部長賺大錢，可是這樣的挖苦會少得多。」他分享自己的觀察。「不過，如果政府做得不好，嘲諷惡言就會滿天飛，說你領一份這麼高的薪水，還是沒把工作做好。所以，雖然薪資爭議會永遠存在，不過在多數時候它還不至於成為壓倒性課題，左右選民的投票取向。」

他的說法不是毫無根據的。雖然部長薪水算式在一九九四年開始落實，在隨後的一九九七年大選中，吳作棟仍然成功率領人民行動黨強力回彈，支持率上升的趨勢還一路延續到二〇〇一年大選。[5]他語重心長地說：「薪水課題帶來的困擾還是揮之不去的，但還有其他更迫切的因素，促使選民認真去思考眼前所面對的挑戰。」

問：您在二〇一八年發表了「平庸論」之後，大家都對您都說了些什麼？

答：一個好朋友告訴我，很多人都在炮轟我。他勸我別再提起部長薪水這回事了，維護這項政策再也不是我的責任。我應該就瀟灑地策馬向夕陽馳騁而去，沒必要再惹這一身腥，壞了自己的人氣和名聲。

問：所以您會接受他的忠告嗎？

答：我這不又是在談這事了。

問：二〇一八年您說了那番話之後，部長們可曾來找過您，說，請別再提起這個課題了？

答：總理將我談話的文字紀錄轉發給部長。他對大家說，我說得沒錯。我認為有些部長不希望這個課題再次引起公眾關注。總理把我的言論轉發給內閣，是為了告訴大家，這個課題是不可能迴避的。

問：您還會繼續在公開場合上談論這事嗎？

答：只在我覺得必要的時候。我會比總理或者其他部長更可以對這個課題暢所欲言，因為我已經是局外人了，不再有既得利益了。我早已隱退，現在完全不領薪。「榮譽國務資政」只是個名銜，並不是像有些人所想的是個受薪職位。

問：現任內閣如何處理這個問題？

答：公務員的薪水調高了。本來就該如此，因為如果制定了一個算式而不遵照，受影響的不光是行政官員，也包括隸屬於公共部門的律師、醫生和其他官員。必須做出相應調整，否則他們會說政府延誤了公務員的薪水，而最終我們公共領域裡最優秀的公務員也可能就流失到私人領域了。

可是部長薪水並沒有調高，雖然最近曾在二〇一七年作過檢討。市場薪水水平自二〇一一年以來基本上呈現上升趨勢，二〇一七年則是稍有回落。我認為政府當時的想法是，小幅度加薪雖然合情合理，卻犯不著為了薪水微調而引發民間不快，得不償失。我當時已不在內閣了，不然我一定會提出，說任何時候作調整都會引起民間不滿，但是小幅調高至少還比較容易讓人接受。制定算式，就是為了方便我們系統化地對部長薪水進行檢討並做出相應調整，而不必每一次都得提交國會進行辯論。在我看來，政府錯過了一次大好機會向國人展示，這套算式能夠隨著市場薪水水平而上揚或下調，兩者都適用。

如果等到落差擴大時才來根據算式進行調整，那民間的反彈肯定會更大。自二〇一一年大選後的那一次檢討之後，政府就沒再調整部長薪水了。總理會在他的任期結束前最後出擊調整部長薪水嗎？新總理上任後可願意檢討薪水？當然不會馬上這麼做。他會在任內第一場全國大選來臨之前的一兩年內這麼做嗎？也不會。那之後呢？或者乾脆把這事留給第五代領導班子來進行？

檢討部長薪水，在政治上永遠是個棘手的難題，重要的是要怎麼坦誠交代這個課題，然後希望大多數國人能夠明白。可是政府必須有所表現——這才是核心所在。如果政府表現不如預期，民間的不滿情緒高漲，薪水問題自然就變得更尖銳了。反之，假如政府做得很好，這個課題還是會存在，但只會隱沒在暗處。我相信大多數選民都是理智的。我不認為他們會單憑部長薪水高就決定不把票投給你。到頭來還是得看政府的整體表現，以及人民的生活是否變得更好。

問：萬一政府今後都不敢再觸碰這個課題了，會有什麼樣的後果？

答：如今要說服優秀能幹的人才從政，變得愈來愈困難了。當然，還是會有一些人覺得受到了感召，挺身而出。他們想要這麼做，想要為國家做出貢獻，即便這意味著得做出一些犧牲。

在當今的情境中，讓人才對政壇裹足不前的首要原因，其實是社交媒體。失去個人隱私是個長期存在的障礙，不過這還是可以克服的。生活方式的改變也不難調整。如果還必須在經濟方面再承受太大的犧牲，那就變得更加困難了，因為你還得同時面對其他的負面因素。

話雖如此，我們絕對不能以薪水做為吸引人才從政的誘因。絕對不行。這也是我們一貫堅持的立場。但我們也不能讓薪水成為其他重重犧牲之外的又一重障礙。

問：說服公務員從政，是不是向來要比說服企業界人才容易？

答：同樣變得愈來愈困難。公務員因為對治國方針和決策過程較為熟悉，所以可以成為很出色的部長，晉升部長自然也是他們在原有事業上更上一層樓。問題在於他們能不能也當好政治領導人，有沒有激勵民心的氣魄。可是現在就連公務員也愈來愈不願意從政了。我要再一次強調的是，他們不願意從政，並不是因為薪水。而是社交媒體等其他障礙。還要考慮到家人的處境。為什麼要讓摯愛的家人曝光，公開面對外界審視？

我相信在二〇二〇年大選過後，願意放棄穩定的公共服務事業轉投充滿變數的政壇的高級公務員，就會更少了。即便如此，我們還是必須鍥而不捨地嘗試說服那些符合條件的人從政。用「為國服務」的使命感召喚他們。

要牢記的是，部長不光是要為民服務，更要能夠展現出領導魄力。第二個角色要比第一個更難做到。身為公務員，他們本來就已經在各自的工作崗位上為人民服務。要他們離開一份舒適自在的事業，轉投政治大染缸，領導國家與人民向前走……你還真別說，這還真是一項高難任務。

問：那還剩下哪些人？

答：軍人？（笑）別小看軍人啊，他們可是優秀潛在候選人的重要寶庫。他們在新加坡武裝部隊都曾有過出色表現，睿智幹練。新加坡武裝部隊有一套運轉自如的人員汰換制度，為了使部隊保持年輕化，而讓高級將領很早退伍。這些高級將領退伍時都只有四十來歲，形成了一個有能力、有幹勁又有奉獻精神的人才寶庫。我們清楚知道他們的人品、才智，對國家的忠誠。軍人可能存在的唯一問題是，他們多年來所接受的刻苦訓練，目標就只有一個，那就是保衛新加坡，擊退任何來犯的威脅。所以，我們還得考驗他們能否在施政時展現靈活度，是否具備政治嗅覺。

一旦加入政壇，就得窮盡一切辦法學會應付廣泛的政治課題。你得學會怎麼跟各行各業的民眾打交道。身為軍官將領，你對著部下士兵發號施令，但在民事世界裡又不是這麼一回事，你得不斷遊說才能服眾。我要說的是，看著現在的局勢發展，可以預見內閣中將會有愈來愈多將軍。現在就有跡可循了。有些人還調侃說，難怪全國大選稱為「General Election」，意即「將軍選舉」。[6]（笑）

我們還算是幸運的，擁有一批軍官，可以從中招攬有潛質的部長。我擔任國防部長和總理期間，就曾經與好多位能幹的將軍共事過，他們都是全心全意為國家服務，在必要時甚至不惜賠上自己的生命。可是我們也需要延攬各行各業擁有不同經驗背景的能人志士加入內閣，包括男性女性，才能降低「集體盲思」的風險。這也就是為什麼我會再三強調從私人企業界延攬合適的頂尖人才的重要性。總理在二〇二〇年全國大選中引進陳詩龍醫生，自然是好事；他在醫療領域和企業界的經驗，讓他能夠有效地處理移工宿舍的COVID-19疫情。

問：對部長薪水算式的一個常見批評是，這個制度太僵化，何況並非所有部長都值得領這麼一筆高薪。您同意這個說法嗎？

答：事實是，不是所有部長都有能力成為出色的總裁。同樣地，也不是所有總裁都能成為優秀的決策者。不過，這兩個角色都對個人有著難以置信的高要求，也加諸了重大責任。這也就是為什麼兩者足以相提並論。

總理要怎麼決定每位部長的薪水？就看個別部長必須承擔的責任，以及工作表現。部長薪水採取的是工資評級制度，花紅也因人而異。我相信全世界唯有新加坡一個國家採取這樣的制度：部長所得薪資取決於各自的職責範疇，所得的花紅也取決於工作表現。據我所知，還沒有其他國家採取這種做法。

新加坡部長薪水也採取了裸薪制度。這也就是為什麼部長薪水看似偏高，因為當中不存在在職者或家屬的住屋、私人用車或私人旅遊福利等隱藏好處與津貼，退休後也沒有養老金。他們還需要自己支付健康保險。這個薪水制度是透明的，擔任政治職務者如有任何來歷不明的財富而引起嫌疑或指控，都必須清楚交代。

有人會說我們是政治白痴，怎會選擇裸薪制度，而不是給予一堆「看不見」的福利、津貼、養老金。這是因為我們無論在過去或者現在，都秉持著一個信念——面對人民，勢必做到透明、問責、誠信。

問：一些部長退出政壇後並未轉投私人企業界任職。

答：多數人希望能開創自己的事業。有些人受邀成為某些企業的主席。還有人是不想做了。有位部長寧可在退休後含飴弄孫。至於我吧，我在私人企業界裡找不到工作呀。（笑）

問：我並不是在指您。

答：我是以自己為例子來說明。技術上來說，我現在的確是無業遊民。我是新加坡金融管理局高級顧問，但不是雇員，只以獨立合約人身分領取象徵性酬勞。出任李光耀學院主席，我沒收分文，這也完全沒問題。[7]沒有一家私人企業或淡馬錫關聯公司邀請我當主席或給我一份工作。這肯定不是因為我勝任不了企業界高管職位；我怎麼說也曾經是東方海皇船務公司董事經理。也許因為我還保有榮譽國務資政名銜，也還算是還在政治體制內吧。幸運的是我還有點積蓄，也不愁著找份領薪工作或擔任董事什麼的。子女也都長大成人了，太太也有自己的事業。所以我沒什麼好擔心的。

設想新加坡部長也領著跟其他國家的政要一樣的薪資。其他國家的政治人物好些都在位好久，賴著不走。一些人會利用現有的政治地位為引退後的事業鋪路——我現在幫你，日後輪到你扶我一把。一些人則是還在擔任政治職務期間就多方開拓其他收入來源。算盤就會不一樣了。

問：您的算盤會怎麼變化？

答：既然很清楚自己做為前總理要在私人企業界找份工也會挺尷尬的，我就多半不會願意在政治事業正處於巔峰時候退下來。如果是這樣，我們的政治交接布局會變成怎樣？

現任部長說不出口的話，我在這裡說了。在我們這個謹慎經營的政治繼承體制裡，部長總是在六十出頭就得退位讓賢了。要是他們的部長薪水遠比現在低得多，他們就必須問自己，退休後還能做什麼來維持生計。

我要說的是，如果部長薪水不足以讓部長在任時存夠錢，然後你為了政治傳承就得要某位部長退位讓賢，那位部長很可能會抗拒。我退下之後還可以做些什麼？我為你打拚了這些年，而現在就因為你要我讓位給年輕人，我就得被迫離職。這就會形成一種制度，就是，「我想什麼時候走就什麼時候走」，而不是根據總理評估、為了領導層更替而引退。這就會為政治自我更新過程增添難度。而對一些才智兼備、事業有成的年輕人才來說，看到人事變動不大，或是原任部長長期留任，接班遙遙無期，就會更難吸引他們從政。現實一點。看看其他國家的處境就知道。

問：不能為部長安排工作嗎？

答：這不是我們應該做的。他們如果受雇於某家公司，也包括淡馬錫控股關聯公司，那必須是基於他們自身對這家公司所能帶來的價值。我要說的是，付給部長足夠與市場對應的薪水，讓他們在六十出頭退下來時可以想想，自己可以怎麼發揮當部長的經驗，繼續為社會做出貢獻；而不是還要為生計發愁。否則，賢能才俊可能根本連政壇都不敢踏進來一步。

制定算式為部長薪水定下標準，打從一開始就充滿了爭議性，至今仍是如此。在歷經超過四分之一個世紀之後，唯有一點是能讓新加坡幾乎所有人都認同的，那就是——這個令人討厭的夢魘是丟不掉的。吳作棟坦承，他在一九九四年完全料想不到這股不信任情緒會根深柢固且揮之不去：「坦白說，完全沒想到。」

他也絲毫沒料到，一九九四年這項政策毫無意外地在國會通過後才不過數週，他就硬生生地挨下了高調揮出的一鞭。更讓許多人震驚的是，這一鞭居然出自一個最不可能的人：一位身材嬌小、在公共場合經常穿著一身旗袍，向來不太搭理政治世界喧囂卻廣受歡迎的新加坡作家。

吳作棟對第六章的反思與感想，請見〈省思〉「壓垮雄獅的最後一文錢？」，第三五九頁。

第七章　阿作和阿音的那些事

那把更溫和、更明智的聲音，而今甚少聽見了，甚而已全然沉默。何以言而無信？

——作家林寶音，一九九四年十一月一月二十日《海峽時報星期刊》

林寶音發怒了！這位新加坡知名作家在一九九四年十一月間天天都在翻閱報章新聞，對國會裡有關提高部長薪水的辯論感到前所未有的厭煩。正如她在不久後撰文所形容的，這簡直是個罪大惡極的課題。她胸口憋了一股悶氣，轉而在她最感舒適的文字堡壘中尋找宣洩的出口；此刻，她文字裡常見的中華文化元素以及後來的鬼怪題材，全得靠邊站。阿音[1]——她的親近好友總會如此暱稱她——思潮泉湧、奮筆疾書，句句犀利、行行遞進。「我火大了。」她在二十五年後如此坦言，憶述起一九九四年那段往事仍是七情上面、情緒飽滿，彷彿才是昨日剛發生的事。「我的遣詞用字非常無禮，套用的數據非常粗糙。」她形容自己當年是如何對這項政策毫不留情地予以痛擊：「震驚和怒火急速化為一個個統計數據：『是美國總統薪水的三倍』、『部長一個月薪資可抵一個普通打工仔整整十年積蓄』等等。」

隨即筆鋒一轉，她的抨擊對象從政策轉向個人，措辭強硬地提出指控：總理吳作棟背棄了自己所承諾的協商式作風，反而任由李光耀的權威式領導取而代之。她寫道：「國人應該還記得，才剛在不久前，吳作棟領導的新政府在萬眾最殷切的期盼中誕生，以最動人的方式將新舊體制明智地結合起來。言猶在耳，政府當前所展現的姿態才愈發讓人痛心。」林寶音說，當年在寫這篇文章的兩個月前，她才發表了第一篇政治評論文章〈行動黨和人民——一個巨大的情感鴻溝〉[2]，也因為那篇政論處女作在《海峽時報》刊登後並沒有給她帶來任何麻煩，所以她膽子變大了。她沒花太多時間就寫完這洋洋灑灑二一二五字的第二篇政論文章，自行打上標題：〈言而無信〉[3]，發給了《海峽時報》。

※

一九九四年十一月二十日，是個星期天，吳作棟起了個大早，拿出《海峽時報星期刊》翻閱。第十二版的一則長文馬上引起了他的注意。標題是：〈一個政府，兩種風格〉，是作家林寶音所寫的評論文章。[4]讀者不可能錯過報章上這樣的文章；以新聞業界術語形容：四分之三版，通八欄，李光耀和吳作棟兩人的照片對開排列。阿作——他的親近好友總會如此暱稱他，即使在他當總理之後也不例外——仔細地閱讀，手中握著一支筆，在言辭冒犯的段落旁重重劃線標出。待他看完後，全文計有二十八處線條標記，三處打上星號，四個詞彙劃了下橫線。這個男子惱火了。二十五年過去了，這些圖標標記還殘留在報紙上，宛如深烙抹不去的疤痕。

不過阿作透露，如果說他生氣了，老李（李光耀）的反應還要比他更快更猛。「我是惱火了，他卻是怒火中燒。」他憶述著。「不過這也是他的慣常反應。他要對她做出回應，詢問了我和幾位部長，我們都勸他別這麼做。若他去回應林寶音，就等於印證了文章的結論。」換言之，就是阿音所說的，吳作棟政權不過是李光耀的傀儡。阿作決定親自出馬回應阿音，就此上演了他主政歲月裡最有看頭的一場大戲，也掀起了一場無論從哪方面看都實力懸殊的不對稱戰役：高個兒領導對上嬌柔小女子、政治對上藝術、權勢對上巧言。高爾夫球運動裡的「越界標記」，在新加坡語境裡就此成了政治流行語。而這場風波也在不經意間，不只在這個理應更為開放的吳作棟主政年代裡，讓對於公民社會與言論自由的默許界限瞬間降溫冷卻；也同時讓民眾見識到好好先生阿作也能翻臉耍狠。

他通過新聞祕書發出了長達三頁的回應，列出十二點反駁。回應中重申政府對協商共識政治的承諾未改變，卻也闡明，這並不意味著總理會「對以藝術外衣為掩護的政治批評加以姑息」。歡迎不同意見的同時，總理也會對錯誤的觀點做出駁斥，必要時絕不手軟。

「身為一國總理，如果不這麼做，他將失去新加坡人對他的尊重，自己也難以繼續推行他所制定的政策……一國總理不可任由政治領域之外的記者、小說家、短篇故事作者或劇團，來制定政治議程。」

說到老李，阿作強調他並不期待這位前任「本性會有任何改變」。不過身為總理，他必須負起全責，而他所做的任何決定也總會獲得李光耀的堅定支持。只是，全文暗藏的詞鋒直至文末才拋出——他在聲明最後兩點中，籲請阿音加入在野黨。「她大可在下屆大選支持他們。如果總理輸掉了論戰，他和人民行動黨也就會被選民淘汰出局，然後林寶音就可以看到另一支領著年薪或許不到五百萬元的部長團隊來治理新加坡。」

※

阿作的反應著實讓阿音大吃一驚，也大失所望。她的第一篇評論文章並未引發任何反應，所以此番她也未曾設想會有任何回應，更別說是如此措辭強烈的反擊。在她看來，她原文中的好幾根尖刺早已被《海峽時報》編輯拔掉了，連標題也換了。她對此倒是不介意。「修改後的標題軟化了不少，因為『言而無信』更像是一項指控。不過，這其實正是關鍵所在——事實就是，政府曾許下的如此重要的諾言，如今卻食言了。」

她原以為文章會引起公眾的討伐，結果卻意外發現大多數人似乎都願意挺她，好比支持牧童大衛對抗歌利亞巨人政府一樣。「如果行動黨政府深得民心，我想我的言論一定會讓人們非常不滿。可結果卻完全不是那麼一回事。事實上，我的聲望、人們對我的評價，似乎全都以這場風波為依據，人們一再將兩個關鍵詞安在我身上：勇氣、膽識。可是我心裡想：我並不是勇於行事，不過就是抒發己見而已。」

有件小事讓她特別難忘。就在這場風波爆發後不久的某一天，她到新加坡中部鄰里荷蘭村郵政局辦事。「我聽見有人喊我的名字，轉過身，眼前站著一個不修邊幅的年輕小伙子。」她開始憶述著，就像在寫作般活靈活現。「小伙子忽然立正，舉起手做了個敬禮的手勢，然後說：『給他們好看！那些混蛋。給他們好看！』噢，簡直太搞笑了！我當時都笑翻了！」

※

阿作自覺沒有其他選擇，不得不做出強力反擊。對於〈一個巨大的情感鴻溝〉那則文，他並不認為有必要回應；可是這第二則文直戳他的痛處——他做為總理的聲望，不光是在人民眼中，也攸關他在內閣同僚心目中的分量。「她等於在說我沒有實權，說李光耀才是掌舵人。換句話說，我失敗了。我的治國作風與社會脫節，迫使李光耀必須出面維護這一切。」他分享當時的感受：「她的文章很可能會讓讀者得出這個非常嚴重的毀滅性結論。」再加上阿音將這番結論與部長薪水課題掛鈎，文章發表時機又那麼及時或說那麼不巧，字裡行間甚至嚴重指控部長們只顧自己致富；這種種因素都讓阿作決意回擊。他說：「你必須捍衛政府的立場。如果我顯得軟弱，部長們會對我失去信心，認為我沒維護政府的立場。」

阿音的文字螫傷了阿作。他說：「受傷？是的。但更多是生氣。我不過是以某種方式來展現自己的風格，你卻跟我槓上。在我相信自己已經贏得了人民尊重的當兒，你卻完全不把我這個領導人放在眼裡。你削弱我的權威，詆毀我的為人。我並不想以李光耀那套作風來治理國家。我一開始就對他、也對大家說得很清楚了。可是那不等於說我骨子裡完全沒有脾氣。大多數時候我會克制，實在犯不著為了生氣而浪費生命。但總有些時候你會發脾氣。而光發脾氣還不夠，我還得要懂得以自己的方式正面回擊對方。」

是的，他還是一如既往的好好先生，可是這位好好先生也偶有強硬剛毅的一面。「所以，這就是信號了，治國作風將有所改變。依然更寬容、更溫和，可是誰也別想因此而來占便宜。也請別藐視權威。」畢竟新加坡還是個亞洲社會。他補充說：「我是想藉此告訴那些人，那些跟她有類似想法的人，凡事都有個限度。」雖說阿音未必是個家喻戶曉的人物，卻也頗有名氣，她的觀點在知識份子圈中具備一定的影響力。阿作和人民行動黨可不準備退讓半步。

老李則認定阿音是看準了阿作親民、好欺負。他曾在《李光耀治國之鑰》一書中說：「假設林寶音寫的是我而不是總理……諒她也沒有這個膽子，對吧？因為向來我的姿態、我的反應，容不得任何人懷疑：一旦你來挑戰我，我勢必套上指節銅套，將你逼入死角……任何要挑戰我的人也請套上指節銅套。如果你以為你給我的重擊可以比我給你的更重，就儘管試試。要管好一個華人社會，別無他法。」5

※

事實是，阿音筆鋒所指的，確是李光耀。老李才是她真正要討伐的對象。阿音向來對阿作有好感；無論事發前後，甚或紛爭爆發當下，這個印象都從未改變。「我很容易對善良溫和的人產生好感，吳作棟就是這樣。他從不爭強善辯。傲慢好鬥的人我就不喜歡。他看起來非常親切友善，應該也是一個非常非常暖心的顧家男人。不傲慢、沒有距離感，也不會給人高高在上的感覺，相信很多人都會喜歡這樣一個人。」當她相熟的一位國會議員跟她說阿作生氣了，說他還是第一次看到總理如此惱火，阿音的心情頓時糟透了。

「我忽然對吳先生感到有點抱歉。我的舉動，犯了儒家社會的大忌。永遠別讓領導人丟了顏面。我卻恰恰這麼做了。可事實卻是，我並不是有意讓他丟臉的，這是很肯定的。我只是寫出了自己的想法。但如此公開狠批一個人，我的確讓他有失顏面，當他在公共場合面對群眾時，肯定會有人帶著異樣的眼光審視他。這是任何一位領袖都肯定能覺察到的。」阿音揣測著阿作的心理過程。「我甚至在想，以吳先生善良的本性，如果當初我把文章寫好後私下傳給他，他應該會欣然接受的。」

於是，她決定動筆再寫兩封信。第一封信投給《海峽時報》讀者交流版。她在信中說，自己只是一個關心新加坡的人，「絲毫沒有任何意圖去貶低或惹惱任何人」。她也從沒打算從政，只是珍惜這個通過本地媒體就社會政治課題發表看法的機會，「並且充分意識到這些觀點可能有偏頗疏漏，所以也做好準備面對任何異議和駁斥。」[6]阿音的第二封信，則是給阿作的親筆信。她在信中寫道：「如果我的文章引起了您的不快，我謹此致歉。我對您所領導的政府懷著最高敬意與極大重視，這兩篇文章也正是秉持著這股精神和信念寫下的。對於這些文章對您可能造成的困擾，容我再一次向您致以最深切的歉意。」她為引起他的不快而道歉，而非為自己撰文一事而道歉。她受訪時說明自己當時的心態：「有時候人總會做出一些讓自己事後覺得『歹勢』的事。」她以本地用語表態，意即「不好意思」、「難為情」。「理智告訴你必須這麼做，因為新加坡能聽到的聲音太少了。可是感情上總還是會想說，如果我這麼做了，也讓他欣然接受了，那肯定會好得多。」她逐字逐句親筆寫下那封信，以示赤誠敬意。

※

這封短信，阿作收到了。「收到她的信，我是挺驚訝的。還是一封手寫的親筆信，以示尊重。」可是他還不準備握手言和。他打了一封信回覆阿音，信上寫道：「看過你那些文章的讀者，大概不會有人會認為你對我所領導的政府懷著最高敬意與極大重視……我必須清楚闡明我的『越界標記』，好讓大家知道開放和協商也是有限度的。而這個限度，並不包括在媒體上做系統化的蔑視與抹黑，去摧毀一國總理和他的政府應有的威信和地位。」

他甚至推高了論戰態勢，發出警告，謂政府會把任何意圖在此地設定政治議程的人視為已經一腳跨入了政治領域，無論這些人是否有意加入政黨從政。換言之，阿音同樣必須面對批評。阿作當時在國會上說：「我認為這是公平的，因為你不能一味抨擊我們，卻又不想讓我們以同樣方式回敬你。」最後，他撂下了這場風波中讓人印象最為深刻的一句話：「如果你一記重拳打在我下頷，你就等著在太陽神經叢上吃我一拳。」7

※

一看到這句話，阿音不禁打了個哆嗦。如此暴力的字眼出自阿作口中真是太不尋常了。這更像是老李的作風，而非阿作。「他居然描繪出了這麼粗暴的畫面，我認為還真是有失身分！」她回憶起來還不禁驚呼：「我當時根本搞不清楚太陽神經叢究竟在哪裡！後來知道了，天哪！如果他真是一拳揮出，我就再也無法穿上緊身旗袍了！我當初就是這麼跟朋友們說的，大家全笑成一團。」她說著，舉起雙手遮住臉龐作驚恐狀。謹此稍加說明：太陽神經叢位於腹腔正中，從胸骨延伸至肚臍的神經線脈輪，神經線分布牽連到腹腔內臟，俗稱「心口」、「心窩」，是搏鬥中最有效的突襲點，也是拳擊賽時的攻擊目標。阿作的回覆讓阿音大失所望：「那是一封充滿怒火的信，一封粗暴的回信。」

家人好友都擔心她的安危。「他們叫我要小心。他們說我的行動受到監視。女兒很害怕我會出事，還告訴同學們打電話到家裡來時得用暗語溝通，因為電話很可能被監聽。真傻！」她笑著說。「大家都很恐慌。」更甚的是，當時人們公認的親自由派新聞及藝術部長楊榮文也用了一句閩南慣用語，斥責她「沒大沒小」，意即目無尊長、不知分寸。阿音這會兒是妻子捅大了嗎？

※

其實無論是阿作還是他的部長，倒是從來沒想過要懲罰阿音。吳作棟透露，連提都沒提過。大家很清楚林寶音沒有任何隱藏動機，政府回了一封措辭強烈的信也足夠了。「我們是這麼分析整件事的：她沒有任何惡意動機，也沒有隱藏議程。這個很關鍵。如果我們懷疑她是受人指使寫下那些文章，那就不一樣了。若她別有所圖，意即她會繼續寫出更多這類文章，然後一點一滴慢慢地侵蝕民眾對政府的信心。她反而坦坦蕩蕩、開誠布公，說起話來不像是躲在他人背後發聲。所以，只要堅定闡明了政府的立場就好，沒必要採取進一步行動。她沒什麼好害怕的。而我也在國會演講中說得很清楚了——不採取報復行動。」

※

有意思的是，雖然阿音身邊的家人朋友都緊張兮兮，她自己倒是老神在在，一點都不擔心阿作會把事態升級。「我完全是安然自在的。我從來沒害怕過李光耀或吳作棟，純粹因為相信這些人都是聰明人。他們為人正派——就是這個詞；他們骨子裡是正派的。不過當然，為了面子問題他們還是會有所防備，人人都會這樣，特別在我們這麼一個儒家社會裡。但我倒不認為他們會任意把人丟進牢房裡。」

這起事件隨後被視為新加坡公民社會遭「閹割」的導因之一，但當事人阿音反而認為，把她教科書似的封為「英勇犧牲的烈士」是「毫無道理的」。「人人都那麼惶恐，可是我毫髮無損啊！」她驚嘆道。「如果我被關進牢裡，如果我的子女被牽連，要是我身上發生了一連串可怕的事，財產被充公，那他們的惶恐就有理由了。可是什麼也沒發生呀，我還是逍遙自在地走街串巷。」她說道。「所以我深感這種恐懼的心理竟是如此的根深柢固。我想即使到了今天，人們還是會害怕。害怕失去美好的生活。而這正是最為諷刺的——害怕失去人民行動黨給予他們的美好生活。」

她的看法獲得前總檢察長溫長明的支持。溫長明在事發時是國會裡的官委議員。「政府把林寶音怎麼樣了嗎？將她關進牢裡？驅逐出境？放逐海外……？只要你不犯法，發生在你身上最糟糕的也不過是政府當你白痴而已。那又怎麼樣？」他在一九九六年一場面向大學生的演說中這麼說。「臉皮厚一點……根本沒什麼大不了的，反而會讓人們更佩服你，就因為你敢於站出來跟政治領導人爭辯。」

問：您可覺得這起事件讓您有所改變？

答：並不是說，噢，現在一個全新的我出現了。不，不是這樣的。我還是原來的那個我。我喜歡對人親切友善，也喜歡笑。可是總有些時候，我會以自己的方式，跟某些朋友劃清界線。像過去我曾經告訴過一些人，別再來找我，別再想借我的名義來彰顯你的影響力。可是大多數時候，我喜歡與人和諧相處。我不會願意心裡老是憋著一股氣。人一輩子只活那麼一次。你可以偶爾生氣，可是事後就得讓它過去。

問：所以這事，您相當快就釋懷了？

答：是的，我釋懷了。相當快——我不確定。不過你這麼說我倒也不會反對，是「相當快」。

問：她說您給她的回覆看起來還在生氣。

答：所以，算不上是很快釋懷，只是「相當快」。（笑）

問：有些人說您借用高爾夫球賽場上的「越界標記」來比喻未必準確，因為高爾夫球場上的邊界線標記是固定的，可是您的政治界限標記卻是隱形的，浮動的。[8]

答：「越界」是借用了高爾夫球運動的術語。高球運動裡的邊界線標記當然是固定的。可是我要比喻的其實是超出界線之外。人們一般知道什麼時候會越界，知道你的所作所為是不是屬於可接受的範圍。我的意思是，你自然會知道。你的父母不必制定任何具體標記，可是當他們告訴你某些行為越界了，有那麼一條紅線是你不應該逾越的，你自然就會明白。

這並不是為了讓人們心生畏懼。只是為了闡明政府的立場，以及我自己的立場。

其實在同個時候，我們也正在嘗試給予藝術創造更大的空間。然後，就出現了一個黃新楚。在我看來，這是打著藝術的旗號做出下流愚蠢的行為。你知道這事對吧？[9]

問：是剪恥毛事件嗎？

答：是的，當眾。我不記得他是不是有轉過身。

問：是背對著觀眾的。

答：那算什麼藝術？所以，當我說我要建立更寬容的社會，讓你擁有更大空間，我說的可不是那麼一回事。我們發出信號，說要讓藝術工作者有更大空間進行各種嘗試。你可以嘲諷、可以搞笑，等等，但請別「沒大沒小」。做些趣味表演就好，像葛米星，或者像另一個小個子，什麼名字來著？古瑪。[10]這人取笑部長，不過我們都知道這些都是善意的玩笑。當然部長會覺得不自在，但只要不是對人不敬，不是惡意中傷，就還好。這些手法不至於有損部長尊嚴。我們畢竟是亞洲社會，不能像很多西方國家一樣，任由部長成為被戲弄甚至奚落的對象。

問：林寶音還提到另一段小插曲，說事發幾年後，您女兒曾邀請她出席倫敦的一場頗具聲望的文學活動。[11]

答：我女兒沒來徵求過我的同意。從來沒有。

問：她自己將那次邀請解讀為您與她和解的一個信號，或者說，您向她伸出了橄欖枝。如果您允許女兒邀請她，那說明您對她也已不再有芥蒂。

答：我女兒的判斷不錯。我跟林寶音沒事的。即使那場風波過後，我對她並沒有心存芥蒂。我也翻過她寫的一些書，因為我喜歡能寫作的人。其實我一直想要當個作家或記者，也很佩服文章寫得很好的人，善於舞文弄墨的人，還有各種各類的創意工作者。

問：所以，您女兒從沒徵求過您的同意？

答：要讓林寶音失望了啊？她以為是我伸出的橄欖枝？不，不是的，我女兒向來對藝術相當感興趣，她是主修英語的。

問：我是不是可以說，您女兒其實也相當確定您不會因此而不高興？

答：是的。她知道我不會為此而不高興。為什麼？因為女兒了解我，我不會因為跟某人有過節就從此不再原諒對方。她做了自己的判斷，而我認為邀請林寶音是個不錯的決定——我不清楚那是個什麼樣的活動——但林寶音的確有一定的聲望。女兒可能向我提過那項活動，我不記得了。但她肯定不是來徵求我同意的。她有時候也會跟我談起她在籌辦哪些活動，想邀請哪些嘉賓，偶爾還會讓我提一些名字。我會說，別問我，你自己去辦。她會想到邀請林寶音是件好事。林寶音想必是認為我們可以藉此和解，於是接受了那次邀約。人們會對某些信號有這樣的解讀，挺有意思的。

問：您從來沒想過要和她見見面嗎？

答：沒，沒。你在為這本書採訪她的時候問過她了嗎？她是否曾在哪個階段希望跟我見見面？

問：是的，她說她會很樂意。

答：這場風波其實也不過就是一起單一事件。就我而言，這事早已時過境遷，我們也把遊戲規則講清楚了。我認為那次以後，人們更能了解我們的極限在哪裡。所以，是的，跟林寶音筆戰的目的達到了。

歷史把阿作和阿音綁到了一起，並且還延續了整整一代人之久，可是這對「冤家」至今都未曾面對面交談過。兩人分別在一九四一年和一九四二年出生，前後相隔一年，阿作年紀稍長；但他倆之間也僅有過那麼一次短暫交集。當時是二〇〇五年十二月，在「亞洲探索頻道」為一部有關新加坡歷史的紀錄片攝製完工而設的慶功晚宴上。紀錄片是吳作棟在二〇〇三年倡議的，將之做為慶祝李光耀八十大壽的獻禮。

阿作說他走下台時經過阿音所在的那一桌，向她點頭示意。她有點尷尬地回了一笑。阿音則說她當時一整晚都在嘗試與阿作有眼神交集，好順著打開話匣子；但始終未能如願。阿作說他的確有望向她。「我向她瞥了一眼。我知道她是誰。如果我沒這麼做，就意味著我刻意不搭理她。不過當晚我們坐得挺遠的。我倒是記得她穿著一件很優雅的旗袍。我想她也應該記得。」

她當然沒忘記；還為錯過了那一次冰釋前嫌的機會而覺得懊惱。問她想不想與他見個面聊一聊，她立刻一臉燦爛笑容，說：「當然，我還真想呢。政治課題不必強求，就談談我的作品，也會有談不完的話題。甚至還可以談談我文章裡的政治諷刺手法——我很願意談這個——這個話題可以充當橋梁。我一定會是那個先向吳先生伸出手的人。」

這番話，我們向阿作轉達了。「她想見我嗎？你覺得呢？」他帶點猶豫地問道，接著自己很快有了答案。「是的。你可以說，我也很想見見她。」

吳作棟對第七章的反思與感想，請見〈省思〉「惡意攻訐定難容」，第三六五頁。

〖第八章〗翠玉樓

「市場最近盛傳，王明星曾向資政提供旅店置業旗下房地產項目的單位。」

——一九九六年三月，金融管理局副董事經理高銘勝致函財政部長胡賜道

早在二十世紀初，在新加坡市中心鬱鬱蔥蔥的那森路林蔭大道上，就在今天的黃金購物地帶烏節路咫尺之遙，一棟外觀奇特的豪宅巍然而立。這棟老洋房有著威尼斯式窗戶與雕飾著東方裝飾圖案的古典羅馬圓柱，氣勢磅礴。草坪上擺滿了獅子與瞪羚的雕塑，兩側則是石塊開鑿出的石窟與神龕。豪宅名為「翠玉樓」，但更為人所熟知的其實是它的英文名稱：「Tiger Oil House of Jade」，這麼一個冗長拗口的英文名稱，讓屋主無比自豪地豎立在建築屋頂上高高地橫列展示，還全以大寫字母拼出呢！

這棟私人遊樂園屬於鼎鼎大名的胡文虎、胡文豹所有，兄弟倆是新加坡享譽全球的虎標萬金油企業王國創始人。在特別的日子裡，胡氏兄弟會開放翠玉樓，讓公眾入內欣賞琳

琊滿目的翡翠私有珍藏，翠玉樓也因此而聲名大噪。可是到了一九八〇年代，胡氏企業家道中落，翠玉樓也難逃被拆除的命運。直至一九九〇年代中期，翠玉樓原址拆建再發展，蓋起了一棟三十九個單位的高檔奢華公寓。開發商為向翠玉樓聊表敬意，決定將公寓命名為「玉納園」。[1]

消息在高官名流圈子裡不脛而走，這棟低樓層高檔公寓成了新加坡最令人夢寐以求的發展項目之一。充滿現代感的外觀，配上寬敞的落地玻璃窗，這棟綠蔭環繞的對稱式建築，地處新加坡房地產界譽為「第十郵區」的黃金地段。風聲傳到了陳子玲耳裡。這位專職處理產權轉讓案例的律師，客戶群涵蓋了各大房地產開發商、業主及租戶。有人給了她一份宣傳手冊，邀請她參觀玉納園示範單位。這事挑起了她的興趣，她於是把宣傳手冊傳給了丈夫吳作棟翻閱。「我當時不太感興趣。」他憶述著，第一次公開揭露了這段往事。「要買房我還得貸款，而且我已經有房子了。我說，不要了，我不想去看。」

結果她還是去了。玉納園銷售主管鼓動三寸不爛之舌；為了促成與總理夫人的這筆交易，他甚至拋出了自以為會命中目標的終極一招：李光耀也剛買了一個單位。豈料，她才剛剛萌起的興趣，哪怕再濃厚，也瞬間冷卻。她當面回絕：「我絕對不要住在李光耀隔壁。」她後來向丈夫轉述這段經歷，兩人都笑了。「我們開玩笑說，你能想像嗎，李光耀，在同一條走廊上，你天天一踏出家門，就對他說哈囉你好？」吳作棟說著，哈哈大笑起來。「我說，我的想法跟你一樣，我們不可能去住李光耀隔壁。所以，她最後沒買。」結果，這個決定竟成了不可思議的一次巧合。如今回憶起來，吳作棟頑皮地笑說：「幸啊！」[2]

這個決定，讓他得以在自己主政歲月裡那起最讓他不自在、處境最尷尬、政治上也最具爆炸性事件中，保持客觀距離，並且第一次也是唯一一次與恩師和預定繼任者站在對立面。他說：「如果當時我也投資買房了，我要怎麼處理外界對於李光耀和李顯龍置產涉嫌不當行為的觀感？整個政府會信譽掃地，即便我們根本沒有任何不當的行為！」他現在談起這事還能輕鬆應對，但在一九九六年事發當下，這事可不是鬧著玩的。為本書受訪時，他罕見地好幾次坦承，他和李家父子之間在檯面下其實「關係緊張」。

後來讓輿論稱為「玉納園事件」的這場風波，也凸顯了吳作棟為人為領導的品格誠信。對李家父子進行調查，他公事公辦毫不猶豫；卻也未曾藉著這起事件在政治上打擊前任與後任，以鞏固自己的總理地位。他既不會懦弱膽怯，卻也並非狂妄貪婪之徒。

故事的開場也再平淡不過，就是從一名公務員所提交的一封便箋說起。一九九六年三月七日，財政部長兼金融管理局主席胡賜道收到時任金融管理局副執行董事經理高銘勝的一張便箋。高銘勝在便箋中提到，酒店與房地產開發商「旅店置業有限公司」徵求股東批准李光耀購買「史各士二十八號」公寓的一個單位，並就此事向股票交易所申請豁免，也得到了批准。這個通告是有必要的，因為李光耀的弟弟李祥耀是旅店置業的董事會成員。高銘勝最後寫道：「我想我還應該讓您知道，市場最近盛傳，王明星曾向資政提供旅店置業旗下所有房地產項目的單位。」李光耀當時的政治頭銜正是內閣資政，而王明星則是旅店置業創始人。

兩週後，胡賜道在國會上私下會見吳作棟，將高銘勝提到在市場風傳的流言蜚語轉告總理。當時，這些謠言還未傳到吳作棟耳中。他說：「我還挺驚訝的，因為之前沒聽任何人說起。不過當然，坊間的流言也不太可能輕易傳到總理耳中。」

吳作棟指示胡賜道在不驚動李家父子的情況下先行調查，並要求這位財長找出史各士二十八號和玉納園這兩個旅店置業當時熱銷中的開發項目的買主名單。名單顯示李光耀和李顯龍都分別在玉納園和史各士二十八號公寓各買下了一個單位，享有的購房折扣介於五%至一二%。胡賜道接著遞上了一封便箋給吳作棟，上面寫道：「高銘勝還告訴我，市場都知道王明星四處向朋友張揚說自己『惹不起』，因為他與『李家』關係密切。」星火就此燎起。

吳作棟非得追查不可了。可是他該怎麼查？又該查些什麼？他對自己提出了三處有待釐清的疑點。第一，關乎誠信。問中是否涉及貪汙舞弊行為？答案顯而易見。「我絕對相信問中不涉及貪汙。」他補充說：「我跟他倆共事這麼多年，他們的價值觀我很清楚。

這筆錢根本不算什麼，他們怎麼會笨到為了貪圖這點折扣而毀掉自己一生的成就？他們不會如此惡劣。這對父子的誠信毋庸置疑。」

第二項疑點：購房過程可有不當之處？他知道房地產市場常舉辦新項目預購推介會，也常在此間推出專屬預購優惠。「這是當時的市場慣例，早在玉納園事件之前，我也經常認定那些開發商的親朋好友在購房時必定享有好處。」他憶述著自己當時心裡的想法。「換作你是開發商，你有個房產項目要推銷，要怎麼測試市場反應？一般都是先從身邊的朋友、自己的人脈來試探反應。如果反應良好，你反正都是得賣房了，房子也就這個價，那把它賣給自己的朋友又何妨？這麼做沒問題。這是私人房地產市場的慣例。」

但是折扣幅度就讓他有點不安了。這樣的折扣幅度是否正常？其他人是否也享有同等折扣？以史各士二十八號公寓來說，旅店置業為三十來個買家提供了五％折扣，當中也包括李家父子，不存在任何異常。但玉納園項目就有點麻煩了。開發商給了幾位買家七％優惠折扣，當中也包括李光耀；可是李顯龍在玉納園享有的折扣卻高達一二％，讓吳作棟有點訝異。「這一點讓我特別困擾，我希望查個明白。」

他把李顯龍叫到辦公室問話，這位副總理當下大吃一驚。「我告訴他，他享有一二％的購房優惠，問他能不能做出解釋。他完全懵了。根本不知情。」李顯龍自己查明原委後向吳作棟報告，他本來相中玉納園的一個單位，原本享有七％折扣。可是開發商旅店置業卻擺了烏龍，又把那個單位賣給了另一位買主，結果只剩下一個房型更大卻也更貴的單位給他，房價比他原來看中的單位高出大約七萬五千新幣。旅店置業把這個單位賣給了李顯龍，為彌補失誤而給了李顯龍更高的一二%折扣，比原來的折扣高出五個百分點。可是旅店置業並未就大幅抬高折扣一事知會李顯龍。李顯龍之後向國會做出澄清時說：「他（王明星）只開出房價總額，完全沒提及折扣優惠。我當下就回覆說我接受了。我並沒有進一步講價。」

吳作棟對李顯龍的解釋感到滿意，也欣然接受了。可是始終困擾著他的是，李家父子是否讓旅店置業給利用了。「王明星就像其他所有房地產開發商一樣，是個精明的商人；我擔心的是，會不會是他在李家父子不知情的情況下給了他們一些甜頭，因此讓他們不自覺地受到操縱或利用。這才是我所顧忌的。而我也知道王明星跟李光耀私底下是朋友。」房地產項目有了李氏父子大名的「加持」，就明擺著得到了精英階層的政治認可。這麼一來，旅店置業就能借助這些星級買家的大名拉抬剩餘單位的房價，就像銷售主管試圖借李光耀大名向吳作棟妻子陳子玲賣房一樣。

李光耀也有同樣有隱憂。雖然他事後對王明星予以肯定，稱他是個「坦誠直率的商人」，不應當為此事而受處分，但他起初也有疑慮。他在一九九六年四月二日給李顯龍寫了一封信，並抄送吳作棟；信上說：「我很納悶為什麼王明星給我們兩人打了折卻不明說，他又為什麼給了你更多優惠。他想從中得利，也只有在我們知情的情況下才可能做到。也許他選擇低調行事，認為我們遲早會發現。」李顯龍享有更大筆折價優惠這事更讓他感到事有蹊蹺。他後來在國會上公開質疑旅店置業是否在為未來下注：「我已經是個老人了，賄賂我，又換得來多少年的價值？他是個才年屆四十四的青壯年，他才是個值得賄賂的人選。」

坊間更是含沙射影、冷嘲熱諷，喧囂塵上，讓吳作棟心裡滋生了第三個也是終極疑點：社會是否普遍認為新加坡的精英階層享有許多普羅大眾得不到的好處？這個問題比之前的兩項疑慮更讓他憂心。他說：「啊，那就是個政治問題了。我們可以無休止地辯論下去，說明間中完全沒有不妥之處，一切不過是按照市場慣例行事。可是公眾的觀感就是認定你們這些人都得到了好處。」這也意味著，光有他主導的內部調查還不夠，他還得開誠布公地向人民清楚交代。更何況，根據高銘勝一開始的說法，市場流言早已傳得沸沸揚揚。關起大門來解決問題，並不是吳作棟的作風。

於是，他寫信給李光耀，說想跟他見面談談，並強調自己「受市場流言所困擾」，「據說王明星曾向您提供旅店置業旗下所有房地產項目的單位」，而且「王明星四處跟朋友說自己『惹不起』，因為他與『李家』關係密切。」當時的時機糟透了，李光耀才剛接受了第二次的心臟血管成形術，植入了支架以撐開堵塞的冠狀動脈，還在復元中。吳作棟坦言，在這個時候要調查李光耀令他深感不安。他徵詢了陳慶炎、賈古瑪、黃根成幾位核心部長的意見，大家都同意總理有必要召見李光耀，即使他仍抱病在身。於是，吳作棟在一九九六年三月二十九日致函李光耀：「等您身子好些了，可以到我的辦公室來的時候，我希望和您談談這事。」李光耀隔天回覆，四月一日就現身吳作棟辦公室。

問：跟他談這事，一定很尷尬吧？

答：他決定盡早和我見面。他接受了血管成形術後就回家休養了。他想來見我，還專程到我的辦公室來。

問：他希望見你嗎？

答：是的。

問：為什麼那麼急著見你？

答：因為他也擔心。這件事拖不得，雖然我說可以等他好些了才見他。

問：他來找您時身體狀況還好嗎？

答：不，不太好。血管成形術在當年可不像現在這樣，今天做手術，明天就可以出院，還幾乎能夠馬上恢復工作。當時他正在養病，身子有點虛弱。可是他還是來了，想必他也為了這事心煩。他看上去神色凝重，還有些困惑。為什麼會發生這種事？我向他說明我的想法，就跟我告訴顯龍的一樣。我說我擔心你會不會是在毫不知情的情況下讓旅店置業或王明星給利用了。當時李家還有其他成員也牽涉其中，李家的遠親，這個問題就大了。他弟弟李祥耀是旅店置業的董事，也在幫忙銷售房產。

問：李光耀生氣了嗎？

答：當然，他氣的是為什麼會陷入這樣的處境。但我也有身為總理該做的事。我要是在盤問過程中猶豫了、動搖了，他可能就會奪過主導權；而如果他自知有愧的話，他也許會說：那就靜靜地把這事壓下來就算了。那你該怎麼辦？當然，我絕不相信他會這麼做。我了解他。我們倆都非常清楚，治國的核心所在就是誠信。我們在誠信原則上容不得任何閃失。這也是考驗我身為總理所應負起的責任。

問：怎麼說？

答：身為總理，得掌控大局，得非常堅定。我之後再跟他見了幾次面。最困難的是，這事該如何去著手處理。有過幾次氣氛比較緊繃的時候。我要發表聲明交代事情的來龍去脈。他認為這不是最好的解決方法。他的看法是，我一發聲明，他就也得發出聲明回應，那麼即便我完全接受他的解釋，外界看起來也會像是我倆在爭論。他建議成立調查委員會。我覺得沒必要，因為要查明他的購房情況和所收到的折扣其實很容易。

李光耀於是建議讓他和顯龍在國會上發表聲明。我同意了。帶到國會上進行公開辯論，開誠布公，因為就他們而言，他們沒做錯任何事，問心無愧。認定他們從中獲益，就只是個觀感問題而已。我認為讓李家父子公開面對國會質詢，對政府來說也是好的。我們解除了黨鞭約束，讓議員暢所欲言。反對黨議員也在場：詹時中、劉程強、林孝諄、蔣才正，他們都可盤問質詢。

問：我能不能再倒回來，剛才您說要發聲明，他不同意？您後來怎麼不再堅持自己的想法？

答：那會是最好的方式嗎？我一直在想著要怎麼做才能更好地讓這件事公開透明，而我一開始的想法就是發表聲明。只是簡短的聲明，敘述我所發現的情況，說明我已調查了，並列出他們獲得的購屋折扣。結論是當中並無涉嫌貪汙舞弊，我對結果感到滿意。我可以說問中沒有任何不當行為。我可以這麼說。可是他們要怎麼解釋自己所享有的折價優惠，又是在什麼樣的情況下獲得的？這些，很難通過一紙聲明說清楚。而讓事件留下懸念，對政府或對李家父子都是不利的。

問：那您樂意把這事帶到國會上辯論嗎？

答：是的，那是李光耀的建議。我關注的是，要怎麼把這件事向人民公開，交代說我調查過了，並對購屋過程中不涉及任何不當行為感到滿意。你不能光說這事沒有任何不妥。民眾是不會完全相信的。更糟的是，他們還會斷定總理必是怕了李光耀。所以當他一提說，我們帶到國會吧，我立刻同意了。把一切都攤開來說，我發表我的聲明，他也會發表他的聲明。而其他議員也會發言和質詢。更重要的是，反對黨議員和非選區議員都在場。民眾也可以看到辯論。就不會還有人質疑政府在掩蓋事件。

問：討論這事不容易吧？

答：有兩方面比較棘手。先是，我要怎麼應對自己的這位恩師？另一方面則是，我們要怎麼把這起事件公諸於世，然後讓民眾信服？這才是更重要的。解除黨鞭，開放辯論。而國會經過辯論之後，我相信所有人都接受了李家父子所做出的解釋，相信間中不涉及貪汙，沒有任何不當行為，資政和副總理也不曾收受任何不當折扣——這點非常重要。[3]

問：這事既然如此棘手，一開始當胡賜道向您報告時，您可曾閃過一絲念頭說：「啊，這沒什麼大不了」，然後馬上壓下來，再靜悄悄地知會李家父子？

答：從來沒有。

問：為什麼呢？

答：如果我說，這事沒什麼大不了；那胡賜道就會如此回應高銘勝，而高銘勝就會轉而告訴市場人士，總理認為這沒什麼大不了。那麼市場得出的結論就會是總理有意將這事壓下來。這就有損我本人和政府的誠信與威望。我從來沒想過不對高銘勝和胡賜道的報告嚴肅看待。

問：可是您較早前也說過，跟李氏父子在一起工作了那麼多年，他們是怎麼樣的人您很清楚，也對他們絕對信任。

答：沒錯。

問：您認定當中不涉及貪汙。

答：是的。

問：既然直覺告訴您不可能有任何貪汙瀆職的行為，那為什麼還要大費周章進行調查，然後把這事公諸於世？

答：你認識當事人，你相信這絕不涉及貪汙。可是你也知道，坊間有關他們享有大筆折價的謠言鬧得沸沸揚揚，這還是得去處理。所以，當然還是得去調查他們是否真有收取這些折扣，而這些優惠又是否只讓他們獨享。畢竟我們說的是李光耀和李家成員，你不能說這是件小事。

問：除了召見李光耀，要他親自交代整件事的來龍去脈，難道您就不曾想過還可通過其他更容易的方法解決問題嗎？

答：不。除了約他面談，沒有其他辦法了。我如果只想著用最省事的辦法來解決問題，我就辜負了身為總理的責任，辜負了人民託付於我治理新加坡的重責。就像我之前說過的，終究回歸到我們的核心信念，那就是，誠信這一價值觀。而誠信也意味著，你必須展現出政治勇氣，去做艱難的事。整個過程是很煎熬的。你要是少了這份政治勇氣，就因為你唯恐李光耀會對你秋後算賬，那你就不配當總理。而你要是認為要保住總理之位就必須討好李光耀，那你的同僚就會認定你不配當總理。如果在大家都覺得李光耀的行為不當時，也沒人敢對他提出質疑，那新加坡就完蛋了。不是嗎？

問：新加坡畢竟是個亞洲社會，您難道不擔心調查自己這位備受尊崇的恩師，會讓外界覺得您越線了嗎？

答：不會。我擔心的反而是他可能會認為我懷疑他的誠信。我也不確定他對我的調查會怎麼想。所以我也知會了陳慶炎、黃根成、賈古瑪。他們都支持我採取行動。我的同僚都非常重視誠信。一旦有任何不當之處，無論對方是誰，我們都必須徹查到底。

新加坡體制對誠信的堅持，也贏得了風暴中心人物李光耀本人的讚許。他對高銘勝和胡賜道堅守原則表示讚揚；而對於吳作棟，他非但沒有怪罪繼任者讓他難堪，反而對吳作棟的行舉予以高度肯定。他在國會上說：「在世界這一頭，在這類問題並不需要公開處理的情況下，還從沒有任何一個政府會主動把它擺上檯面公諸於世；並且通過調查委員會、國會辯論或特選委員會展開調查，甚而在確認疑點後不惜提出訴訟。」他進而強調：「而我們能這麼做，也就證明了一點——如今挑大梁的第二代領導層有能力維持相同標準……我認為總理也證明了，即使必須調查的對象是我和副總理，他也義無反顧。」

如果還有人像林寶音在一九九四年所述那樣，懷疑吳作棟並非實權領袖；那玉納園事件則充分印證了吳作棟絕非李家父子的傀儡。為了回應公眾對於這起事件餘波未了的顧慮與質疑，吳作棟制定了新規定，要求擔任政治職務者買賣房地產必須向他申報。這項改變獲得正面回響，大家相信這位全民總理會是個透明公正的仲裁人。官委議員溫長明在國會上指出：「總理不辭勞苦，接下了審核部長購屋狀況這一重擔。只要現任總理還在任上，這個做法就會讓我放心。但未來總理就不好說了。十幾二十年後，總理會換誰做？這位總理又會不會在內閣中受到某些造王者的掣肘？」4

弦外之音是，即使李光耀繼續充當造王者，吳作棟也已經證明了自己絕不會受制於他。接棒主政六年後，隨著一九九〇年代翠玉樓的故事翻了篇，吳作棟的政治地位和權威也攀上了新巔峰。他準備好了，要重回大選戰場重新贏得全民的委託。

吳作棟對第八章的反思與感想，請見〈省思〉「上梁端正，下梁必能扶正」，第三六七頁。

第九章　不平靜的山頭

要學會怎麼用自己的風格演奏，有時候需要耗上很長一段時間。

——爵士樂演奏家邁爾斯・戴維斯（Miles Davis）

那是一九九一年十二月二十六日，就在全國大選近五個月後。空氣中瀰漫著的淨是年末節慶氣息，但人民行動黨可沒心情慶祝。對白衣人來說，在那場剛結束的大選中被連番重拳打成「黑目殼」[1]，選擇「節禮日」[2]這一天來開會檢討大選結果似乎再恰當不過了。執政黨痛失四個國會議席，是獨立建國以來最大折損，得票率也創下六一％的歷史新低。黨中央執行委員會還在反覆琢磨著大選成績為何不如預期；而幾位領導人一如既往，早已在展望前行。根據選後檢討報告會議紀錄，黨祕書長李光耀直言，圍繞著新總理吳作棟新氣象的焦點是時候退場了。「隨著新鮮感逐漸消逝，我們應當回歸到政策的實質面。」

黨中委特別把焦點鎖定在某個政策上：住屋。會議紀錄上寫著：「能讓選民的資產增值，就能贏回選民的支持，沒有什麼比這個方法更有效了。正因為如此，我們更應該在組屋的整修與翻新工作上加倍努力。比如說，給予首次購屋者折扣優惠，而那些有意在原來居住的選區內購買新房子的國人則可享有優先權。」

這個想法其實不算新。吳作棟就曾在一九八〇年代提出，與其把財政盈餘全數撥入國家儲備，不如尋找方法將之與民分享。李光耀的建議是，在教育儲蓄與保健基金等措施之外，也可以通過住屋政策來分享國家財富。吳作棟一九八九年在哈佛俱樂部一場具指標性意義的演講中說道：「政府計劃要……對本地組屋社區進行翻新，讓公共住屋在品質、居住環境、隱私及獨特性方面，更加接近私人公寓水平。」[3]可是自一九九一年大選栽了跟頭後，人民行動黨意識到甜頭可不能如此隨意派發。節禮日當天的會議紀錄顯示，黨中委取得共識：「我們必須找到方法，讓組屋房價得以上漲……並且要不動聲色地幫助那些投票支持我們的人。」歷來第一次，組屋翻新與選票掛鉤了。

吳作棟採取了稍微不一樣的手法。他並不準備悄無聲息，倒是反其道而行，決定大張旗鼓、開誠布公地行動。一九九二年四月，在來屆大選到來前還有近五年時間，他宣布了人民行動黨的競選主軸：各選區組屋翻新進度將與選票掛鉤。組屋屋齡和住戶人口結構仍會是優先考慮的條件，但在種種條件相近的情況下，行動黨得票愈多的選區將優先獲得翻新機會。「每一個選區都遲早會翻新。我們說的是執行上的先後緩急，依據的是一系列客觀條件，比如說組屋屋齡，還必須照顧到地理位置的平均分布等等。」這究竟是威脅，抑或是承諾？這個問題，《海峽時報》當年曾在社論中提出。事實是，兩者兼具。

一九九七年下屆大選來臨之際，吳作棟已變身總理。他所打造的更寬容、更溫和的治國品牌，更鍍上了一層務實主義的鋼鐵外衣；這在當初林寶音事件中已初露端倪。但他並未演變為另一個李光耀，卻也早已不是一九九一年那位略顯理想主義的新總理。他已然是一頭歷經淬鍊的「政治動物」，也無懼以此自居。「政治就是這麼一回事。」他直率地說。「我怎麼可能到處去跟人說大家獲得翻新的機會是平等的？我如果真這麼做，我的支持者才會說：你算是哪門子政客？我們為什麼要投票給你？」

然而，這位領導人的本質其實並未改變。雖然「用翻新換選票」的做法立刻激起了強烈反彈，但反對者哪怕再怎麼看不過眼，也不得不承認這種在大選前五年就亮出競選底牌的做派，倒還算得上是光明磊落的君子風範。《海峽時報》記者陳世雙一九九二年在她的知名專欄「拍案驚奇」中有一篇文章說到：「我發現吳先生的直率，還真是讓人難以指摘。但凡新加坡人，只要你能認同這種不帶一絲虛情假意、實話實說的作風，同時也能試著去欣賞一國總理這種把牌面全都亮開攤在檯面上的高度坦誠；你就不會認為這有任何不妥。這絕對不是那些比較狡猾陰險的政治人物會做出的行徑。」[4]

一九九七年全國大選，標誌著吳作棟從技術官僚到政治領袖的完全蛻變和成長定性。他不再只是單純的決策者。他也可以握緊拳頭打贏選戰。雖說也花了些時間，不過他總算是找到了自己在政壇上的最佳位置。問起他是否已經不再是當年那個「好好先生」，他對自己的改變一語概括：「你要是一直都只做好人，對每一個人都是笑笑的，到頭來是贏不了選舉的。好人也得學會幾招空手道。」那場選舉結果一如所料，是他在總理任內十幾年裡纏鬥最為激烈的一場戰役，甚至還有觀察家和在野黨視之為新加坡近代史上「極其骯髒的一章」，甚至是「最惡毒」的一場鬥爭。[5]

吳作棟對新加坡選舉現實政治的「開悟」，不只是因為一九九一年大選的那一次重挫，還有更早之前在安順區補選中承受的打擊。踏入政壇二十年來深耕民間的實地體驗，教會了他某些關於新加坡選民的硬道理。「我在那之前，經歷過四場全國大選和兩場補選，得出的結論是：大多數人在投票時只考慮到的自己眼前的個人利益。很少有人會為整體全局和長遠利益而投票。」儘管如此，他強調，組屋翻新計畫優先著眼的絕對是與國人分享財政預算盈餘，而後才是與選票掛鈎；這也不過是一項信手拈來的政治副產品而已。

以組屋翻新計畫為競選主軸，也是人民行動黨為應付在野陣營的「補選策略」而想出的一步必要對策。所謂的「補選策略」，正是在野陣營於一九九一年大選玩得很成功的決勝一招。吳作棟稱之為「地方政府效應」。而讓行動黨翻轉出來的這套全新布局，在一九九六年的一份內部報告書上做了詳盡記錄；報告有五頁長，主題是「與補選效應相抗衡」。行動黨在報告書中預測，在野陣營必定會不厭其煩地使出同一招。所以，如果說在野黨所使出的「補選策略」是為有效壓低選民的投票風險，那執政黨的回應是：為風險重新加注。吳作棟解釋道：「也就是說，你如果支持我們，就會得到這個好處。地方上的好處。」他想與之一搏，讓選民感覺到自己所屬選區的投票結果，將會直接且急切地影響到自身利益，那麼選民就會慎重對待手中一票。換句話說，哪個政黨能更好地為他們實現眼前的利益，他們就會把票投給誰。他們可不能奢望兩全其美。

結果證實吳作棟估計得沒錯。自一九九一年人民行動黨更新了作業方式並改變戰略規劃以後，在野陣營仍舊只是固守著同一套運作系統來應對一九九七年大選。那一套致勝方程式，詹時中等一眾在野黨領袖並不想變更。到了提名日當天，在野陣營競逐的議席同樣不過半，又一次在選戰尚未正式開跑前就讓行動黨順利地重新執政——補選策略故技重施。然而政治這回事，如果說一週的時間都嫌太長，那五年的跨度就真可算是永恆了；而在這段五年光景中，在野陣營仍舊原地盤桓，人民行動黨卻已大步跨前。

行動黨政府也擴大了集選區的規模，從最多四人增加到六人。選區分界也出現了大幅變動。在野黨痛斥選區劃分不公，試圖操縱選舉；行動黨則指這不過是反映了人口結構變化。其中，讓許多人大感意外的是，一九九一年選情激烈的中部選區布萊德嶺，被劃入了海域邊上的吳作棟大本營馬林百列集選區。被問及這些調整是否反映了行動黨「怕輸」？他回說：「諸如此類的改變，對很多原任行動黨議員其實是不利，他們也得重新適應。倒是反對黨執政的選區從未有任何變動。」

他接著補充說，有鑑於新組屋區的持續發展，以及隨之帶來的人口遷徙，選區重新劃分在所難免。「政治這回事，如果你一開始不帶著『怕輸』的心態，你就永遠贏不了。所以，的確，我們的所作所為都顯得『怕輸』。這屆選舉結束後隔天，我們就著手為下屆大選做準備了。我們研究人口流動，從容應對選區重新劃分。我們是積極地『怕輸』。」

對吳作棟和行動黨來說，在野陣營自一九九一年報捷後卻四分五裂，也在一九九七年大選中幫了執政黨一個大忙。原本陣容最強盛的新加坡民主黨在一九九三年卻鬧出激烈內訌，導致原任黨魁詹時中被自己一手栽培的門徒徐順全所率領的強硬派逐出黨外。大選之時，詹時中已易幟新加坡人民黨，這是他在民主黨內的支持者分裂出來另立的新黨。經此內耗，他元氣大傷，政治實力嚴重受損。

新加坡民主黨的領頭人換成了徐順全，表現也不見得更好，他所主張的對抗式政治成功搶占新聞版面，但在政壇上卻難有建樹。政治學者庫尼亞（Derek Da Cunha）在《勝利的代價》（*The Price of Victory*）一書中寫道：「因為一連串失誤，他（自一九九二年政壇首秀以來）的支持度在接下來四年裡正在一點一滴流失。政治上不夠老練的缺點暴露無遺。」民主黨衰敗之快如此驚人，以至在一九九七年大選中，選戰焦點轉向了工人黨及其靜山集選區競選團隊。靜山是新加坡東北部一個以工人階級居多的選區；選區名曰「靜山」，顧名思義——平靜的山頭。事實上，完全相反。

工人黨在靜山集選區派出了最強團隊，領軍人物是惹耶勒南。這是他自一九八六年喪失參選資格以來，首次重返大選戰場。可是政局發展瞬息萬變，在野陣營這位原主角此番歸來，卻只能淪為場邊配角。取而代之成為靜山一役前線焦點的是他的隊友，同為律師出身的鄧亮洪。鄧亮洪雖是政壇新人，也是第一次參選，卻成功激起了選民情緒。這位無論在司法界或華社都小有名氣的候選人，說得一口流利的中英巫三語；而競選期間工人黨在靜山的群眾大會場子人潮日益膨脹，預示著人民行動黨很有可能在靜山吃下敗仗。萬一結局果真如此，那將會是執政黨歷屆大選首次輸掉一整個集選區，這將是前所未有的巨大挫敗。

於是，吳作棟和行動黨將炮火瞄準了鄧亮洪，揭發他過去的種種沙文主義言論。一九九四年，鄧亮洪曾在一次晚宴上提到，內閣中基督教徒太多了。一年後，有報導指他抨擊這個國家的政治權力全集中在英文教育出身的華族基督教徒手中，導致像他這樣的受華文教育者被邊緣化。根據人民行動黨引述鄧亮洪說過的一句「名言」，他曾在一場座談會上以華語說道，新加坡有八成華人都說中文，「那為什麼我們得為別人抬轎？我們才應該是坐在轎子上的人。」在後來的媒體訪問中，鄧亮洪並未否認自己說過這些話，卻對行動黨硬是給他扣上華文沙文主義的帽子而深感委屈憤懣，他堅持自己支持一個多元種族、多元語言的新加坡。

吳作棟可不願意坐以待斃，他勢必要將鄧亮洪拒於國會大門之外。投票日四天前，他宣布自己將會親自投入靜山選戰，以便能徹底擊潰鄧亮洪和工人黨。同時加入的不止他一人，還包括他的兩位副總理李顯龍和陳慶炎。可是行動黨的靜山競選團隊當時卻不太接受這種黨領導人救場之舉。時任教育部長的李玉全是靜山團隊的領軍人，他對此役滿懷信心。吳作棟透露這段背景時說：「玉全根本不相信自己會輸。他能預見到得票率也許會下降，但他相信自己能贏。」

李玉全的反應讓吳作棟想起了一些不愉快的過去，他回想起一九八一年安順區補選，行動黨是怎麼敗給了惹耶勒南，以及自己在這場選戰中應該負起的責任。「根據我們當時對選情的評估，靜山得票率不只會下降，李玉全團隊甚至有可能敗選。而這股勢頭一旦起了，就停不下來了。這就是我當年在安順的經驗。一九八一年，我們的支持率下降，我當時意料到會有這個跌勢，想不到的是這股勢頭會一瀉到底。」他決意不讓當年安順的慘痛歷史在靜山重演。

吳作棟說，李玉全對行動黨巨頭重磅降臨自己的主戰場反應「非常激動」：「他認為我們大陣仗攻入，反而會導致他輸掉選戰。」李玉全在為本書受訪時則說，他和他的團隊對行動黨總部「給予我們的所有支持表示歡迎」，卻也補充道：「就像大多數行動黨候選人一樣，我們會更希望自己去打選戰，可是我們也很清楚選舉結果是難以捉摸的。黨領導降臨靜山的確成功爭取了不少選票，但競選期間冒起的任何有爭議的課題都會是一把雙刃劍。當時基層蒐集到的反饋是，對於黨領導所採取的強硬手段，儘管有不少人信服，卻引起了另一些人的反感。」

這座「平靜的山頭」成為全國焦點，也讓李玉全感覺自己和團隊成了「代罪羔羊」。「靜山成了全國大選主戰場，聚集了全數火力，也飽受媒體聚焦。我禁不住要想，是不是也正因為如此，才導致行動黨在所有其他選區的選情都相對順利。」最終，人民行動黨的戰略奏效了，李玉全與團隊以五四．八％得票率險勝，是那一屆選舉中得票差距最小的一役。李玉全說：「無論在當時或者現在，我和團隊同志都很感謝吳先生和行動黨領導層為靜山選戰勞心勞力。」

可是，勝了選舉是一回事，吳作棟等行動黨高層領導與鄧亮洪之間的恩怨還未了結。競選期間，鄧亮洪曾報警宣稱，人民行動黨對他的指控有可能挑起宗教狂熱份子的情緒，進而對他和家人造成傷害。鄧亮洪報警一事再經由惹耶勒南在一場競選群眾大會上公開提及。選後，吳作棟與另十名行動黨高層以誹謗罪名起訴鄧亮洪和惹耶勒南。最終行動黨人勝訴，法庭判處鄧亮洪賠償八〇七萬五千新幣，經上訴後減為三百六十三萬新幣。惹耶勒南須向吳作棟做出十萬新幣賠償，不過其他行動黨高層在惹耶勒南道歉後撤銷了控狀。誹謗官司之後，鄧亮洪潛逃出國，此後定居澳洲自我流放。他宣布破產，抵押資產以償還賠償金。

問：一九九七年大選期間，對於鄧亮洪是沙文主義者的說法，好些人不以為然；他們反而認為這種種的宗教、種族、語言課題都是人民行動黨操弄的，一到選舉期間就故技重施。實際上事態並沒那麼嚴重。

答：這麼說吧。因為鄧亮洪在競選期間並沒有借題發揮進一步炒作，所以在當時看來可能不算太嚴重。可是我們想的是大選之後的情況。萬一讓他贏了，進了國會，麻煩就大了，因為他就可以在國會特權保護下任意發表這類爭議性言論。

這是我們的考量。政治上，你永遠必須預先設想接下來可能發生的狀況。假設說他當選了，會有什麼後果？那你就得去處理了。他會像競選期間那樣維持君子風度，不去涉足這些課題嗎？還是他會再次挑起過去的這些言論，說新加坡內閣有太多基督教徒？表面上看，這句話是沒錯，內閣確實有不少基督教徒。可是如果你到佛堂去說新加坡被基督教徒所掌控，會是什麼一種情況？——有影嘸？真是？幾個？[6]然後你就開始算了——噢！好多個！

大家一旦開始竊竊私議著內閣裡基督教徒太多，那就很危險了，很可能會挑起人們內心深處淤積的一些情緒。你會只因為部長是基督教徒就把他們排除在外嗎？當然不會。關鍵還在於他們是不是基督教狂熱份子，或者這些基督教徒能否以世俗領導者的眼光和思維來做決定？我的內閣中就有幾位虔誠的基督教徒或天主教徒，卻也同時是很優秀的部長，像陳慶炎和楊榮文。我一點都不擔心。

二〇二〇年全國大選中，工人黨某位首次參選的新人過去在社交媒體上發表的一篇涉及種族課題的貼文被人挖了出來在網上流傳。[7]警方不得不介入調查。這名候選人幾乎是馬上公開道歉，工人黨領袖也陪伴在側，做出了即時而實質的回應。這個舉動是很正確的，也成功滅了火。現在她當選為國會議員，國人會密切留意她的言行舉止，審視她就種族宗教課題的真正態度。

問：惹耶勒南回歸，對靜山選情起了多大助力？

答：惹耶勒南不足為患。他當時其實已被邊緣化。如果他進入國會，對我們來說也一樣麻煩，但我們可以應付他。而鄧亮洪，才是我們的最大隱憂。我們是否高估了他勝選的風險？政治這回事，永遠必須高估對手。容我稍微倒敘一下，當時的情況就有點類似一九八七年馬克思主義陰謀事件。你大可辯說政府反應過激了。不過，就如我在《吳作棟傳（一九四一～一九九〇）：新加坡的政壇傳奇》裡說過的，你當然可以在事後說政府打壓這幫人是小題大做。即使在事發之時，你也大可這麼說。可是如果你當時是負責人，你就必須先發制人，而不是亡羊補牢。[8]

問：再說回今時今日，靜山一役距今已經不止二十年了。如果鄧亮洪想回國，您覺得呢？

答：他隨時可以回來。他不像早期那些列入黑名單的共產黨人一樣被禁止回國。他任何時候都可以回來。

問：我就等您一句話。

答：我不再是總理了。不過如果我還在任，我會說，隨時可以回來。我們對他並沒實施任何禁令。

問：不過，他不是還得面對逃稅控狀？還有破產負債？

答：就算破產又怎麼樣？拖欠稅務局的稅、破產的債責義務等等，也都一樣。這些事現任政府會不會追究，我無從知道。的確，他是得面對負債問題，但是並沒有任何法律條規禁止他回國。

問：我接著要問的是，那些涉嫌馬克思主義陰謀的人呢？[9]

答：她可以回來。

問：可以嗎？

答：是，可以的。

問：不，她不想回國，因為擔心回國後會遭遇不測。

答：那又是另一回事了。你問的是他們能不能回國。是的，他們當然可以回來。

問：可是回來後會不會又被關起來？

答：啊，這個問題你得問內政部了。舉個例子，看看那些逃避國民服役的人就好。好多人都在問議員，逃兵能不能回國？國防部會說，你當然可以回來。他們再問，回國後我會不會被扣押？國防部說，你先回國，我們再決定怎麼處理。國防部沒法告訴你會不會被扣押。他們承諾不了。國防部的立場是，逃役的人都必須回國處理自己的罪行，無論面對的是什麼樣的懲處。

然後那些逃兵又問了：「你要拘留我多久？如果只是兩個星期，我不介意回來好好了結這事。」國防部說：「我們說不准。先回來，我們會酌情決定。」然後呢，這些人會參考過往案例，看看逃兵一般上被扣押多長時間？如果情況類似，是兩個月？或是兩年？先例為何？他們根據這些先例，再決定自己要不要回國。

所以，這些人全都可以回來。沒有，我們並沒有反對他們回國。沒有任何禁令。

問：說回鄧亮洪。退休資深報人巴爾吉（PN Balji）在他的著作《不情願的總編輯》（*Reluctant Editor*）中曾透露，《新報》（*The New Paper*）新聞室是收到了關於鄧亮洪向警方報案的相關文件傳真，才在隔天的封面頭版報導了這事，而這則報導後來成了人民行動黨用來起訴鄧亮洪誹謗的依據。您為什麼要把警方文件傳真到新聞編輯部？[10]

答：我可沒有。

問：好。那就是李光耀了？他是在代您行事？

答：我可從沒要求他這麼做。

問：那想必就是李光耀了。

答：這是你自己說的。

問：鄧亮洪事件主要跟新加坡華社與華文華語有關。大家都知道李光耀跟華社之間關係緊繃，矛盾重重。那您呢？

答：我會認為我跟華社之間是一種彼此接受的關係。華社知道我從不針對他們。我出席過許多華社活動，比如新加坡中華總商會、各個宗鄉會館的活動等等。他們知道我的華語水平有限。可是大家也都了解我的背景，知道我的出身和成長過程是「很華人」的。所以他們願意接受我，也因為我從未推行過任何會影響華社的爭議性政策吧。改革華文教學綱要是由王鼎昌領導的華文教學檢討委員會制定的，我並未很深入地直接參與華社事務。

他們當然也不至於會視我為華文華語的倡導者。可是我沒做過什麼令他們不滿的事。即使華社希望我做得更多，他們也從沒直接表達出來。大家也知道我不會也不可能扭轉李光耀所推行的許多基本政策。我曾是李光耀內閣的副總理；這些基本政策的決策過程，我理所當然也有份參與。

問：那您在對付鄧亮洪時可曾顧慮到會有損您在華社心目中的地位？

答：不，我當時關注的可不是我的地位。我們很清楚用這個方式來對付鄧亮洪，必定會引起一些同情他的華族選民反感。我們是知道的。所以，我認為，可能好些原本有意投票給我們的選民，也因此而轉投鄧亮洪。更何況鄧亮洪說出了他們心底深處卻說不出口的真正想法。我們意識到會有這種情況。

問：鄧亮洪事件在沉寂了多年後，劉程強在二〇一七年國會辯論歐思禮路故居紛爭時又重提這事。您當時的回應是，鄧亮洪又不是我的兄弟，這句話後來在網路上爆紅。您當時為什麼會這麼說？[11]

答：在我發言之後，劉程強質詢為什麼當年我們告鄧亮洪誹謗，而當下李顯龍卻不告李顯揚。我回應說因為鄧亮洪不是我的兄弟。那是我即興的簡短回應，意思是在正常的情況下，沒有人會告自己的親兄弟。

問：之後沒再有進一步交鋒嗎？

答：引起了一些笑聲。但可能不是每個人都明白我要說什麼吧。（笑）

吳作棟在一九九七年大選中漂亮報捷。他不只擊退了工人黨在靜山集選區的猛烈攻勢，也率領人民行動黨重奪一九九一年失去的兩個單選區。在野陣營在國會才剛取得的些許進展，如今又打回原形，在野黨議席從原有的四席減半至兩席，只有詹時中和劉程強成功連任。新加坡民主黨則從原有的三席重歸於零，新任黨魁徐順全更是一敗塗地。

對吳作棟而言，一個更重要的指標是，人民行動黨的得票率從一九九一年的六一%上升到一九九七年的六五%，逆轉了執政黨自一九八一年在安順區補選吃敗仗以來連續十六年在選舉中支持率下滑的頹勢。在連續三場全國大選得票率節節敗退之後，行動黨終於扳回頹勢。正如庫尼亞在《勝利的代價》一書中記載：這場大選，也讓在野陣營想要「推動長期趨勢以對抗執政黨」的宏圖大計受阻停滯。

行動黨選後檢討報告書將選舉佳績主要歸功於「以翻新換選票」的戰略。吳作棟總算鬆了一口氣。他心中其實早已作了最壞的打算：如果繼一九九一年大選後支持率連續二度下滑，他的領導權威勢必再遭削弱。「如果承諾組屋翻新後，得票率還是繼續下跌，我們只能告訴自己情況不妙了！從黨的角度說，我該做的都做了，如果還是止不住選票跌勢，就意味著選民的變化實在太大了，或者我們的策略不對；又或者，我根本沒法再領導行動黨投入下屆選舉，因為選舉結果證實了受歡迎的總理、好好先生，贏不了選戰。」

現實情況正好相反。一九九七年大選給了他自信，讓他知道自己值得也有能力領導政黨去真真正正地贏得大選。他說：「一九九七年以後，我認為自己是個懂得打贏選戰的人。我感覺到自己成了一個真正的政治領袖。」帶著全國人民強而有力的委託，他率領這個國家邁向二十世紀末，堅守領導重責，迎向新千年的種種挑戰，乃至異動。

吳作棟對第九章的反思與感想，請見〈省思〉「小島陽光明媚，定非喀拉喀托山」，第三七〇頁。

Heineken Beer
Heineken
Heineken Beer
Heineken Beer
Heineken
Heineken Beer

A People United
全民一心
Satu Masyarakat
Berpadu
Vote for PAP
Undilah PAP
JALAN BESAR
LEE BOON YANG
YAACOB IBRAHIM

part 3

（新）千年重任

連老天都在幫我們。

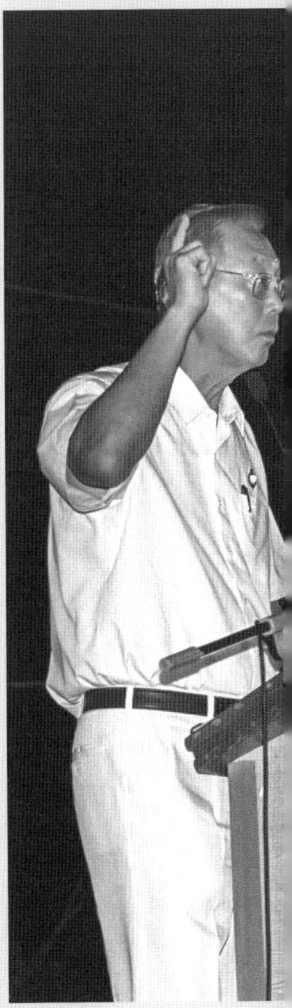

第十章　亞洲金融風暴

「我們現在可以不必擔心了。」

——一九九七年十月，蘇哈托獲得吳作棟承諾新加坡借貸數十億元之後說道

車隊正沿著泰國東部經濟走廊在曼谷高速公路上飛速行駛。吳作棟留意到沿途大片新近闢設的工業地段，全準備用作推動以出口為導向的工業發展，只是此刻這些地段仍大面積空置著。在泰國的這座都城裡，嶄新高樓大廈處處可見，宏偉壯觀，全都是辦公大樓、酒店、公寓發展項目；可是，這些大樓同樣也是大面積空置著。當地人將這些空著的大樓稱作「鬼樓」。經濟衰退的傳言，在那個時候也不過是捕風捉影而已。此時是一九九七年六月，到泰國訪問的這位新加坡總理，也還只是第一次覺察到了一絲經濟崩盤的端倪。吳作棟如今憶述起當年在泰國曼谷的所見所感：「我當時心裡想的是，『噢，看來泰國也出現了房地產泡沫！』新加坡不巧也正在經歷房地產泡沫。」

隔天，他受泰國總理查瓦利（Chavalit Yongchaiyudh）與財政部長林日光之邀，到曼谷郊外的高爾夫球場打球。兩位東道主顯得心不在焉，尤其是林日光。泰銖一個月來持續下挫，使得整個泰國內閣焦頭爛額。吳作棟說：「球場上，林日光根本無心打球，不停地在接電話。」隨後，查瓦利向吳作棟靠了過去，和他低聲說道，他正在設法勸服財長收回辭呈。他希望吳作棟也能幫腔，勸說林日光打消退意。吳作棟試著跟林日光談談，但他還是執意請辭。「其實他為了我的來訪，已禮貌上延後宣布辭職的消息了。」打完十八洞後，林日光隨即召開記者會，宣布辭去財長一職。亞洲金融危機的「黑洞」就此浮現。

吳作棟訪泰之行結束後不久，泰國政府終於在七月二日孤注一擲，做出了讓泰銖與美元脫鈎的決定。泰銖一夜間徹底崩潰。世界各國大多以為泰國危機不過是特殊而單一案例而已。豈料短短數週內，亞洲貨幣兵敗如山倒，一九九七年的整個夏季，這波震盪迅速蔓延開來，席捲菲律賓、馬來西亞、新加坡、印尼、韓國等國。投資者和銀行倉皇撤出貸款與資金，卻讓當前的危機愈演愈烈。企業公司資不抵債，整個區域金融體系搖搖欲墜。到了十月，印尼向國際貨幣基金組織求助，下個月韓國也跟著求援。當印尼強人總統蘇哈托（Haji Mohammad Suharto）低頭簽下國際貨幣基金組織開出的紓困協議；而國際貨幣基金組織總裁康德蘇板著臉雙手交叉站在一旁俯視著——這一幕就此定格為亞洲金融風暴標誌性畫面。事隔二十年以後，著名分析家許國平在亞洲金融危機二十週年之際，在馬來西亞《星報》撰文寫道：「東亞奇蹟一夜間變成了一場亞洲金融噩夢。」

在新加坡，吳作棟和他的團隊無比震驚地看著這場巨變上演。他們也和世界其他國家一樣沒料到這場危機會突然降臨。就像吳作棟在一九九八年三月接受德國報章《時代周報》訪問時說過的：「大家原本都在預測亞洲的增長有多強勁，紛紛談論著亞洲奇蹟、亞洲新世紀。」新加坡所承受的衝擊也許不及東南亞周邊鄰國來得大，但新加坡的開放式經濟仍使其無法在這股亞洲衝擊波中倖免於難。這還是吳作棟出任總理以來首次必須處理如此嚴重的一場經濟衰退，同時還得應對在新加坡門前爆發的政治風暴。值得慶幸的是，面對這波經濟疫情，新加坡還是有足夠劑量的抗生素來與之對抗。雖然這場經濟危機來得猝不及防，吳作棟說，他的團隊面對危機仍是處變不驚、充滿信心。他說：「我們從沒想過會失敗。我們有扎實的經濟基礎、完善穩健的貨幣政策與銀行監管能力，財政預算還有盈餘，儲備金也還充足，政府也獲得了工會勞工朋友的強大支持，有堅實的民意為後盾。」

從李光耀手中接過領導棒子以來，吳作棟所實施的經濟政策都與他的政治立場相吻合。儘管他也致力於推行一些較為符合新時代需求的改革措施，但是他的主政基調仍是傳承大於改革。所以，一如前任李光耀，他也將外部需求驅動的經濟增長視為重中之重。「那個時候，我相信——也許整個內閣，當然也包括李光耀在內，我們全都相信——要趁可以增長的時候盡可能增長，而且要愈快愈好。如此一來你就可以積累更多資源，就能將更多盈餘撥入國家儲備。」

可是，要達到這番增長勢頭，整個策略方向在一九九〇年代不得不進行一些微調。吳作棟政府推動經濟改革與重組，以減少新加坡對電子元件製造業的依賴。早在亞洲金融危機爆發之前，新加坡就已著手開展一項大規模計畫——開發人工石化工業島嶼。而後來的經濟多樣化發展更是擴展到資訊科技與生物醫學新領域。

在吳作棟的全力推動下，新加坡決意為經濟創造「第二對翅膀」，全力推展一套區域化政策。除了以中國為重點目標，政府也著眼於較鄰近的周邊國家，並以吳作棟所倡議的另一構想「印馬星成長三角」為基礎，招徠重大的投資項目。這項跨邊界合作框架最為人所知的成果就在與新加坡最靠近的兩座印尼島嶼巴淡和民丹落實了；新加坡公司在巴淡島投資開闢工業園區，在民丹島則開發旅遊渡假村。

重要的是，新加坡早在這波「亞洲流感」來襲前一年，就已注射了一劑極其有效的疫苗。吳作棟主政的前六年裡，房地產泡沫逐漸成形，情況仿似吳作棟在曼谷所見。私人住宅價格從一九九一年第一季一路攀升，在一九九六年第二季到達巔峰，漲幅高達二〇八%，令人咋舌。

有鑑於此，政府在一九九六年五月即強勢出擊，推出一系列措施為這波房地產市場狂潮降溫。這些降溫措施包括：對房地產盈收徵稅，實施賣家印花稅、縮緊房貸限制。吳作棟覺察到，抑制房地產市場泡沫為應對一九九七年危機帶來了重要緩衝。「大家都在一窩蜂買房，瘋狂炒高房價，全國上下現金充足，外國人也紛紛進場投機。你可以說這些都是亞洲金融危機來臨的前兆。但我們卻視之為房地產泡沫爆破的警訊，泡沫一旦爆破，就會傷害到更多人，也可能演變為政治問題。」

一九九六年的房地產降溫措施後來被人們稱為「五月魔咒」，猶如平地一聲雷，震驚了市場許多買家，也包括吳作棟的兒子吳仁軒。吳仁軒一名不願具名的友人在接受本書採訪時透露，吳仁軒在一九九六年四月才剛買下一套公寓單位，正好是降溫措施實施一個月前。那可是他第一次買房。「他買房之前也問過父親的意見，父親卻沒透露半點風聲說政府即將推行降溫措施！」朋友說著忍不住笑出聲來。

不過，降溫措施並不足以讓新加坡在風暴來臨時倖免於難。從一九九七年六月金融危機爆發之前，到一九九八年八月之間，新幣兌美元匯率驟降了十九個百分點；股市從一九九七年六月至一九九八年九月則是重挫五六%；已經降溫的房地產價格滑落三四%——這簡直是資產通縮三連擊。裁員人數在一九九八年創下逾三萬人新高。為了紓困，政府在一九九八年六月及十一月先後推出預算案之外的援助措施，總額分別為二十億新幣和一百零五億新幣，以降低經商成本為重點。其中一個關鍵措施是將雇主的強制性公積金繳交率從原來的二〇%減半，下調為一〇%。

誠如經濟學家巴斯卡蘭（Manu Bhaskaran）所說，這些「積極主動的危機管控」減緩了衝擊。新加坡經濟在一九九八年僅僅萎縮了二．二％，而周邊的印尼、馬來西亞、泰國經濟萎縮幅度都介於七～一三％。但是比這些紓困措施更加重要的緩衝措施，巴斯卡蘭在《印象》一書中強調，就是「吳作棟與他的內閣團隊採取了深謀遠慮、可靠可信的應對方法。」他在書中寫道：「每一步決策都經過慎重思考，並且讓民眾預先做好準備。在亞洲其他地方都大唱民族主義或反市場論調之際，吳作棟政府恰恰避免了這一點。」[1]

吳作棟說明，這種冷靜的處理方式是刻意為之的；他的政府必須格外謹慎，避免引起民間恐慌。他說：「我有三個理由：我不想過早地驚動人民；我不想因為太早做出過於強硬的應對手段，而打擊了員工、消費者和商人的士氣。除此之外，我想要搞清楚，新加坡的生產成本在危機過後與競爭對手的生產成本相比較，究竟有多大差距。因為貨幣貶值，他們的勞工肯定比我們便宜，出口也會比我們便宜。所以，我們認為在採取任何行動之前還是靜觀其變的好。」換言之，要打贏金融危機這場仗，不只攸關政策，還得打心理戰。

這些措施難免讓民間有些焦慮不安，但是也因為民眾知道吳作棟團隊仍然穩當地掌控局勢，社會氛圍顯得相對篤定自在。「我與來自好多不同群體的國人發表了多場演講，向人民解釋情況，並保證政府會盡全力幫助他們。」他說道。「一九八五年的那一場經濟蕭條，我們不也一起走過來了？」

金融危機對新加坡的衝擊，也許尚在他和內閣團隊的掌控之中；然而，對於國家周邊爆發的動亂，他們就完全無能為力了。「當時印尼和馬來西亞國內局勢動盪，都讓我們非常擔心。」吳作棟憶述道。「萬一這兩個鄰居倒了，無論是政治上或經濟上，對新加坡的衝擊絕對非同小可，遠比泰國局勢可能造成的影響來得大。」

一九九八年五月，印尼爆發排華大暴動，華人少數族群遭受猛烈的暴力襲擊。金融危機期間，吳作棟曾經三次拜會蘇哈托，表達給予援助的意願。一九九八年八月的國慶群眾大會演說中，他就透露了自己也曾向美國、日本、澳洲和德國領導人說項，籲請各國領袖向雅加達伸出援手：「我讓他們認識到印尼的局勢有多嚴重，要求他們幫忙。」新加坡、日本和澳洲也分別為印尼向國際貨幣基金組織說情。吳作棟並承諾，在國際貨幣基金組織、世界銀行和亞洲開發銀行的借貸都耗盡之後，新加坡會向印尼借出五十億美元。新加坡資深外交官許通美在《印象》一書中寫道：「常言道：患難見真情。吳作棟在一九九七年金融危機期間證明了自己是印尼的患難之交。」[2]

吳作棟同樣在金融危機的四個月裡與馬來西亞首相馬哈迪五次會面。新加坡幫助這個鄰居將數十億令吉存入國庫，只向馬來西亞釋放少量令吉，以協助舒緩令吉貶值的壓力。可是，據吳作棟透露，馬哈迪還想索要更多幫助，包括要求新加坡政府吸購馬來西亞公司股份，為馬國股市扶盤。馬哈迪還提供了一份企業清單供吳作棟考慮，保證這些都是好公司。吳作棟卻沒答應這麼做。他說明：「要新加坡政府進場為馬來西亞股市扶盤，這說不過去，而且風險太大。我們如果可以這麼做，那還不如回過頭來支持新加坡股票交易所？新加坡股市同樣下挫啊。做為一國政府，我們可以通過借貸幫助馬來西亞，但不可能為他們的股市扶盤，因為我們也沒介入維護自己的股市。」

而隨著局勢逐漸明朗化，顯示出新加坡在這場金融風暴中所受到的傷害不像其他亞洲國家那麼重；吳作棟也發現到自己不得不學會說「不」，而且還是愈來愈頻繁。

問：馬哈迪在亞洲金融危機爆發期間也提出了其他要求，但您都回絕了。據說他因此而對您有些不滿。是這樣嗎？

答：星馬關係在金融危機爆發前就很緊張了。我們在水供協定和馬來亞鐵道局地段開發協議上存有分歧，這些課題都極其複雜。無論如何，我們都必須向新加坡人民有所交代。

問：可是那也改變不了馬來西亞輿論的普遍看法，認為新加坡貴為富國，卻在危機當前不顧鄰居死活。

答：該怎樣幫助鄰國，每個決定都得慎重考慮。新加坡政府掌管的是新加坡人民的血汗錢。我們應不應該幫助鄰國？在什麼時候出手相助？都必須說服新加坡人這麼做也符合他們的利益。我們深信，只有區域穩定，新加坡才能繁榮興盛。當時，馬來西亞和印尼之間，我們更關注的是後者。印尼面對的麻煩要比馬來西亞大得多。當我們同意借錢給印尼，我也把澳洲、日本、中國、香港、美國、汶萊和馬來西亞拉進來，一起為印尼建築第二道防線。我們承諾借出這筆錢，是要振興市場對印尼盾的信心。

可是借貸是有條件的。印尼必須得先動用從國際貨幣基金組織、世界銀行和亞洲開發銀行借來的錢，以及自己的儲備金。如果這些還不足夠，印尼還需要幫助，那這些承諾借貸的國家就會一起施予援手。第一筆資金來自國際貨幣基金組織；我們（新加坡和其他國家）提供的是第二筆資金。

危機爆發期間，我在一次出國訪問時接到一通電話。是蘇哈托打來的。他問我：「你可不可以盡快發放那筆錢？」我解釋說，根據印尼與其他支持夥伴所達成的協議，印尼必須先動用國際貨幣基金組織的貸款。

問：可是他要求您立刻發放新加坡的貸款？

答：是的。因為他陷入了麻煩，不想再受困於國際貨幣基金組織的苛刻條件，因此想繞過組織找新加坡借錢。但大家簽署的協議我必須遵從，其中涉及的不只是新加坡的錢而已。即使新加坡同意發放給印尼的貸款，也還需要所有其他協議支持印尼的國家全都同意跟新加坡一起發放對印尼的借貸。

問：他一定非常失望吧。金融風暴期間，得一而再、再而三地向其他國家的領導人說不，尤其是新加坡的鄰國……這事，究竟有多為難？

答：我想他是失望的。我從他的聲調中聽得出他非常失望。我也同樣感到苦惱難受。他是朋友，印尼是跟我們很親近的鄰國。可是我不得不遵守條件，他只能把我們的借貸視為第二道防線。國際貨幣基金組織和其他國際組織提供給印尼的第一筆資金都還沒用盡。我也必須向國內人民交代。結果我所料沒錯，二〇〇一年的全國大選，徐順全就質問政府：我們的五十億美元去了哪裡？他以為新加坡把錢借了給印尼，收不回來了。其實，我們根本還沒發放那五十億美元貸款。[3]

問：我們不妨換位思考。也就是說，您的政府是否同樣有個假設的基礎，萬一哪一天有麻煩的是新加坡，你們也不會要求鄰國來拯救？

答：是這樣沒錯。不是說他們不肯，只是他們也許也有難處。

問：就是以這個假定原則為基礎？

答：我認為，憑著過去幾十年來我們表現出來的誠意，在我們有難的時候，鄰國也一定會願意拉我們一把。但我們必須意識到，沒有人虧欠我們什麼。即使鄰國要幫忙，他們自己也可能面對資源不足的問題。而且也和我們一樣，在向別人伸出援手提供借貸時，他們也必須向自己國內的子民有所交代。所以，永遠不要惹禍上身。這是我們由始至終的治國指導原則。就以國防為例子，我們完全靠自己。我們不會假定在出問題的時候，會有哪個大哥奇蹟般地從天而降來保護我們。

問：鄰國還有一種說法，認為新加坡的增長也與他們有關，新加坡的發展也得利於印尼和馬來西亞。所以當他們有難時，新加坡絕對有義務幫忙。

答：說個題外話。越戰結束後不久，越南總理范文同到新加坡訪問，他當時告訴李光耀，新加坡必須幫助越南。[4]他尋求新加坡的援助，說我們理應幫忙，因為我們也曾從越南身上獲利。怎麼說？越戰時期，新加坡向美軍出售石油等其他物品，所以新加坡從越戰中得到了好處。李光耀直面回覆范文同說，新加坡同意與越南進行雙邊貿易，但不會應他的要求提供經濟支援。後來我當上了總理，越南領導人要的不是經濟資助，而是項目投資。我們則同意提供技術支援，在互惠互利的基礎上幫助越南成立工業園區。

所以，終究回歸到一個非常重要的問題。新加坡需要什麼樣的領導人？當那些比我們大得多的國家指著你說，你那麼有錢，理應分一點給他們，你要怎麼回應？

問：第四代領導人也得硬著頭皮應對嗎？

答：是，必須的。任何一位新加坡的領導人都必須做好準備維護國家的立場。我們隨時願意為鄰國伸出援手，但必須是以有意義且互敬互重的方式進行。我們透過具體項目來協助他們，幫助他們以可持續方式增值發展。我們怎麼幫助印尼？通過成長三角的構想在巴淡島和民丹島做出投資，向蘇拉威西和蘇門答臘購買蔬菜，也幫助他們培訓政府官員。這些才是實質的助力，幫助他們鞏固經濟基礎。

再容我說一個離我們更遠的國家和它的領導人的故事。我一九九一年第一次在辛巴威遇見曼德拉。當時他才剛從獄中獲釋，還未當上總統；很開放很討喜的一個人。我當時是到哈拉雷，第一次參加共和聯邦政府首腦會議。

曼德拉對我說：「嗨，總理先生！」

我說：「你好，曼德拉先生，請指教。」

他說：「你們那兒的街道全是黃金鋪成的吧。」

我說：「是嗎？」

他說：「『非洲人國民大會』需要幫助。[5]我們只需要一千萬美元。你們能幫忙嗎？」

我說：「首先，曼德拉先生，我們的街道並不是黃金鋪成的。我們可以幫助南非，但是新加坡政府可不能幫助一個政黨。」

我得即興思考、隨機應變。「非國大」（即非洲人國民大會）的簡稱是個政黨，我們幫不上忙，因為這麼做是不對的。為政黨提供資助，就形同介入他國內政。我們不會做這樣的事。可是我們有一項技術援助計畫。我告訴他，我們能做的，是幫助他訓練非國大成員，讓他們為將來治理國家做好準備。這麼做就完全說得過去了。把你的人送到新加坡來，我們可以提供相當於一千萬美元的培訓。（笑）

問：您說要以技術培訓計畫取代金錢資助，曼德拉有什麼反應？

答：我記得他說他會考慮。他在幾年後到訪新加坡，當時他已經是一國總統了。他又再一次提起，我們的街道全是用黃金鋪成的。這一次我笑著說：「您自己親眼上街看過了，街道怎麼會是黃金鋪成的？」這一回，他沒再要求金錢資助了。南非有錢了。我提出技術援助，他們接受了，後來派了好多官員過來接受培訓。

我後來到南非進行國事訪問時參觀了羅本島，隨行的官員特別向我提到說，我的導遊就是在新加坡受訓的。[6]這就是我們幫助他們的具體實例。

問：三番四次拒絕鄰居，是種什麼樣的感受？

答：不自在。他們肯定心裡不快。但我們還是得耐心地、不厭其煩地，向對方清楚說明我們的立場。我們並不是自私自利，更不是忘恩負義。事實是，我們有一套全面的技術援助計畫，可以在我們擅長的領域中提供實在而具體的幫助。這是我們提供支援的方式。曾經在我們這裡接受過培訓的世界各國政府官員，至今至少十二萬人。

問：如今過了這麼多年，新加坡在這方面也算是打響了名堂。這麼一來，其他國家來找我們求助時就不至於馬上直接要求物質救濟了吧？

答：是的。最讓我刮目相看的非洲國家是波札那。我到那邊訪問，拜會了總統。他並沒有要求任何經濟支援，反而只問我能否派幾個科學教師到那邊。

我當下沒把握有多少新加坡人會願意到波札那工作，因此沒正面回答他，只說我們恐怕派不出多少人，因為新加坡也需要科學老師。他說：「能派多少是多少。即使真的不行，兩個就夠了。甚至一個也夠，只教一年也好。」我想他是在試探我的誠意。

我回國後請教育部尋找自願過去波札那的教師，任期一年。居然沒有男教師申請。反而是有兩位女教師站了出來。我們女生的冒險精神比男生強多了！

如果我沒記錯的話，這兩位女教師後來都至少再延長了一年合約。我還聽說其中一位後來嫁給了當地人，從此決定定居波札那！

到了一九九八年末，亞洲金融風暴最艱苦的時刻已經過去了，新加坡不只著力於經濟復甦，還在資訊科技領域迅速發展的帶動下穩步跨前。吳作棟對這個國家的前景充滿信心，乃至於開始籲請新加坡全民共建「第一世界經濟體」。隨著互聯網催生下的嶄新全球化時代迅速成形，吳作棟要國人以更大的熱忱與更積極的心態迎接新千禧年。他在一九九九年國慶群眾大會上說：「在區域與全球發展的背景下，單是成為本區域最好的經濟體已不再足夠。我們必須放眼區域之外，爭取成為全球最好的經濟體之一。」[7]

而要做到這一點，新加坡必須從世界各地招攬最優秀的人才。「我們必須讓新加坡成為人才綠洲。」他在同一場演說中為國人勾勒出千禧年的新方向。「香港、上海、雪梨、台北、新加坡，許多城市都在力爭成為本區域的國際樞紐。誰會勝出，取決於誰能吸引最多人才，並形成群聚效應，進而引進更多企業家、銀行家、藝術家、作家和專業人士。」新加坡會全力以赴，爭取在這場競賽中勝出。然而，吳作棟和他的團隊也將發現，開足馬力卯足全力之餘，必也將招致意想不到的嚴峻挑戰。

吳作棟對第十章的反思與感想，請見〈省思〉「儲備金猶如呼吸器」，第三七九頁

第十一章　第二次長征

一個新加坡人的新加坡

——二〇一三年反外國移民抗議活動標語

二〇一一年，本地一份報章在談到鄰里糾紛課題時，引述了一個案例：來自中國的一戶新移民家庭與新加坡本地印族鄰居因為咖哩氣味嗆鼻而引發紛爭。[1]

這起事件在新加坡引起軒然大波。當時整個社會早已因為移民大量湧入而民怨四起；在這種氛圍之下，這起單一事件隱隱透露著弦外之音——外來移民對新加坡在地文化難以包容。而才在幾個月前，新加坡人民在全國大選中也狠狠地給了人民行動黨一記無比沉重的當頭棒喝，很大一部分原因正是針對政府的移民政策而做出反擊。

然而，新加坡人其實大多還是意識到，這個國家不能沒有外籍移民和外來勞動力。外來人力資源擴大了勞動力基礎，以支撐一個日益老化的人口；也壯大了企業和社會勞動隊伍，讓新加坡繼續保持全球競爭力。新加坡政策研究所在二〇一八年所做的一項調查顯示，年齡介於十九歲至三十歲之間的受訪者當中，有六二．五%相信外籍熟練員工的確對新加坡的發展做出了貢獻。外來人才所帶來的專門技能有助於啟動生物醫學科學或航空航天等新興工業，進而為本地人才創造更好的工作機會，也幫助新加坡本地人在這些領域積累知識與經驗。

只是，邏輯思考和理性思維往往禁不起情緒的挑釁。二〇一三年初，新加坡政府發表了人口白皮書，詳細敘述國家人口很有可能從五百四十萬人增至六百九十萬人。白皮書立刻引起了新加坡人民極大的反彈。政府在國會辯論白皮書時澄清，六百九十萬人口只是預想、而非目標，僅僅是為了方便政府展開規劃所制定的一個指標。可是這個說法仍是難以平息眾怒。

新加坡人對外來移民這種愛恨交織的反應，與全球移民浪潮縮緊是不謀而合的。輿論開始追溯新加坡移民政策的由來，以及始作俑者究竟是誰。二〇一一年雅虎新聞網站一篇文章的標題就公開質問：「是誰對外來移民潮打開了閘門？」作者在文中提供了答案：正是吳作棟。

這麼說沒錯，卻也不盡然。新加坡的親移民政策早在李光耀主政時期就已經制定推行了，至今已貫徹所有三代總理任期。一個影響如此深遠的重大政策，必定也是內閣的集體決定。只是，吳作棟卻樂得負起全責。在將近二十年的時間裡，他一直被視為新加坡外來人才政策的「主謀」，而他也心甘情願地在這項政策上具名。他透露，內閣早在一九八〇年代就為如何吸引外來人才與新加坡旅外人才回流而草擬了第一份內閣文件，當時負責此事的部長就是他。「要是沒有這項政策，我想新加坡早在多年以前就會失去競爭優勢了。可以肯定的是，這個地方也絕對不會是我們今天所處的世界級發達城市。」

他的外來人才主張，其最重要的出發點其實並不在於外來人才，而是攸關人口、攸關人力資源；或者更具體地說，是攸關新加坡人民和民生。就這一點，吳作棟已不厭其煩地解釋了不下三十年。雖說他與這項政策關係最為緊密的時候，也就是在他擔任總理期間，以及亞洲金融風暴之後的最初幾年裡；卻很少有人記得，他與外來人才政策的淵源其實在更早以前就已經開始了。

一九八六年八月，在他還是第一副總理的年代，他在一場對當年南洋理工學院學生的演講中，第一次針對這個課題做了闡述。他把演說主題定為「第二次長征」。[2]他進而解釋說，他語境中的「第一次長征」，指的並不是中國共產黨在一九三〇年代的萬里長征，而是新加坡建國元勳如何憑著堅定的信念與決心，在幾乎不可能的情況下於一九六五年建立了新加坡共和國。而新加坡眼下面臨的新挑戰就猶如「第二次長征」，需要兼備一九六五年建國元勳與一九三〇年代中共長征戰士的精神才可能克服。而新加坡在一九八八〇年代以後這條全新征途上所需要攀越的最高峰，正是人口問題。或者正如他所說，用一個比較符合職場語境的用詞，就是「人力資源問題」。簡而言之，新加坡面對的是人口不足的困境。他當時說：「人，就是新加坡的核心，是我們最寶貴的資源。我認為我們眼下最嚴峻挑戰就是，要如何應付人口性質的持續變化——人口規模、人口結構和年齡分布。我知道這會是長久以後的問題，但是如果不現在尋找對策，將來只會變得更嚴重。」

新加坡當時的人口達二百七十萬人，人口統計學家預測，到了二〇二〇年，新加坡會進入人口萎縮階段。生育率此前已持續下滑，於一九八五年還降至一．六一，比更替水平低了二十三個百分點。李光耀倡導的「兩個就夠了」限制生育政策過於成功，成效甚至超出了決策者的預期目標。這項政策在吳作棟手上反轉了。他在一九八七年三月宣布新人口政策：「三個好，養得起，多生更好。」李光耀事後對吳作棟所做出的改變讚賞有加，承認生育政策是個「極其棘手、敏感且不利於選票的課題」，而吳作棟和他的團隊毫不迴避、正面迎擊，凸顯了「過人膽識」；他的反應充分證明了人民行動黨的政策絕對是務實大於個人。吳作棟深知生兒育女不只攸關人生大事，也關乎一個國家的生死存亡。他在一九八六年南洋理工學院的那一場演講中強調：「我們必須密切關注國人生育的趨勢和模式，因為這將影響我國的繁榮與安全，實際上就是關係到國家的存亡。」

只是，在一個急速發展且日益富裕的社會裡，要讓生育率持續上升是不太可能的。

吳作棟很清楚，許多人即使養得起也未必要生三個或更多子女。要緩解新加坡社會老齡化和人口下降問題，唯一方案就是引進外來移民。吳作棟在發表「第二次長征」演說一個月後，即宣布政府將放寬條例吸引更多外國人來星工作、投資，最終落地生根。一九八九年，規則制度化並明確列出引進對象：技師、工匠、白領員工、自雇人士和專業人士。

吳作棟深知開放門戶、引人入閘，必須謹慎處理。早在二〇〇〇年代末新加坡人的怨氣開始浮現以前，他就意識到，人口相關政策需要的是細膩、精準，還有人性。「這類問題需要我們去改變人們的心態，也會觸及敏感神經，會直接引起國人關注。」他在一九八六年的同一場演說中如此說道。「我們在處理人事問題時，基本上應對的就是人們的情感，人們的期望與恐懼、自尊與偏見、歡樂與憂傷。所以處理人力資源問題不可能像處理非人事問題一樣，以有效的電腦化方法來解決。若是處理不當，則任何解決問題的努力往往反而會弄巧成拙，引發更多難題。」後來證實，他確有先見之明。

讓吳作棟慶幸的是，他新推出的外來人才政策在宣布之後峰迴路轉，形勢突然變得不那麼急迫了。一九八七年以後的十年裡，新加坡居民新生寶寶每年平均達到四萬七千五百個，相較於一九七六年至一九八五年間的上一個十年裡每年平均四萬零五百個新生兒來說算是個躍進。其中有幾個原因。一九八五年至一九八六年間的經濟衰退，相信讓不少新加坡人將生育計畫擱置挪後。鼓勵生育的「三個或更多」政策在一九八七年初宣布後，便在隔年一九八八年喜迎龍年，這年在華人心目中尤其是個吉祥大年，正好給了新政策一股強大的助力；那一年新生嬰兒迎來大豐收，創下五萬一千五百個的紀錄。人口統計學家葉鎂盛當時在《印象》一書中撰文指出，年份「八八」是「發發」的諧音，更讓這一年錦上添花、吉星高照。她的研究還顯示，有更多婦女在育有兩個子女多年以後再次「意外」懷上第三胎，想必是拜生育政策急轉彎所賜。[3]

可惜，這股迷你嬰兒潮沒能持續太久。亞洲金融危機爆發後，生育率又急轉直下。外來人才計畫在這個時候非得加速推展不成了，姑且稱之為政策進入「第二階段」。一九九七年國慶群眾大會演講上，吳作棟花了好長一段時間來談論這個課題。他強調：「唯有從全球各地延攬最優秀人才，我們才能為新加坡人建設一個最美好的家園。」聘請外國人才來星工作的條例進一步放寬，大專學府向世界各地撒網招募頂尖的學生和教研人員，而迎娶新加坡婦女的外籍夫婿也更容易定居入籍。當時新加坡每年批准新增成為永久居民的外國人已從原有的二萬五千人增至三萬人，政府還想進一步擴大。

吳作棟心裡明白，就像過去一樣，向外來人才開放門戶必定會讓本地人感到不自在；而他也毫不避忌地談及這種情緒。「新加坡人往往……都不是為了自己發聲，更多是為了下一代。大家都想讓子女繼承他們辛苦了大半輩子所建立起來的成果，擔心外來人才會與自己的子女競爭。」他在一九九七年國慶群眾大會演說中如此闡述。「可是恰恰也正是為了我們的子女，我們才必須採取開放的大都會模式。唯有如此，才能把一個充滿活力與幹勁的新加坡傳承給我們的下一代。哪怕我們再有才華，也不可能單憑三百萬新加坡人口的子女，就為我們的下一代創造出才能背景同樣多元豐富的人才薈萃之都。『新加坡夢』也將會隨之煙消雲散。」

在接下來三年的國慶群眾大會演說上，直至二〇〇〇年，他都反覆闡述了相同的主張。新加坡昂首邁入千禧年之際，「外來人才」一詞成了這個國家欲站上世界頂尖之列與全球競爭的口訣，而吳作棟則穩坐倡議首席位置。這番積極引進外來人才之舉，讓本地人的不滿情緒開始浮現，民間甚至辦起了極盡嘲諷的各種專題討論會；而當外來球員披上新加坡戰袍出征世界體育競技舞台，更是讓本地人鼓譟不安。所幸的是，社會當時的整體氛圍還算穩妥，尚未升溫至失控的局面。而到了吳作棟總理任期結束之時，新加坡總人口已從一九九〇年的三百萬人攀升到二〇〇四年的四百二十萬人，擴大了三十七個百分點。從全局視角來看，他的確成功逆轉了新加坡人口萎縮的潛在勢頭。吳作棟果然率領著全民，在第二次長征中，攀越了第一座山頭。

然而，經驗老到的攀登者都知道，巔峰臨界點，往往也是最險峻之境。二〇〇四年以後，新加坡對外來人才的開放政策簡直可說是門戶全開了。到了二〇一三年，人口較之二〇〇四年再膨脹了三十個百分點，達到五百四十萬人。種種社會和民生問題相繼浮現：就業市場競爭白熱化，工資停滯不漲，房價節節攀升，房屋供不應求，公共交通系統擁擠不堪等等。本地人怨聲四起，群起將矛頭指向還在持續湧入的外來移民。

有些指責是公平的，有些則顯得脫序離譜。可是國人的不滿、怨氣，以至近乎仇外的情緒，卻是實實在在地存在。二〇一一年全國大選中，行動黨付出了慘痛代價，交出了獨立以來最糟糕的成績單，全國總得票率只達六〇．一%，更是史上第一次輸掉了一整個五人集選區。那屆大選過後，吳作棟和恩師李光耀連同其他三位部長，決定從內閣引退。吳作棟說：「我們意識到民意浮躁，但是民怨之深，卻是我們始料未及的。」

問：您所有關於引進外來人才的演說，都在強調本地人才的重要性。您是不是一直都很清楚這個政策具有一定的敏感性？

答：是的，打從一開始就有這個意識了。我們一直很清楚我們不可能無節制地引進外來人才。

以永久居民為例，二〇一一年之前的那幾年，人數增至每年五萬人，之後是每年七萬人。到了二〇〇八年幾乎達到了八萬人！我很震驚，也很生氣。我也坦白對總理這麼說。

自那以後，我們每年批准的永久居民人數保持三萬人。可是即使如此，一年一年加下來，對社會民生和日常生活的影響是不斷累積的。政府也就是從那個時候起，承諾將永久居民總人口穩定控制在五十萬人左右。

問：對不起，您說誰生氣了？

答：我生氣啊。李總理也很擔憂，全球金融危機之後經濟迅速回彈，我們因此引進了大量外籍移工，這尤其引起民眾的強烈反彈。做為政府，我們必須更加嚴密管控外籍移工和永久居民的湧入，以及人口結構的變化。人民會有這樣的反應也是可以理解的。人口規模大幅膨脹，基礎設施卻沒有同步跟進；如此一來，就造成了公共交通過度擁擠現象與組屋供不應求等種種問題。

問：應該怪誰？

答：我們的政府採取的是集體治理的模式。不能怪罪於某一個人，更不能歸咎於公務員。這不符合我們的作風。更重要的是，我們必須從中吸取教訓。我們意識到必須加強政府部門之間的聯繫，而不是各做各的。事態的發展一日千里，所有事情都是相互聯繫的。一旦忽略了制度中的某一個環節，壓力就會迅速在其他方面顯現出來。正是為了避免重蹈覆轍，政府才草擬了人口白皮書，以為規劃制定參數。就像張志賢在二〇一三年國會上總結時解釋的，這是為了確保外籍勞動力及總人口的增加，能與基礎設施及住屋擴建速度同步。那就不會因為過度擁擠而產生焦慮了。

問：我想當時的說法在於新加坡要讓經濟盡可能快速增長，所以就盡量引進外來人才。

答：亞洲金融危機之後，我們明白非得專注於經濟增長不可。可是經濟增長不是可以任你呼之則來揮之則去的。有條件發展時就要盡可能發展。不是說你今年想發展就可以發展，隔年想放慢就放慢。我們不可能如此。後來的幾場大規模危機，如二〇〇一年的九一一事件、二〇〇三年的SARS疫情，就證實了這個增長策略基本上是對的。所以，我們在二〇〇八年的全球金融危機之後，基本上也採取了同樣的方向。

可是經濟增長永遠不會只是為了增長而增長。增長是為了給新加坡人民創造更好的工作機會，換來更好的工資待遇；增長是為了積累資源，提升人民的生活水準，為未來增加儲備；增長也是為了擴建地鐵路線網絡，闢設更多公路，興建更多組屋。所以，如果能為新加坡引進具有競爭力的公司企業和優質就業機會，那就放手去做。

問：可是到頭來卻鑄成大錯。

答：不。我不認為是政策上的錯誤。我們的移民政策是健全的。政府有充分的理由來回答為什麼要引進外來勞動力以支撐並壯大我們的經濟。遺憾的是，民間的負面情緒不僅出於生活環境的過度擁擠，還包含了對於外國人來搶飯碗、公司在招聘時偏向外國人而捨棄本地人等問題。

這麼說吧，再好的良藥也會有副作用。關鍵在於政府能不能及時應對。基礎設施不足的問題，我們很快就著手處理了。而今，政府在加緊管控雇主在招聘時偏向雇用外籍人士的做法。「公平考量框架」和人力部的嚴格執法是做對了。可是政府也得謹慎處理，避免向跨國公司發出錯誤信息，讓他們誤以為新加坡不再歡迎外來人才與技術。

問：李光耀曾經說過，他心目中新加坡人口的理想規模是五百五十萬人。您呢？

答：我不認為提出一個具體數據有任何意義。國會辯論人口白皮書時，我說過我並沒有一個理想數據。當中牽涉到的因素太多了。除了住屋和基礎建設要足夠，另一個關鍵因素，對我來說，是社會的素養，是我們的言行舉止是否優雅得體。如果我們每一個人的一舉一動都能多為他人著想，無論對方是外地人或是本地人，那就容納得下更多人口。相反的，如果大家都我行我素，不願意去體諒別人，任意吵鬧，大聲說話，亂丟垃圾，急躁不耐煩，不懂得相互包容；那不管人數為何，在我看來都會顯得太多。

我舉個例子說明我的意思：好像行人和腳踏車的共享步道，這些共享步道和公園連道的空間是足夠同時容納行人和腳踏車騎士的；但前提是雙方必須相互體諒包容，並遵守行為準則。

也正因為我們的人口密度那麼高，這一點太重要了。所以，基礎建設做好之外，人口規模大小還得取決於人們的舉止作風，大家是不是可以優雅地做為一個社群共同生活。

今天的新加坡比起三四十年前有太多地方可去了。我年輕的時候，我們的基礎建設遠沒那麼發達。新加坡感覺上很大，但是你能去哪兒玩？沒幾個地方可去。一到週末，我就是帶著年幼子女到同樣的那幾家百貨公司：伊勢丹、八佰伴[4]。就是這樣了。為什麼？因為也只有這幾個地方能讓你盡情享受冷氣、逛逛櫥窗。不然還能帶孩子上哪兒呢？如今週末可讓你全家出遊的地方太多了，可以到濱海灣花園攀上擎天大樹，可以到無數個大型購物商場逛街購物，可以上公園沿著連道散步，可以去走樹冠吊橋、森林步道和木板道。更多去處可以讓你休閒、健身、騎車、享受生活。人口規模必須與生活環境的整體發展和我們的社會行為素養相輔相成。

所以，不能只看一個數據。是不可能有任何「神奇數字」的。

問：如果新加坡人持續不滿，持續抗拒外來人才，導致人民行動黨的得票持續下降，政府還吞得下多少代價？

答：我這樣告訴你吧，我會吞下一切代價，以扭轉新加坡的未來。我會盡最大的努力向國人解釋我們必得引進外來人才，才可能讓新加坡保持全球競爭力。如果你不吃我這一套，決定用選票把我轟下台，我也義無反顧，唯有認命。

可是我對新加坡人有信心。如果你開誠布公地向人民解釋，告訴他們眼前的挑戰和必須做出的一些權衡取捨，大多數人是可以接受的。他們未必喜歡這個做法，但最終，人們還是理性務實的。

我為什麼會對新加坡人民有如此信心？李光耀受人民愛戴嗎？如果看的是「愛」的指數，我認為不會太高。人們怕他嗎？是的。大家相信他說的話嗎？也會。他會直白地告訴人們許多硬道理，人們都願意全盤接受嗎？並不是。可是在他逝世之後，人們對他的悼念之情卻是排山倒海的。大家敬重他，感激他做出了許多正確的決定，即便有些決定是非常痛苦的。

問：李光耀和老一輩新加坡人也許會這樣。可是今天年輕一代的新加坡人呢？他們看看川普（Donald Trump），看看世界各地正在發生的事，他們會想，我們何不也來蓋起圍牆？

答：我們永遠都必須盡最大的努力向人民解釋、遊說。然而到頭來，你知道的，如果社會最後落得如此地步，那就是領導層的失敗了。

然後民粹主義份子就會趁虛而入組織政府。他們也許會逆轉政策，大幅度縮減新加坡的外來居民人數。那之後會如何？本地人可能會感到開心，但能維持多久？五年？十年？那之後呢？五年十年以後，人們就會意識到目光短淺的政策所帶來的嚴重後果。

在民主制度中，如果政府無法誠實面對自己的公民，不願意坦誠地為人民描繪出全局觀，而人民又缺乏足夠的洞察力；那政治就很容易往民粹主義的方向發展。一個民粹政府不會有長遠的規劃。這樣的政府，眼光只止於下一屆大選。我們如果也走上這條路，那新加坡就完蛋了。

問：這是您心中的隱憂嗎？

答：是的，這是我內心的隱憂。

問：就這個問題來說，對於新加坡人如何面對外來人才議題，您感到樂觀還是悲觀？

答：對比其他國家，我還是樂觀的。

問：即便在看到其他國家的情況，以及當前全球保護主義抬頭的趨勢之下？

答：我對全球接下來的發展趨勢並不樂觀，但對我們自己，我倒還是有信心，因為新加坡太小了。我們如果向新加坡人民清楚說明目前的處境，我相信最終會得到大家的認同。

我的意思是，我們沒有別的選擇了。

其他國家都是大國，像美國。他們有那麼多資源，有那麼多選擇。他們即使推行保護主義政策也還是能生存。而我們不行。我們非得有個開放的經濟不可。說實話，新加坡如果不能持續在全球舞台上做為一個與眾不同的開放經濟體，那這個國家就會輕易地崩潰消解。

多數國家都很大，倒不了。而新加坡就地理學上來說，則是小到不足以讓世界在乎。所以，新加坡必須做為一個開放的經濟體，繼續保持環球樞紐的地位。簡單地說，就是要做到格局和影響力比實際土地面積還要大上無數倍。我們必須積極引進外來資金、外來技術和外來人才。我們必須與世界保持聯繫，成為一個人才薈萃的綠洲。那就意味著要在可控範圍內敞開大門歡迎外來人才進來，也同時要確保本地人獲得公平對待。

問：讓我們談談一些比較輕鬆的話題。每當談起外來人才，特別也與您有關的時候，人們總會重提「二〇一〇年宏願」，做為政策失敗的佐證。[5]我們甚至連接近這個目標都談不上。您當初怎麼會相信新加坡足球隊真能打進世界杯？

答：是的，我們失敗了。但更重要的是，我們必須為自己定下一個值得追求的目標來激勵人民。馬寶山是當年掌管足球運動的總舵手。[6]他告訴我說，我們能打進世界杯正賽。

我也感到很懷疑，還笑說這怎麼可能。然後他很認真地向我分析了我們是有機會的。他說世界杯預選賽階段是讓各國先在區域內相互競爭，爭取正賽資格。南美洲、歐洲，等等，分區比賽。就亞洲區比賽來說，只要我們找到對的教練、對的球員，做好一切準備工作，我們最終也有可能在分區比賽中成為其中一支實力較強的隊伍，也有機會在亞洲區比賽中突圍，進軍世界杯正賽。

我一直相信我們應該設法培養更多有實力站上國際舞台競爭的男女體育健將。對新興國家如新加坡來講，會需要諸如體育賽事的輝煌成績來振奮民心、團結國民。

我也以為會有機會，以為我們大可招攬兩三位外援明星球員，讓他們入籍新加坡成為新公民。我始終相信新加坡人有一股「知其不可而為之」的拚搏精神，所以，這就成了我在《海峽時報》「運動健兒五十強」頒獎禮上致辭時為新加坡體壇定下的三大挑戰：二〇〇八年帆船奪得奧運金牌、二〇一〇年踢進世界杯正賽、二〇一二年打進湯姆斯杯羽毛球決賽。結果三項目標全部落空！謝天謝地，後來斯庫林（Joseph Schooling）總算為我們贏得了第一枚奧運金牌。[7]（笑）

而如今我們又再一次「傻乎乎地」為新加坡定下了二〇三四年踢進世界杯正賽的宏願！[8]可是這就是我們的精神。我非常支持。即使不成功，至少要大膽嘗試。我們定下了一個值得追求的目標，即使最終無法達成，水平也必然會有所提升。

問：可是大家把這個當成笑話，您有什麼反應？

答：就跟大家一起笑啊。如果是那麼敏感，為體壇定下的每一個目標都非得達成不可，做不到的話就擔心別人會笑你。抱持那種態度的話，你就會什麼也做不成，因為你根本不敢有太大的雄心壯志，或者只敢定下超低的目標！我當年願意鼓勵馬寶山和新加坡足總。我不支持的話，政府就不會投資栽培足球員。人們在取笑二〇一〇年世界杯宏願嗎？可是那不正好印證了我所說的，無法吸引人才，我們永遠也不可能有機會！對吧？（笑）

外來人才政策一直是個讓吳作棟念茲在茲的課題。自二〇一一年從內閣退下，直至二〇二〇年從政壇徹底退休不再參選國會議員為止，他只在國會上兩次發言：一次是針對他的繼任者所捲入的那場與弟妹的紛爭，另一次就是在人口白皮書爭議最火熱的時候。

許多新加坡人都會同意，引進外來人才無論在過去或今天都是一項必須施行的政策，當初吳作棟首次提出時也並未遭遇多大阻撓。在吳作棟政府的推動下，外來人才政策不能說是被全然擁抱，但至少也是可以接受的。可是，到了社交媒體和智能手機大行其道的後吳作棟時代裡，這項政策無可倖免地被扭曲了，變形為一頭凶猛的野獸，迫使吳作棟的繼任者李顯龍不得不正面回應這股因移民政策而激起的強烈民怨。這項政策發生了如此戲劇性逆轉，在如今政策依然活躍卻好壞尚難論斷的年代裡，也讓人對吳作棟的功過更難以輕易判定。

隨著英國脫歐與美國川普當選總統，一股反移民的怒火正籠罩著發達世界。新加坡也難以倖免於這一波全球化反移民浪潮的衝擊。正如《今日報》在二〇一八年所報導：「任何有關外來人士的討論，尤其在社交媒體上，必會引來尖銳批評。」儘管近年來情況稍緩，仍改變不了整個大氣候和氛圍。

可是與此同時，新加坡政策研究所副所長許林珠在二〇一八年發表的一項研究調查顯示，也有更多人意識到新加坡從此再也無法擺脫外來人才政策了，也更願意接受它確實為新加坡人帶來了好處。她在接受亞洲新聞台訪問時說：「隨著時間的推移，新加坡人開始認識到外來人才在經濟上的貢獻，認可他們的確有助於推動經濟發展。可是調查結果也顯示，人們仍不太確定外來移民是否真會直接為新加坡人帶來更多工作與機會，也擔心這項政策會削弱社會凝聚力。」

吳作棟始終清楚地意識到，開放門戶政策提供的不會是短期立竿見影的效果。他在二〇〇〇年說過：「我從來不把引進外來人才或全球人才，視為應付本地勞動力短缺的權宜之計。這其實是一項長期戰略，以讓新加坡能保持活力、競爭力，持續繁榮興盛。」對於吳作棟在新加坡外來人才政策中所留下的這筆政治遺產，貌似還難以做出總結。而他在主政年代裡還將面對的下一個最大的政治挑戰，也似乎有著同樣的命運；那一場挑戰，用他自己的話形容，是其政治生涯中的最大遺憾。

吳作棟對第十一章的反思與感想，請見〈省思〉「以新加坡人為核心而非唯一」，第三七六頁。

第十二章　一大憾事

我懷疑他們（政府）覺得有個民選總統很麻煩，
會時時監督著他們，緊盯他們的一舉一動。

——首任民選總統王鼎昌於一九九九年召開記者會宣布不尋求連任

這是再平常不過的一頓午飯。總理和總統，吳作棟和王鼎昌，一對一的飯局。根據菜單，總統府廚房精心烹調的燉湯和幾道中餐菜餚，外加白米飯，已在吳作棟辦公室內的圓型小餐桌上一一擺好。尚未登場的是最後才會「上桌」的苦澀甜點。

無論從哪方面看，一九九九年四月十九日星期一的這場午餐會都全無任何驚喜可言。身為新加坡政府首腦的一國總理，與身為新加坡國家元首的總統共進午餐，是常有的事，畢竟兩位國家領導人一直都在總統府內辦公。更何況，這場飯局主賓倆原本就是政壇上共事了將近四分一世紀的親密戰友。吳作棟和王鼎昌在各自的政治生涯裡有很長一段時間互為內閣同僚，也都是新加坡第二代領導班子裡最重要的兩員。

可是這場飯局還是有些不尋常。吳作棟得向王鼎昌透露一個不好的消息。這位總統的首個六年任期在一九九九年九月結束，他一個月前告訴過總理，自己會在來臨的總統選舉中尋求連任。吳作棟當時表示歡迎，只是有個前提條件；對於王鼎昌這名抗癌鬥士，吳作棟只想確認這位老朋友的健康狀況還容許他扛下總統第二任期的重責。於是，吳作棟與他的內閣團隊為此諮詢了王鼎昌主治醫生的專業預測。幾位醫生卻不表樂觀。

王鼎昌的醫生告訴內閣，王鼎昌的淋巴癌病情在他一九九二年還是副總理時最初確診為低度癌症，如今已演變為頸部的高度惡性淋巴瘤。而斯坦福大學一位著名的癌症專家也參與了王鼎昌的治療，他的結論則是：王鼎昌在一兩年內病情復發的概率高達七成。內閣團隊與王鼎昌在新加坡的主治醫生開會，會議概要中寫著：「醫生在幾經追問下透露，如果自己做為醫療委員會的一員，必須核准總統參選人的健康狀況，他很難說患者能否正常執行滿六年任務。」

吳作棟向王鼎昌說了這個消息，表示內閣在聽取了醫生的專業意見後，一致決定不支持王鼎昌尋求連任。「總統起初顯得有點震驚……」吳作棟私下為這場飯局做了親筆記錄，這些文字是首次曝光。「他當下有些動搖，卻很快回過神來。」如此回絕，令王鼎昌感到受傷。他告訴吳作棟，醫生錯估了他夫人的病況，也有可能會錯估他的病況。「不管怎樣，萬一我真的在任內兩三年病逝，那就這樣吧。」王鼎昌是這麼對吳作棟說的。這位總理當時回應，內閣所擔心的是王鼎昌將會頻繁進出醫院，也就無法完全履行自己的職權。

王鼎昌這時反駁說，他要不要尋求連任，其實並不需要內閣的支持；吳作棟也表示贊同。「我告訴他，他有權決定自己要不要尋求連任，並不需要也不應當來諮詢我們的意見。」吳作棟在筆記中如此寫道，同時強調，兩人之間對話的氛圍始終是「愉悅而友好的」。只是他也向總統說明，他身為總理，就有責任讓總統知道內閣的立場，這也就意味著內閣將會開始尋找新的候選人。王鼎昌的回覆帶著一絲不快，反擊說自己「不會介意來場公平競爭，即使敗選也在所不惜。」

吳作棟進而解釋，一旦出現對峙，場面難免顯得尷尬，因為自己和其他部長就會被迫公開說明為什麼他們不願意支持王鼎昌連任。飯局結束前，總統說，自己會等到六月與美國主治醫生見面後才做出最後決定。對於王鼎昌最終會不會退下，避免與人民行動黨推舉的候選人正面交鋒，吳作棟並不感到樂觀。他在筆記中寫道：「我讓他慎重考慮自己的去留。但至少就目前來說，我認為他堅持尋求連任的概率高達七八成。」

這個預測後來並沒有成真，但是吳作棟所擔心的狼狽局面卻還是無可避免地發生了。這場飯局三個月後，王鼎昌猝不及防地召開了一場記者會，宣布不尋求連任；即使自己的健康狀況良好。他也借這個機會悉數自己在六年總統任內與政府之間出現的「種種問題」。[1]

王鼎昌這番披露，震驚了全國；因為在這個國家裡的任何內部爭議，即使是客觀上對政策的意見分歧，都是絕對不輕易對外透露的，人民行動黨長久以來都不可思議地對外展現出一幅團結一致的形象。精英領導層之間哪怕隱約浮現出一絲嫌隙，也始終只停留在市井小民閒言閒語之間打轉，往往全是捕風捉影，無從證實。民眾於是做出了合理推斷，說是因為政府和王總統之間出現了種種矛盾與不快，導致吳作棟不能支持王鼎昌尋求連任。正如契連．喬治在《新加坡：空調國度》一書中所形容的，王鼎昌提出的投訴「撼動這個政治體系的筋骨。」[2]

這一場公開衝突，堪稱新加坡獨立以來精英領導層之間最為轟動的一次內訌，也肯定是吳作棟主政時期最為戲劇化的一場紛爭。可別忘了王鼎昌原為人民行動黨主席，在黨內體制內都算是重量級人物。這起事件在吳作棟心裡留下了難以磨滅的烙印，他在二〇一九年接受《聯合早報》專訪時還坦言，王鼎昌總統任期最終不愉快收場，是他從政生涯中極其深切的一大憾事。[3]

在接受本書訪問談及此事時，他對王鼎昌的感情是溢於言外的，畢竟在他一九九〇年接棒出任總理時，他還親自點名王鼎昌擔任他的副總理。[4]他反覆強調不能對這位已在二〇〇二年病逝的總統不公平，因為他不會再有機會做出回應了。這番話他重複了至少八次。訪問過程中他一度說：「我感到很為難。我希望對王鼎昌和他的兩個兒子絕對公平。」

諷刺的是，在王鼎昌一九九三年當選總統時，許多人認定他只是政府代言人，甚至是傀儡。他的競選對手是前會計總長蔡錦耀。他告誡新加坡選民，如果讓王鼎昌當選，執政黨就「全權在握」了。蔡錦耀的這番說詞顯然引起了選民的共鳴，結果儘管他實際上沒什麼知名度，卻也獲得了約四〇％選票。王鼎昌和蔡錦耀對壘的那一場總統選舉，是新加坡總統有史以來第一次由全民投票直選產生。

在那之前的近三十年裡，新加坡總統如同其他西敏制（Westminster system）元首，是名義上的國家元首。依照慣例，這個國家的名義元首一職是由四大種族代表輪流出任。因此在王鼎昌之前的四位前總統，分別來自新加坡的四大種族；而直到最後一任名義元首黃金輝總統任滿前幾年，才開始執行民選總統新職權。[5]不過，王鼎昌與他們不同——真正通過全民直選而產生的總統，王鼎昌是第一人。

將總統職銜從名義元首改為民選總統，是李光耀在一九八四年首次提出的構想。[6]他倡議擴大總統職權，讓總統充當政府的監督人或把關者。八年後，總統選舉法令在一九九二年生效，賦予總統兩大新職權：能對政府濫用歷屆政府積累的儲備，以及利用裙帶關係任命公共部門要職行使否決權。李光耀的擔憂是萬一將來出現一個由「投機主義者或任意冒險者」組成的流氓政府，很有可能會迅速耗盡他和新加坡幾代人民用了三十年而積累起來的寶貴儲備資產。

一九九九年，李光耀在接受《海峽時報》專訪時進一步闡明，自己心目中理想的民選總統所扮演的應該是個「純粹防禦性」角色，只在政府行差踏錯或偏離正軌時發揮作用。總統不應是「與政府相抗衡的力量」。他說：「你不可能同時有兩種不同來源的行政權。行政權始終掌握在總理和內閣手中，而他們必須向國會負責。總統獲得人民授權執行一項特定任務，以制止不良政府做出不良舉動，而不是干預政府的運作。他並沒有倡議採取任何行動的行政實權；也無權對濫用儲備和錯誤任命之外的任何其他政府行動加以干涉。」李光耀進而以足球來比喻：「我們需要一個有智慧的人來擔任守門員，而總統顧問理事會成員則是後衛與中前衛，以防止一些笨蛋，你自己的球員，把球踢進自家龍門。」[7]

王鼎昌的詮釋稍有不同。他並不想當個被動的守門員。他想親自測試這個新制度，確保它能行之有效。也許更像是足球場上的進攻型中場。就任總統剛滿十個月，當政府提出有關總統權限的修正法案時，他聘請了律師挑戰政府的決定。[8]私下，他與政府部門官員周旋到底；他想查問新加坡政府所擁有的土地和建築物資產清單，官員回說這需要耗上一人五十六年的工作量才能計算出來。他在一九九九年那一場記者會上說：「我知道政府和整個體制從一開始就難以適應民選總統的存在。我懷疑他們覺得有個民選總統很麻煩，會時時監督著他們，緊盯他們的一舉一動。」

王鼎昌因為任上處處碰釘子而感到沮喪，這吳作棟是知道的。王鼎昌會在兩人平日共進午餐時向吳作棟發牢騷，吳作棟則會試著解釋官員的舉動。他從來沒覺得王鼎昌是個麻煩。「當然不會。」他在為本書受訪時重申道。「政府部門官員也許覺得要應付他會很麻煩。不過即使他再『麻煩』，出發點也絕對是好的。我身為總理，倒是不認為他有哪裡麻煩到我了，因為他是在檢驗這個才剛建立不久的新制度，而這絕對是件好事。」

不僅如此，吳作棟認為王鼎昌在履行民選總統職務時是「非常勤奮嚴謹且一絲不苟的」，乃至有時候他還感覺到這位總統有些過於重視細節了。例如，王鼎昌讓各個政府部門，包括國防部，將所擁有的產業整理出一份清單。他向吳作棟埋怨過各個部門都不情不願的。「我跟他說，其實沒必要知道每一項產業所在，以及各項產業的價值。哪個部門如果要動用到儲備金，自然就必須在自己的預算中列明這些細節。常任祕書必須確保提呈的預算準確無誤，還要簽名以示負責。這就是我的作風，要常任祕書負起全責。」吳作棟憶述道。「而鼎昌的說法是，如果他沒法弄清楚各個政府部門究竟有哪些資產、這些產業又具體在哪裡，他就無從知道自己需要看守些什麼。其實在我看來，這些是總統和政府在彼此磨合的階段中難以避免的初期問題。」

當時的總統顧問理事會主席是政壇元老級人物、已故前部長林金山。理事會成員全是社會上德高望重的智者，在必要時為總統提供諮詢。吳作棟透露，當時林金山就曾出面向王鼎昌解釋：「金山告訴我，他也建議鼎昌沒必要看得那麼細。金山說：『這並不是一個流氓政府。』我認為總統是想制定一套程序，讓政府為所擁有的每一項資產交代清楚。每一塊政府所擁有的土地，他都要求知道其所在和價值。」

回想起來，吳作棟說自己至少兩次介入調停，要求公務員「釐清一切」，並盡量提供王鼎昌所需的資料。吳作棟將這些矛盾與分歧純粹視為民選總統機制設立初期所面對的良性挑戰，事實上他也對這些挑戰非常樂見；只是他萬萬沒想到挑戰會升級到如此地步。「我沒想到那些傢伙沒好好與總統辦公室配合，居然會讓他如此生氣。」而後王鼎昌召開記者會將這些委屈公諸於世，更讓吳作棟震驚：「我驚呆了。他在記者會上提起的許多事，我們都是知情的。我跟他時常一起吃午飯，有時候會聽他吐吐苦水，而我也會解釋政府的立場。所以我真的不明白他為什麼必須公開這一切。不過，我也不想去揣測他背後的動機。這對他是不公平的，因為他已經不可能對我的揣測進行辯駁了。」

王鼎昌的總統任期、任內與吳作棟政府的關係，竟在公眾的注視下如此崩散瓦解，這事直至今日仍是吳作棟心頭揮之不去的痛。他向來不是一位喜歡大談「如果」和「早知道」等假設性問題的人；可是對於這次事件，他卻罕見地陷溺於這種情緒之中。「我後悔的是，那個時候我如果知道他有多委屈，也許我就會召開一次總統與各部長之間的會議，然後說：我們一起來想辦法解決。」

一九九九年七月三十日，就在王鼎昌召開記者會宣布不連任兩週後、總統任期屆滿一個月前，與結腸癌搏鬥兩年半的王鼎昌夫人林秀梅與世長辭。喪妻之痛，讓王總統任期終篇雪上加霜。當時也恰逢鄰國印尼林火煙霾籠罩新加坡，不管是外在環境或當時的情境下，對於該當如何紀念林秀梅，都像是霧裡看花，引發了民眾議論紛紛。政府最終決定將之定位為私人葬禮，而總理新聞祕書也向媒體澄清，「第一夫人」在新加坡並不是個正式官銜。[9]

這個決定馬上引發坊間揣測，認為這是政府針對兩週前王總統的那場記者會所做出的回應。吳作棟則堅稱，真相絕非如此。他說：「我承認政府的決定看上去顯得不大氣，做得不漂亮。林秀梅其實是一位氣質高雅的女士。我過去也曾好幾次在公開場合上稱呼她為『第一夫人』，在悼詞中也一樣。但這個稱呼純粹是出於禮貌。政府還得考慮到其他前後任總統的夫人逝世時該如何處理。所以政府決定按照國家禮儀走。新加坡憲法並沒有『第一夫人』這個官銜，這只不過是個禮貌性尊稱。到納丹（S. R. Nathan）接任總統職務時，他要求政府稱呼他妻子為『納丹夫人』，這就是我們從那時起定下的慣例。」新加坡自此之後不再使用「第一夫人」或「第一先生」的稱謂。

還有另一件需要向國會交代的事：政府要針對總統王鼎昌所提出的問題做出全面答

覆。為了在王總統一家居喪期間對其表示尊重，吳作棟決定將原定於同年八月三日國會復會時進行的這項議程挪後兩週舉行。

八月十八日國會再度復會時，吳作棟神色凝重地在國會上發表了長達四十分鐘的聲明，他形容，自己必須在王總統極度悲痛的喪妻期間公開談論這些問題，讓他感到「無比痛心難過」。他在接受本書訪問時憶起這段往事有感而發：「真的很艱難。我太太和我跟鼎昌和秀梅都很熟絡，他倆是非常慷慨大方且氣質非凡的一對璧人。可是政府不得不反駁他所提出的問題，又必須謹慎處理，確保我們的回應方式不會在任何意義上貶低他或政府。每一步都讓人分外地痛心難過。」

友情之外，他身為總理有他必須履行的責任。吳作棟強調，政府與王鼎昌在工作關係上沒有任何問題，政府無法支持他尋求連任的唯一考量就只是他的健康狀況而已。吳作棟也說，內閣認為王鼎昌擔任總統的表現是「無可挑剔」的。即便如此，他還是為如此結局感到遺憾不已。吳作棟在接受《聯合早報》的專訪中說：「如果我們能夠更好地調整制度，也許可以避開這一切。可惜因為那次爭議，王鼎昌的總統任期以苦澀收場。分歧浮出表面後，我得出面闡明政府的立場。我們是好朋友，私底下沒問題。但是在大家眼裡，卻變成總統和政府之間怎麼會有這樣的衝突？這是我的遺憾。」[10]

儘管重重烏雲籠罩，這位總理在這起事件中總算也看到了一線曙光：新加坡人民對於民選總統的角色與職責有了更明確的認識，許多曾經質疑過王鼎昌能否保持獨立的人也都另眼相看。吳作棟當年在國會上說：「我們之間的友情和過往的種種聯繫，並未影響王總統在他擁有看守權力的兩大領域中做出獨立判斷。王總統的表現符合了政府向來的期許，那就是：當一位品格高尚的人擔當了這項憲法規定的職位，他就必當無私無畏地行使體制賦予他的職權。」

王鼎昌也在卸任告別演說中承認，將制度建立初期的這些問題一一釐清解決，能有助於鞏固總統制度與新加坡的政治體系。吳作棟說：「的確是這樣。我們（對王鼎昌）做出了回應，也調整了一些做法，結果我們現在就有了一個更好的制度，也更明白這個制度該如何運作。」這個成果，為王鼎昌的繼任者納丹換來了穩定的十二年總統任期，不太需要經歷王鼎昌所面對的焦慮與挫折感。[11]可是到了二〇一一年，還在不斷調整發展的民選總統制度，卻又迎來了一次全新挑戰。

問：二〇一一年總統選舉中，四位候選人都跟您個人有過某種聯繫。這是件很奇怪的事。[12]

答：哪方面奇怪了？

問：非常有意思。

答：有意思的巧合。

問：所以我想問的是，既然您對所有四位候選人都很熟悉，您要怎麼區分個人交情與政治往來？

答：我清楚他們每一個人的強處與個性。他們都曾在各自的工作崗位上給過我很大的幫助。

陳慶炎是我的副總理。能力很強的一位部長，也很願意支持我，是我內閣中的重要支柱。陳清木擔任後座議員時發揮了很大的作用，也曾是民意處理組一位優秀的主席。陳欽亮是一位傑出的黨支部祕書，在我剛剛當選馬林百列區議員時幫了我很多，即使他現在的政治傾向不同了，我還是會永遠記在心裡。陳如斯是我當副總理和國防部長期間的首席私人祕書。

這個巧合也讓我覺得非常有趣。如果是賽馬，你可以說我在每一匹馬身上都下了注！那我該怎麼決定支持哪個候選人呢？大概就是在陳慶炎和陳清木之間了。清木是我的好朋友。我們從念書時候就認識了，假期還會一起去旅行。可是我還得看誰更具備當總統的特質。在我看來，要說執行民選總統的責任，陳慶炎的能力顯然會比陳清木更勝一籌；從他的經驗閱歷，接見外國訪客時的風範，縝密全面的行事作風等等，都是如此。而為了避免讓陳清木誤以為我會看在好朋友的份上支持他，我向他坦白了我的想法和決定。他知道陳慶炎是我心目中的總統人選。

問：陳清木可曾公開要求您支持他？

答：正好相反。競選期間啊，他是看到我就閃！我可沒在開玩笑。他告訴我，他的支持者叫他別跟吳作棟走得太近，不然他們就不支持他。所以你看吧，我就是代表著人民行動黨。因此，他和他的支持者認為要想贏得選舉，就必須與行動黨站在對立面，而不是同一陣線。他們相信，我的任何擁抱對他的選情來說，就形同死亡之吻。

問：所以那段時間他刻意疏遠您嗎？

答：他是疏遠了，也說明了原因。

問：他對您公開支持陳慶炎沒有任何芥蒂？

答：我給了陳清木一點安慰，我跟他說：「阿木，別擔心，我太太說她會把票投給你！」我可沒有設法影響太太要怎麼投票。

問：她是因為跟陳清木是朋友而支持他？

答：她認為清木比較親切。她希望有個更為親民的總統。

問：這個理由相當合理啊，對吧？

答：這是她的考量。

問：這怎麼就不是您的考量呢？

答：我關注的是總統的監管職責。對我來說，這才是更重要的。我們為什麼決定要有個民選總統，不再是委任總統？因為總統必須看守國家儲備金和公共部門重要職位的任命。我明白其中的道理，也很清楚自己希望在民選總統身上看到哪些特質。

問：那您怎麼就認為陳清木無法執行監管看守的職責？

答：我的看法是，陳慶炎會做得更好。陳慶炎是經過考驗的。清木沒有。清木在泉合還只是非執行主席。[13]他的專業是醫生，全科醫生。他能夠像陳慶炎那樣理解財務賬目和公共財政的複雜性嗎？

問：後來選舉結果居然那麼接近，會不會讓您感到意外？

答：到了競選尾聲就意料到會有這種局面了。一開始，我們以為這會是一場直截了當的選戰。我們總是會理性思考。所以邏輯上說，大多數人應該會支持陳慶炎。可是政治不只關乎邏輯，還講感情。

問：如今陳清木更進一步，另組政黨挑戰人民行動黨，您今後打算怎麼和他互動或打交道？[14]

答：我會奉行社交與政治安全距離。

問：您在臉書上的貼文引起了好些關注。[15]

答：要怎麼應付陳清木，我就只能留給第四代領導班子了。他們辦不到的話，那我還真會擔心他們在未來要如何拿下更惡劣更難纏的對手。無論陳清木現階段有什麼政治動機，他終究是個正人君子；即使我們現在很少見面了，但他依然是我的朋友。

問：他說人民行動黨不一樣了。您認同嗎？

答：當然不一樣，這個政黨當然會隨時間而改變、演進。要不然我們就會永遠困在李光耀的舊時代裡原地踏步。我所帶領的人民行動黨跟李光耀所領導的人民行動黨不一樣了。而到了李顯龍時代，又有一套新的作風、新的做法。到了第四代領導班子接棒，又會有另一番氣象。不同的治國作風、不同的人口結構，人民有了不同的抱負和期許，我們所處的也會是個截然不同的世界。

人民行動黨是為了跟得上時代而改變，現在甚至是更願意協商了。現任領導也更加著力於推動收入再分配。李光耀時代滿腦子想的淨是積累積累再積累，就是一味地增加儲備金。當時擔憂的是道德風險，擔心會走上福利國的下坡路。這一點進化了，對吧？治國作風也不一樣了。我不會像李光耀那樣治理國家，而李顯龍也有自己的一套治國作風。

不過從根本上，人民行動黨的核心價值始終如一。這些是無可動搖的，這才是關鍵所在。誠信廉正、唯才是用、勝任能力、奉獻精神，為國人鞠躬盡瘁，優良的治理文化，並組建最強的團隊守護新加坡，有計畫且平穩的政治傳承。這些都從未改變。

問：民選總統制度到了二〇一七年改為保留選舉制，惹火了不少新加坡人，他們認為此舉剝奪了選民投票的機會。您認為這會如何影響國人對這一體制的看法？[16]

答：這兩件事應該分開來看。先是，許多人不高興了，因為他們相信總統選舉本來就是應該向符合條件的所有新加坡人開放。只保留給某個族群參選，違背了唯才是用的原則。

當總理向我說明這個改變，我說我願意支持，因為我在政壇那麼多年了，清楚知道要讓新加坡達致持久和諧，每個種族都必須有機會坐上總統這個最高位置。

第二個讓一些人感到不滿的理由是，他們沒機會投票。可是我們不能將兩回事混為一談。保留選舉未必等同於沒機會投票。我們也可能會有兩個甚至更多的馬來族候選人，那國人也就會有投票的機會了。

問：所以您不認為哈莉瑪如果遇上陳清木會有勝算？

答：我不認為她能贏。

問：怎麼不會呢？

答：陳清木對上陳慶炎，也只輸了七千票。所以，對上哈莉瑪，我相信他會擊敗哈莉瑪當選。你同意嗎？

問：我同意。可是這也意味著保留選舉就是為了阻擋陳清木。

答：完全不是這麼一回事。我告訴清木，因為條例改了，公司股東權益的最低資格從一億新幣提高到五億新幣，所以他不再符合參選條件了。總統候選人也必須是一家公司的總裁或執行主席。泉合的股東權益從來沒有達到五億新幣標準，而清木又是非執行主席。即使總統選舉不實行保留機制，他也失去了參選資格。可是他拒絕接受這一點。

問：可是最近一次關於民選總統的修憲，似乎是為了避免二〇一一年的歷史重演。換句話說，我們好像是回到了納丹總統任期、哈莉瑪總統任期，都是在完全沒有對手的情況下自動當選。

答：不是的。下一屆選舉就不會是保留給任何特定族群的了。任何新加坡人都可以參加。不過當然，你必須先符合參選資格。即使選舉是保留給某個特定族群，那個族群裡任何符合條件的人也都可以參選。

問：可是參選門檻提高了許多。既然要符合參選資格那麼困難，為什麼不乾脆回到由國會任命的象徵式總統制？

答：民選總統有它必須履行的使命，這個制度也很好地發揮了應有的功效。回到過去那種純粹象徵式的總統角色是個令人難以抗拒的做法，因為大家都會擔心萬一選出了一個不合適的人會有什麼後果。可是如果我們這麼做了，那麼有朝一日換了一個民粹政府上台，執意在公共部門的重要職位都安插自己的親信，又為討好人民而任意揮霍儲備金，我們到時候就要後悔怎麼沒有一個強大、能幹、值得信任的民選總統來監管這個民粹政府；或者說更糟的是，這個流氓政府。

對我來說，真正的風險是什麼？許多國人都認為在人民行動黨執政之下，就不應該由行動黨推舉的候選人出任總統。他們總是認定：監督和制衡，必須由外人來做，不能由行動黨的人來做。這個邏輯沒有不對。如果總統是個優秀的人選，那沒問題。可是，萬一此人是個投機份子，參選總統只為權勢或地位，那新加坡就糟糕了。可是我們的體制就是這樣，人民必須做決定。

問：那不是等於把一個定時炸彈移交給下一代人？

答：不。你必須信任新加坡人民。否則體制無法運作。

問：既然信任人民，那為什麼又要把參選門檻抬得那麼高？

答：啊，信任是該信任，但同時也必須覈實。（笑）如果你讓任何人都能參選，最後就會冒出好幾百個沒有能力履行民選總統監管職權的參選人。就會變成一場「大平賣」。

問：這就來到我的最後一道問題了：您會在二〇二三年參選總統嗎？

答：我從來都沒想過要當總統。不過話說回來，我也從來沒想過要當總理。（笑）

二〇〇二年，王鼎昌在卸任總統三年後病逝。醫生對他病情的評估沒錯，而吳作棟內閣不支持他連任的決定也證實是對的；即使這從來不是一件值得慶幸的事。不過，即使這位前總統已入土為安，圍繞著他而起的爭議仍揮之不散。在王鼎昌之前的兩位已故總統尤索夫和薛爾思都是在任內逝世的；王鼎昌則是首位卸任以後辭世的前總統，在毫無先例或慣例可循之下，政府的任何決定或處理手法都會極具考驗。

政府最後決定為王鼎昌辦一場「國家協助的葬禮」，其規格和禮遇比國葬低一個層級。[17]由於王鼎昌深入民心，這個決定亦無可避免地引起了人們的不滿和揣測，認為這是政府針對一九九九年那場爭議而對王鼎昌做出的反擊。對此，吳作棟說，這個決定其實是考慮了王鼎昌「做為總統的整體貢獻，也包括了那場記者會在內。」

一個主要的考慮因素是沒有先例可循。他說：「王鼎昌在卸任總統三年後逝世。但我們必須決定怎麼做才算是合乎新加坡的慣例。是否從此制定出一套統一的規章制度，在所有前總統逝世時都予以國葬規格？別忘了，有些前總統可能是在卸任幾十年後才離世。也別忘了我們現在談論的是民選總統，更沒人敢保證未來的民選總統都一定能盡忠職守地履行職權，說不定還會有人越過職權範圍、將總統職位政治化，或者表現很糟糕。」

王鼎昌的前後任黃金輝和納丹，後來分別在二〇〇五年和二〇一六年逝世，政府都予以國葬規格對待。[18]

三位前總統之間待遇的落差特別顯眼，引起民眾紛紛投函主流媒體表達意見，也有議員在國會上提出質詢。政府的回應是，僅根據官階或職銜來為國葬儀式「設定一套準則」是行不通的。最後的決定還是得由當時的政府拍板定案。[19]這肯定不會是新加坡和新加坡人民最後一次議論這件事。吳作棟說：「人們會覺得疑惑，會有好些人不滿。我都接受。」

只是，對於以其他方式來向王鼎昌致敬，吳作棟倒是沒有任何異議。二〇〇二年初，就在王鼎昌離世前兩週，工會領袖向吳作棟提出希望以王鼎昌的名字為新加坡勞工研究學院命名，藉此推崇這名前勞工部長對工運的貢獻；吳作棟馬上同意了。「為一所學院和一項基金冠上他的名字，是向他致敬的好方法。」他在致全國職工總會的信上如此寫道。而今在這次訪談中，他道出了自己心中的感觸：「我會永遠深切懷念這位摯友；對於他對新加坡的顯著貢獻，我充滿敬意。」

吳作棟對第十二章的反思與感想，請見〈省思〉「一把鑰匙、一根權杖」，第三八〇頁。

第十三章　一期一會

「這麼說吧，總統閣下，您自然有權力查出原因。」

——美國商人喬福特就吳作棟被拒於白宮門外一事對總統柯林頓如是說

已經一年有餘了，吳作棟愈發坐立難安。自美國青年邁克菲於一九九四年因為在新加坡犯下破壞公物和塗鴉罪名被判處鞭刑後，白宮就對這位新加坡總理關上大門，為新加坡拒絕在美國的施壓下妥協而做出反擊。[1]哪怕美國總統柯林頓（Bill Clinton）親自出面，懇請新加坡總統王鼎昌予以赦免；吳作棟政府仍只願意將鞭刑判決從六鞭減至四鞭。白宮隨即採取報復行動，回拒吳作棟對華盛頓進行訪問的要求。據吳作棟打探到的情報指出，白宮上下為表達不滿而拒絕讓柯林頓接待吳作棟。一個美國男孩在新加坡挨鞭，瞬時讓新加坡成了華府的眼中釘。

吳作棟並不認為這是美國總統的決定。他說：「我和柯林頓在亞太經濟合作組織峰會上見面，他對我很友善。我知道他是不會不願意在白宮接待我的。所以我懷疑到白宮拜會他的要求，是讓幕僚給擋下了，很可能是國家安全委員會的人。我相信我的要求並沒上達給他。」

無論基於什麼原因，美方的斷然回絕讓新加坡非常難堪。「我們無法拜會美國總統，被美國人拒於門外，我們周邊的鄰國和亞洲其他國家都會察覺的。」吳作棟眉頭緊鎖地說道。「這已不光是顏面問題了。我們的實質損失更大。美國人會看總統擺出的姿態行事。所以到頭來，對於國防、經濟、文化、政治關係各方面的後果，對我們來說殺傷力極大。我很擔心，不斷在想新加坡還可以做些什麼。」

就在他一籌莫展之際，迎來了一陣意想不到的及時雨，拔刀相助的是一位曾經擔任過美國阿肯色州參議員的美國商人。一九九五年十月，吳作棟以私人名義到訪美國南部喬治亞州，應奧古斯塔高爾夫球俱樂部之邀去參加一場球局。奧古斯塔是全球極具盛名的高爾夫球俱樂部，也是國際高爾夫球壇四大重點賽事之一的常年「美國名人賽」的固定舉行地點。邀請吳作棟前來的主人家，是奧古斯塔俱樂部的億萬富豪主席斯蒂芬斯（Jack Stephens），此人也是時任新加坡駐美大使納丹的朋友。可是這位東道主臨時因故無法赴約，於是找來了另一名俱樂部會員代為接待吳作棟。斯蒂芬斯的這位朋友名叫喬福特（Joe Ford），是美國無線通訊業界大亨、奧特通訊的創辦人。

幾個月後，喬福特攜妻到訪新加坡，吳作棟設宴接待。宴會上，他好奇地問吳作棟：「總理先生，您與柯林頓總統會晤了嗎？」答案顯然是沒有。吳作棟解釋道，他拜會白宮的要求可能讓總統的白宮幕僚給攔下了。喬福特一臉困惑，問他：「你可是堂堂的新加坡總理啊，居然見不著柯林頓總統？」這段往事讓他日後收錄在自己的回憶錄《平凡的喬：不平凡的一生》（*An Ordinary Joe: An Extraordinary Life*）[2]一書中。吳作棟說出內心的猜測，讓喬福特吃了一驚。「我真搞不懂這些人是怎麼想的。我看看自己能做些什麼。」

吳作棟猜不透喬福特還能做什麼，因此也沒多想。他並不知道的是，喬福特可是個影響力不小的人物，跟柯林頓也有私交，兩人是阿肯色州同鄉，而奧特通訊總部就設在阿肯色州首府小石城。吳作棟說：「他是一位氣度不凡且嚴肅認真的人。我相信他，可是並不想讓他覺得有壓力。」

不久後，喬福特受邀出席阿肯色大學美式足球隊的比賽，坐在校長貴賓席。柯林頓也來了，他可是阿肯色大學野豬足球隊的頭號粉絲。喬福特趨前說：「總統先生您好！新加坡總理吳作棟好幾次想來拜會您，可是您的幕僚卻拒絕做出安排。」柯林頓難以置信，問道：「我不相信真有這種事。他們為什麼要拒絕安排？」喬福特說：「這麼說吧，總統閣下，您自然有權力查出原因。」一次短暫相會，一個極不尋常的開場白，而喬福特抓住了這個稍縱即逝的機會。日本人有句話正好貼切地帶出了這種難得的片刻——「一期一會」[3]，一生一次的相會，一生一次的機會。

幾個月後，一九九七年十一月，又是亞太經合峰會舉行期間，這一回大會地點在加拿大的溫哥華。吳作棟收到柯林頓的侍從官捎來信息：這位美國總統要約他來場高爾夫球賽。他馬上意識到喬福特必定是向柯林頓提了這事。而柯林頓也巧妙地繞過了幕僚直接接觸。兩位領導人的高球之約在溫哥華桑那斯高爾夫球場舉行，加拿大總理克雷蒂安也到場陪同。當時下著小雨，卻絲毫澆不熄吳作棟高昂振奮的情緒。美國對新加坡的封鎖總算跨過去了。「這就是外交！」吳作棟笑得很燦爛。

白宮大門，終於在一九九八年九月為新加坡總理敞開。吳作棟此行與柯林頓愉快會晤，雙方談了不少國際課題，也包括亞洲金融危機。柯林頓在雙邊會談後把吳作棟拉到一邊私下說話，問他新加坡可否考慮為朝鮮半島能源開發組織提供經濟資助；[4]他當時正在尋求國際支持。吳作棟說好。兩天後，新加坡同美國國務院確認會提供撥款。吳作棟指出，新加坡政府當機立斷的回應與後續行動力是他跟柯林頓能維持良好關係的關鍵因素。柯林頓決定在正式會談後私下向吳作棟提出這個要求，是因為他事先無法預知吳作棟會如何回應。這位新加坡領導人當下毫不含糊的決定性回應，讓柯林頓看清楚眼前這個人是個可以一起談生意的夥伴。

吳作棟與柯林頓的關係取得突破性進展，其所帶來的重大影響不僅限於星美雙邊關係，也牽動了新加坡在新千禧年的經濟復甦。一九九〇年代末，經過亞洲金融風暴席捲過後，新加坡政府愈發清楚看到多邊貿易秩序潰敗瓦解的趨勢。一九九九年十二月，世界貿易組織為啟動「千禧年回合」貿易談判而在西雅圖召開的會談宣告破裂。二〇〇一年「杜哈回合」的新一輪談判也未取得任何進展。吳作棟以他一貫的冷幽默說：「很遺憾，可是正如我們所預見，『杜哈回合』就是一直在沒完沒了地繞圈子。」

就新加坡經濟體而言，自由公平貿易是國內生產總值的兩倍，這個比例較之世界任何一個國家都來得高，顯然，新加坡勢必要為自己尋找活路，捍衛自由貿易。除了多邊貿易框架，新加坡也要全力爭取與戰略夥伴達成區域與雙邊自由貿易協定（簡稱：自貿協定）。簡而言之，哪怕風險再大，這顆小紅點也得走出自己的路；而這對新加坡來說也早已不是什麼新鮮事兒了。當時的新加坡外交部長賈古瑪稱「雙邊自貿協定」是這個國家的「保險政策」。他在著作《外交：新加坡的經驗》（*Diplomacy: A Singapore Experience*）中寫道：「萬一新加坡再也無法仰賴多邊貿易體系來保障我們的利益，卻也至少還能確保我們不會被拒於個別市場之外。」[5]

新加坡在這方面的努力確實取得了一些進展。一九九二年，東協（ASEAN，東南亞國家協會的簡稱，又稱亞細安）簽署協定成立自由貿易區。這一構想是由李光耀提出倡議，得到泰國首相阿南德（Anand Panyarachun）全力推動，在吳作棟的領導下促成。新加坡的首個雙邊自貿協定夥伴國是紐西蘭，於二〇〇〇年簽定。澳洲、日本和智利，也是新加坡極力爭取的對象。「有些人嘲諷新加坡在物色自貿協定對象時有些過於濫交了。」吳作棟笑說。「但我們的動機和行為都是高尚端正的，可沒幹些什麼偷雞摸狗的醜事。」

其實，新加坡最想「追求」的對象是美國。一旦美國成事了，自會對其他國家發出重要信號，大幅拉抬新加坡爭取到更多自貿協定的機會。可是華府有一派人基於新加坡是如此小規模且開放的經濟體，對此並不熱中。「新加坡還能給美國哪些他們還未享受到的好處呢？而且美國還得把自身那麼一個龐大的市場向新加坡開放。」吳作棟說道。「美國有其他考量。他們想爭取的是其他國家。」

新加坡外交官做足了功課，了解到關鍵還是在柯林頓身上。其實，大多數自貿協定之所以達成，均是由上而下的決定。總統一旦點頭，後續工作就水到渠成了。當時的貿工部長楊榮文和外交部長賈古瑪等一眾貿易代表和外交官員儘管早已做足了準備，但是最後的那一扇門，還是得由吳作棟親自叩響，等著柯林頓來回應。

自吳作棟一九九八年對白宮進行正式訪問後，柯林頓與這位新加坡領導人就更熟絡了。到了二〇〇〇年，新美兩國領導人預定於十一月間在汶萊舉行的亞太經合組織常年峰會上見面；吳作棟知道這是他等待已久的難得時機，以便開啟關於自貿協定的談判。由於柯林頓的總統任期只剩下最後兩個月了，這可是最後一次機會了。一期、一會。吳作棟說：「已經沒有退路了。」結果那場孤注一擲的會晤，竟成就了他主政生涯裡治國才能與外交手腕上堪稱最突出的一次表現。

他打好了算盤，把棋局設在斯里巴加灣市汶萊皇家高爾夫球俱樂部的夜間高爾夫球之約上。吳作棟也與他的官員和部長一樣，對柯林頓的喜好習慣做了好幾年的研究。根據他的新聞祕書王景榮指出，吳作棟發現柯林頓「喜歡通過非正式渠道與其他國家領導人洽談棘手問題」。吳作棟也在峰會場合上暗中觀察柯林頓，還勤閱媒體報導，了解到這位美國領導人鍾愛漢堡、可樂，還是個夜貓子。「可是我怎會知道柯林頓喜歡在午夜打高爾夫球？坦白說，我並不知道。」吳作棟聳了聳肩。「完全是直覺、預感，我就是猜他會這麼做。所以當天白天較早時，我向他提起了遮魯東（Jerudong）的一個夜間高爾夫球場，馬上激起了他的好奇心。」

當晚，吳作棟抵達汶萊國際會議中心出席亞太經合組織晚宴。他做好了萬全準備，在自己的座車裡先備好高爾夫球袋和更換的球衣。本著過去近十年來出席亞太經合峰會的經驗，他十分清楚，各國領導人會是按照國家英文名稱的第一個字母順序入場，散場後再逆序離開會場。這也就意味著新加坡和美國中間只隔了一個泰國。[6]吳作棟知道自己有機會跟柯林頓在沒有隨從在側的情況下寒暄幾句。

吳作棟問了：「比爾，我想在晚宴後打一場高爾夫球，你怎麼樣？」

柯林頓：「我也正想找人一起玩玩。」

「那就來吧！」

總統同意跟新加坡總理午夜打高球，而柯林頓的代表團對此事毫不知情。柯林頓似乎也和吳作棟一樣，隨身備妥了高爾夫球具和更換的球衣。晚宴過程中，兩位領導人的「私約」傳到美國官員耳裡，大家驚呆了。美國首席貿易談判代表白茜芙（Charlene Barshefsky）詢問國家經濟委員會主席史柏林（Gene Sperling）：「你可知道總統約了誰打球？」根據白茜芙和新加坡駐美大使陳慶珠之間的會晤紀錄顯示，史柏林當時回說自己不知道晚宴後還另外安排了一場球局。白茜芙答道：「是吳作棟總理。」她當下急匆匆地召集了屬下官員，大家忙成一團。

賈古瑪在《外交：新加坡的經驗》一書中也憶述起這段往事。據他描述，自己當時就坐在白茜芙身旁，向她透露吳作棟打算向柯林頓提及自由貿易協定一事。後者立刻表示異議。雖然白茜芙也贊同美星簽署協定，並認同這是個絕佳機會，但是因為她的陣營裡還有不少反對聲音，所以對於吳作棟的盤算不太苟同。賈古瑪拉了楊榮文過來加入討論。到了晚宴結束前，新加坡這兩位部長終於爭取到白茜芙同意吳作棟在高球場上提及自貿協定一事。賈古瑪還憶起，在這個過程中，馬來西亞貿工部長拉菲達（Rafidah Aziz）「一臉好奇且疑惑地在觀察我們七嘴八舌地討論。」晚宴結束後，吳作棟正準備離場，賈古瑪和楊榮文急忙趨前向他彙報了與白茜芙之間的協商結果。有了美國首席貿易談判代表的首肯固然很好，可吳作棟的下一步要怎麼做，本就沒打算要等她批准。[7]

輪候離場時，吳作棟心裡其實很糾結。先是山崩地裂的一陣轟然雷動，緊接著滂沱大雨傾盆而下。「轟隆隆……噢！我還是第一次遇到那麼大的一場暴風雨。」吳作棟回憶起當時的情況。而那個時候柯林頓的一名隨扈正好站在他身邊，對他說：「總理先生，看來您的高爾夫球局恐怕得取消了。」吳作棟不假思索，斬釘截鐵地說：「不。球局照舊。我知道這種天氣。這就是一場熱帶風暴，半小時內就會平息。高爾夫球場離這裡正好是半小時車程。我們到了球場就會雨過天晴了。」為了確保萬無一失，他還加重了籌碼，告訴在場的美國特勤人員：「無論如何，我一定會過去。總統先生如果擔心天氣，他可以不必去。」

先發制人的策略確實奏效了。「我如果去了，他又怎能不去？」吳作棟邊說邊咧嘴笑。但是車子開往高球場這一路上，簡直就是一頭往狂風暴雨裡鑽，耳邊隆隆作響的還是他這輩子聽過最為震耳的雷鳴。閃電劈開夜空之際，他暗自心驚：「完了。沒指望了。」吳作棟的新聞祕書王景榮是率先到球場視察情況的先遣人員之一，據他回憶起現場情景，暴風雨的嘶吼讓也提前到球場的美國特勤服務人員亂了陣腳：「雷聲就猶如發生了爆炸似的，特勤人員簡直就是在抱頭逃竄！」夜間暴雨讓身處陌生的婆羅洲地境而本就局促不安的美國安全部隊更加慌亂，他們下令取消球局，急得吳作棟身邊的幾位助手一再懇對方多等幾分鐘。

而就在十分鐘後，傾瀉而下的暴風雨突然間就奇蹟般地轉為毛毛細雨。等到吳作棟抵達球場的時候，重重陰雲已然散去，球局看似準備好隨時開打了！這位自詡氣象學家的總理，預測果然奇準；還得多虧了天大的運氣。又一個十分鐘後，柯林頓抵達並換好衣服，老天連最後一滴雨也收起了。「我會預測氣象，這是真的。」吳作棟得意地大笑起來。幾近午夜時分，兩位領導人揮出了第一桿。

然而，此後的情節發展卻與新加坡廣為流傳的外交段子有點出入。整場球賽下來，吳作棟未與柯林頓談及任何公事。「高球場上高手過招，最忌諱談公事壞了球局。」吳作棟咧嘴笑著說。兩位「高手」在打完半場九洞後，於凌晨一時三刻一起離開球場，吳作棟這才問柯林頓可願意談談公事。美國總統答應了。

兩人小酌幾杯後，吳作棟開始推銷自貿協定，簡明扼要卻又不失精準犀利。吳作棟說道，亞太經合組織推動自貿協定的努力似乎有些後勁不足；美國如果轉而與新加坡簽定雙邊自貿協定，將宣示其重視在東南亞的戰略意義，這對兩國來說是很重要的立場。與新加坡簽署協定之後，美國可以也應該進而與整個東協展開自貿協定談判。重點是，東協畢竟有十個成員國，要與東協十國協商出一套自貿協定，必定更為複雜費時。美國大可先與新加坡簽定自貿協定，通過這個直截了當、有益無損卻又立竿見影的做法，向世界發出明確信號——美國準備長期駐留東南亞。柯林頓全神貫注地聽著，然後說：「可行。」他提議參照美國－約旦自貿協定模式，草擬一份美星兩國自貿協定。吳作棟終為新加坡打開了最珍貴的這一扇門。

楊榮文接著又聯繫上了仍在驚愕中的白茜芙，跟她說：「他們同意了」。根據白茜芙與陳慶珠的會晤紀錄，她告訴楊榮文，高爾夫球場並未捎來任何信息，她什麼也沒聽說。白茜芙說：「美星自貿協定發生得太快太突然了，讓每一個人都吃了一驚。」陳慶珠分享自己的觀察：「我感覺白茜芙對於這個閃電決定有些措手不及。」

第二天，新加坡方面草擬了一份新聞稿，把這項決議公諸於世。吳作棟也在峰會的晨間會議上，親自將這份新聞稿交給柯林頓過目。柯林頓只做了一處修改，改的是雙方完成協商工作的時間點——他一筆刪除了「盡速」一詞，補上「年底之前」。他要在任滿走出白宮之前，完成這樁大事。

問：國家領導人之間的關係有多重要？

答：人與人之間是否相熟是很重要的。當你要提出一個想法，或者你要同意對方提出的點子，你總得要清楚對方的出發點。我覺得這是個關鍵。甚至在開口提出要求之前，你還得了解對方的思維，與之建立信任。

跟求婚是一樣的，就好像你不認識一位女士，就貿貿然上前問說：「你願意嫁給我嗎？」她不狠狠賞你一記耳光才怪！即使已經在約會相戀了，你想向對方求婚，總還是得找個恰當的時機和場景。這很重要，對吧？

問：這是當然的。可是這在多大程度上是您的個性使然？又有多大程度是因為自己當上總理而不得不培養的能力？

答：我向來就相信要廣結朋友、建立人脈。我在當部長的時候，就常常觀察其他國家的領導人，想知道他們是什麼樣的人。我到緬甸訪問時得到禮遇，也是因為我對人有一份同理心。當時是一九七〇年代末，亞洲發展銀行在菲律賓召開的會議，本是韓瑞生先生應該出席的。[8]他不太喜歡參加這類會議，所以派我代表新加坡出席。

在會議期間的一場雞尾酒會上，我發現緬甸財政部長獨自一人站著。我便走上前去與他攀談。對我來說，這純粹是一種禮貌。結果這位財長後來成了副總理，最後當上了總理。他的名字就叫吞丁，不久前離世。他始終沒忘記與我的那一次接觸。那次以後，我每一次到緬甸，他一定會抽空見見我。所以，多交朋友。不要另有所圖。

問：您與柯林頓的私交促成了星美自貿協定。是否還有其他哪些自貿協定是因為您跟對方領導人的交情而成事的？

答：另一段比較難忘的經歷是日本。我們想要爭取達成自貿協定，而他們的貿工部也有這個意願，但是外交部卻反對。賈古瑪說服不了日本外務大臣河野洋平跟我們簽署協定。一九九九年，我們對日本展開了一次正式訪問，我和賈古瑪一起會晤了日方負責這事的幾位部長。他拜會了河野洋平，我則會見了大藏大臣宮澤喜一。在宮澤擔任首相時我就認識他了。我當上總理後的第一次訪問日本之行，宮澤還為我辦了場午宴。

問：為什麼您會晤的是大藏大臣而不是首相？

答：我之後也拜會了首相小淵惠三。但我決定先向宮澤提及此事。我如果向小淵首相提了，他也許會說得交由官員研究研究。宮澤的話，我比較了解他，也清楚他的思維想法。他是一位戰略家，英語說得流利，我們就可以在無需翻譯的情況下更快地切入重點。

問：您想必早已知道宮澤的影響力不小吧？

答：當然！我可是做足功課的！他曾任首相，也是自民黨黨魁。我知道他在日本是很有分量的一號人物。李光耀在擔任總理的時候把我介紹給了宮澤，當時宮澤擔任首相。所以，他對我也相當了解。我用了一個戰略性論述，向他說明日本和新加坡為什麼應該簽署自貿協定。我說，先是，我也認同日本的主張，大家理應採取多邊自由貿易模式。這一點我絕對贊同。可是我並不認為「杜哈回合貿易談判」會在短期內達致任何成果。日本和新加坡一樣，都是以出口為導向的經濟體。所以在我們努力推動「杜哈回合」談判之際，也應當考慮與彼此達成自貿協定。何況就農產品出口來說，新加坡不會成為日本的威脅。的確，我們也向他們出口胡姬花、熱帶觀賞魚，但這些並不會對他們的稻農和農業生產商構成威脅。

更重要的是，日本必須學習怎麼展開自貿協定談判。而新加坡就是最理想的演練對手：既不構成威脅，也不至於在農業問題上帶來任何政治風險。無論如何，我不過是向他建議，我們先行研究，看看可不可行。展開可行性研究不會遭遇太大阻礙，因為這不算是正式投入自貿協定談判，而日本國內的反自貿協定勢力也沒有理由反對。

他專注地聽著，然後說：「是的，我同意你的說法。」我告訴他：「可是你們的外務大臣反對，而我的外交部長此刻正在極力遊說他。」宮澤聽我這麼說，立刻撥了通電話，用日語跟對方說了幾句。幾分鐘後，他把話筒遞給我，說：

「跟你的外長說句話吧。我跟河野溝通過，他同意了。」我隨之與賈古瑪通上話，告訴他，日本大藏大臣同意了，而他也親自跟河野溝通過，我想自貿協定成了。

問：這麼多年來的外交經驗，類似這種立馬做決定的情況算不算罕見？

答：我認為，要一個人當下做出重要且政治敏感的決定，然後指示另一位部長應該怎麼做，這種情況肯定極不常見。

問：其實，三更半夜約另一位國家領導人打球，不也是件很奇怪的事嗎？

答：奇怪的還不只是夜間球局這回事。一個彈丸小國的領導人向泱泱大國美國的總統發出邀請，一起在午夜打一場高爾夫球，這恐怕是全世界都聞所未聞的事！你能想像有哪一位世界領袖會主動問習近平：「今晚一起打網球怎麼樣？」簡直聞所未聞！而我們隔天上午還得出席亞太經合組織領導人會議！有誰會相信隔天一早有重要峰會要出席的兩位領導人，居然大半夜裡還在高爾夫球場較量球技？

問：您並不是夜貓子。球賽過程中怎麼避免自己打瞌睡？

答：腎上腺素。你有一項重要任務必須完成，那就好好完成它。我的動力就是自貿協定。但是打了一場球之後，我反而容易入眠，隔天起來還能精神奕奕地出席峰會會議。可是如今想想，你隔天有個重要會議，怎麼還敢在午夜約人打高爾夫球？

問：所以您想必也做好了被拒絕的心理準備？

答：這我倒是沒想過。不知怎地，我知道他會打那場球。有些事情就是……就是解釋不了的。

新加坡與日本在二〇〇二年落實了自由貿易協定。那是日本的第一項雙邊自貿協定。也正如吳作棟所料，日本接著在二〇〇八年再與東協組織簽署了自貿協定。最初，東協內部尤其是馬來西亞，對於新加坡自行與他國建立雙邊自貿協定的做法抱有疑慮，認為這是在公然昭示組織內部的不同調；但最終，十個成員國還是接受了這個概念。今天，東協已分別同中國、日本、印度等國，簽訂了七個自貿協定。

至於美國，則是在二〇〇三年與新加坡達成自貿協定，這也是美國跟亞洲國家的第一項自貿協定。協議雖然沒能趕在柯林頓任期結束前落實，接任的小布希卻也蕭規曹隨地貫徹執行。這份協定是小布希為美國簽下的第一份自貿協定，協定雄心勃勃且全面兼蓄，不僅打破了商品和服務貿易壁壘，也在知識產權方面取得重要突破。吳作棟稱之為新加坡貿易政策「皇冠上的明珠」。

新加坡則繼續與更多國家簽署自貿協定，尤其是中國和印度這兩大亞洲巨頭。迄今為止，這個國家已握有十五國雙邊自貿協定與十二項區域貿易協定。這些協定為新加坡公司打開出口市場，也引入外資。自一九九〇年代初以來，海外運營對於新加坡整體經濟貢獻所占比例連番增長，至二〇二〇年已翻了不止一倍，達到二十三%，相等於一千三百七十億新幣。新加坡在海外的直接投資在二〇一九年也達到了九千一百三十億新幣。其中，自貿協定發揮了舉足輕重的作用，為新加坡經濟發展添加「外翼」；而這正是吳作棟主政下的重點經濟舉措。

要不是先有了奧古斯塔的第一場高爾夫球賽，以及之後在汶萊的第二場高爾夫球局，這些種種後續大概都不會發生。正如白茜芙對陳慶珠所言：「總統在未經內閣全員同意的情況下決定這麼做，還真是前所未有的事。」

吳作棟出其不意的一招，繞過了運轉自如的美國外交機關，將威懾與恐嚇戰略發揮得淋漓盡致。加上老天適時地插上一腳，製造了一次完美時機，讓吳作棟難免要說：「連老天都在幫我們。」那是不可能重演的時刻。一生僅止一次。造就的是吳作棟經濟外交的商標——一期，一會。

吳作棟對第十三章的反思與感想，請見〈省思〉「球場見真情」，第三八三頁。

第十四章 小國大志

他展現了彈丸小國的領袖也可為創造更和平、繁榮的世界，做出顯著貢獻。

——新加坡巡迴大使許通美於二〇〇四年撰文向吳作棟致敬

一九九三年，江澤民剛接任中國國家主席不過半年，就橫渡太平洋，首次以中華人民共和國最高領導人身分出席他的第一場重大國際會議。那是在美國西雅圖舉行的亞太經合組織經濟領袖會議，而那一次大會，全球目光都聚焦在這位鼻梁上架著一副特大鏡框、在當時仍神祕莫測的中國新領導人身上。

這難免讓江澤民有些興奮。他身邊圍繞著的都是世界上最重要的領導人，包括東道主美國總統柯林頓。輪到江澤民向其他領導人發言時，他拿出準備好的講稿急匆匆地念了起來，念稿速度之快，讓通譯員幾乎跟不上。在場的各國領袖，包括柯林頓，頻頻手心朝下向江澤民打手勢，想提醒他慢下來；只是江澤民過於專注念稿，以致於對周遭的一舉一動絲毫未覺，目光是一刻也沒離開過手中的講稿。

吳作棟倒是頗感有趣，他趁著中場休息茶敘，趨前與這位中國領導人交談。他先是讚揚江澤民的演講很精采，不過也補上一句說，可惜了，其他領袖大多聽得吃力，因為英語通譯員跟不上他演說的速度。「我告訴他我能明白，因為我聽得懂中文。」吳作棟帶著微笑憶起這段往事。「我對他說，中文字都是單音節，因此在說明同一個概念時，中文詞彙念起來的時候需要用到的音節比英文詞彙要少很多。我向他舉的例子是『economic development』——用英語說，兩個字共八個音節，而中文則是『經濟發展』，只需四個字四個音節。」這位新加坡總理在西雅圖會議以前就已同江澤民見過幾次面，他認定這位中國新進領導人不會介意這麼一個善意的建議。吳作棟接著說：「所以，試試放慢速度。」

當天下午，江澤民再發表了另一次演講。這回他果然放慢了速度。會議結束後，他走向吳作棟，笑臉盈盈地問他：「可以嗎？」他顯然接受了吳作棟的建議，急切想來與吳作棟打趣。「當下我就知道他是正面看待並採納了我的建議。」吳作棟笑著說。「有些人表面上不一定讓你看出什麼，但是暗地裡他們會覺得被冒犯了，『你好大的膽子，也不看看自己不過是來自區區一個小國，竟敢來教我要說得快還是慢？』可是他明白我就只是想幫忙。」

如此真誠親切、用心待人的風格，正是吳作棟主政十四年在外交上的作風基調。世界舞台就是國內平台的延伸，吳作棟認為自己根本不需要以任何其他角色示人，就只需要忠實地做回自己，正如他在國內政壇上的一貫形象。他的外交風格是顯而易見的：無論對方是新加坡的一位社區領袖，或者是在西雅圖會晤的中國最高領導人，只要他覺得自己能做點什麼切實貢獻，他都會去做。這種率性摯誠的態度，你甚至要稱之為「江湖氣概」也無妨，為這位領袖更添一重魅力，讓他個人、乃至新加坡，在世界各地廣結好友。他在馬林百列的基層領袖對此還冠上了個封號，稱之為「高人魔力」。或者說得更通俗一些，就正如他當時的新聞祕書王景榮所說，那就是吳作棟的「勢」——就是閩南語所指的「個人氣場」。

他總會把自身的人際關係與豐富的創造力融為一體，源源不斷地創發出一個又一個的外交新構想，再借助自己強大的海外人脈網絡來確保這些構想落實為實際成果。諸如「東協加三峰會」、「亞歐會議」、「亞洲－中東對話」、「東亞－拉丁美洲合作論壇」等等。對於不熟悉國際關係的人來說，這些只不過是一連串字符堆疊而成、令人費解的外交詞彙而已；可是這些由吳作棟所孕育出來的區域和國際新生兒，卻讓新加坡這座小小城邦在全球格局中擁有了遠遠超越其實際規模和實力聲望的意義與價值。誠如新加坡巡迴大使許通美在二〇〇四年撰文向吳作棟致敬時所說：「他鞏固了李光耀打下的基業，並將之進一步拓展。」[1]在海外所創下的這些成就，吳作棟並未將之看作自己的政績，而是視之為自己當仁不讓的使命。在他的思維裡，他身為新加坡總理，要在國際間立足且有所作為，幾乎別無他法了。他在談及本國外交政策之時，「必須」一詞反覆出現：「小國必須設法發揮出比自身實際疆域更大的影響力」；「小國必須能為其他國家增值，否則就會失去其存在意義」等等。他說，說到底就是個生存問題。「我們是這麼一個彈丸小國。如果我們的思維只停留在國內，眼光只看到自身區域，那新加坡不可能繁榮起來。我們必須放眼全球。」正如他在還未當上總理之前，曾在一九九〇年的一次演說中說過的：「小國必須心懷大志。」

吳作棟外交指南針的方向定點，所仰賴的正是李光耀與政壇元老一代所秉持的同一套原則：以國家利益為優先，以東協為新加坡外交事務的軸心。「人們都說外交上沒有永遠的朋友，只有永久的利益。我十分贊同。」吳作棟說道。「人際關係也許能有幫助，但一旦出現分歧，國家利益永遠凌駕於人際關係之上。勢必得先維護國家的利益。」

吳作棟深信，必須以東南亞十國組成的東協組織為出發點，來推進新加坡的利益。著眼於全球格局之際，他在處理區域事務亦不忘時刻秉持「東協軸心」。新加坡始終堅持與周邊鄰國站在同一陣線，為這個充滿變數波折的區域營造一個適宜協商和貿易的環境，而非製造子彈和戰亂。「如今這一切都是那麼的理所當然。可是東南亞地區能有今時今日的和平與穩定，其實就是東協組織的最大成就。」

然而，雖說吳作棟與他的第二代領導團隊承襲了前輩們的外交原則與理念，他對外交事務的處理方法卻自有一套學問。就李光耀而言，與各國領導人之間的交流，往往是建立在其對於世界局勢與地緣政治重大趨勢變化所做出的精闢剖析之上。李光耀在國際舞台上的影響力，讓這些重大課題與發展趨勢的相關預測鏗鏘有力、擲地有聲。吳作棟分享自己的觀察：「他所發表的言論都有著超然氣魄，他就喜歡這樣，前瞻未來，分析各種新趨勢等等。非常有說服力。人人都願意聽他說。」

一如既往地，吳作棟深知自己不可能成為世界舞台上的「迷你」李光耀。這也不是他想要的。他和團隊選擇了另一種替代模式，就是外交部長賈古瑪在著作《外交：新加坡的經驗》（以下簡稱《外交》）中所說的「創意外交」：帶頭出主意，說服其他國家跟進，進而擴大新加坡的影響力。[2]吳作棟則形容，相較於李光耀的風格，這更像是一種實幹型的「操作手法」。「要越級與強手較量，就必須先有創見。提出大膽革新且能影響深遠的倡議，這非常重要。還要充當催化劑，促成實質成果。李光耀在外交事務的實際操作層面上就沒花那麼多心力。」

「亞洲—中東對話」就是個最好的例子。這個點子還當真是「凌空」出現的。二〇〇四年二月，吳作棟和賈古瑪乘搭班機赴埃及訪問，那是一次巡迴訪問的第一站，之後還將續程到約旦和巴林。飛機在開羅落地以前，兩人在機上用早餐，邊吃還邊想著要怎麼讓這次訪問不只是慣常的握手言歡，還要能有所創意。他們突發奇想，不如就讓中東和亞洲各國來一場兩大區域之間前所未有的對話論壇。尤其自二〇〇一年九一一恐怖襲擊事件發生後，兩大區域之間缺乏互動的現狀實在不利於世界局勢的發展，能加深彼此的了解，對雙方都有好處。賈古瑪在《外交》一書中寫道：「雙方往往都只能透過西方媒體的視角來認識彼此。」有了論壇這一平台，就足以搭建橋梁，跨越鴻溝。

據賈古瑪描述，新加坡典型的辦事效率在此時發揮了作用：飛機著陸後，官員連行李箱都沒來得及安頓就著手草擬建議書了。他們辯論著論壇該如何命名，最後敲定為「亞洲－中東對話」（Asia-Middle East Dialogue，簡稱AMED）。吳作棟憶述起這段往事時笑著說：「我們最後決定用AMED，因為聽起來像個阿拉伯名字！」他很快就向埃及總統穆巴拉克（Hosni Mubarak）提出這個主意，接著也向約旦國王阿卜杜拉二世（King Abdullah II）及巴林首相哈利法（Khalifa bin Salman Al-Kalifah）獻議。結果全獲得正面回應，三國領導人都表達了強烈支持的意願。後來吳作棟和團隊再對阿拉伯和亞洲兩大區域的多個國家進行遊說，亞洲－中東對話終於在一年後得以落實。首屆論壇二〇〇五年在新加坡舉行，有來自三十八個國家逾二百人與會。吳作棟說：「新加坡向來以植樹速成而聞名。跨區域論壇也能播種速成，如何？」

儘管如此，要在全球格局中走出自己的路，就好比是摸著石頭過河。不可能所有新加坡提出的倡議都能像亞洲－中東對話那般順利推展。小國切忌妄自尊大，以至忘了自己在世界格局中應有的身分；要留心其他國家怎麼看，尤其是周邊大國怎麼看。賈古瑪在《外交》一書中寫道：「有些時候，其他國家官員未必樂於接納新加坡提出的倡議，尤其在我們周邊的幾個比較大的鄰國，他們總是自視為區域或東協『想當然耳』的領頭羊。這些敏感問題，我們都得謹慎處理，同時確保達成實質目標。」

要做到這一點，吳作棟採用的策略，用現代人的話說，就是「意念植入」。他把自己的想法植入其他國家領導人的思維中，說服他們去接受和認同，並讓他們也能收穫成果。較符合外交用語的說法是「結盟」。實際效果很讓他滿意。虛榮是完全不切題的。他說：「根本無須去考慮功勞應該歸誰。無論官員、人民還是領導人，我們誰都不必去想。我們做事從來不為贏得讚許或榮耀。這，是至關重要的第一點。」

而「亞歐會議」成立，也正是這麼一回事。一九九四年十月，世界經濟論壇主席施瓦布（Klaus Schwab）建議為歐洲與亞洲各國領袖辦一場對話。他希望由新加坡在隔年以世界經濟論壇的名義主辦。吳作棟支持這個想法，但認為以東協組織的名義來辦，會比打著世界經濟論壇的旗幟來得好。同年較遲時候，他到法國訪問，向法國總理巴拉迪爾（Édouard Balladur）建議促成東亞與歐洲領袖之間的一場峰會。

他當時是如此遊說的：世界經濟秩序以三大經濟樞紐為核心，分別是北美、歐洲、東亞。北美與歐洲通過七大工業國組織和北大西洋公約組織定期進行對話，東亞與北美則通過亞太經合組織相互連結；唯一缺少的，是歐洲和東亞之間的連結。

巴拉迪爾贊同這個想法。於是，他和吳作棟兩人分頭開展遊說工作。巴拉迪爾與歐洲國家說項，吳作棟則拉攏東協成員國。一個月後，亞太經合組織經濟領袖會議在印尼茂物舉行，吳作棟趁著與東南亞領袖召開預備會議時提出了這項建議，各國也決議邀請中日韓東亞三國加入。會上也提到了印度，但卻對於是否也同時邀請巴基斯坦、以及可能引發的複雜後果而有所顧慮，最後決定暫緩向印度發出邀請。

結果，亞歐各國都反應積極，首屆亞歐會議擬議於一九九六年召開。吳作棟深知只要中國點頭加入，會議就算是成功了一半。「當時歐洲和中國領導人之間的接觸寥寥無幾。」吳作棟有感而發，而後又提到了一個慣有的務實觀察：「有了亞歐會議，歐洲領袖就能一次過同東協十國和東亞三國的領導人會面，這會是一場符合成本與時間效益的峰會。」

就在這個時候，吳作棟和團隊著手進行「意念植入」。雖然大家都認定新加坡會是首屆亞歐會議的主辦國，但新加坡卻決定不出面。吳作棟考慮到鎂光燈過多地聚焦在新加坡身上，只會讓鄰國以為這是小國露才揚己的又一次實例，對峰會反而不會有好處。賈古瑪說：「吳總理告訴外交部，別讓人覺得新加坡在搶鋒頭。」相反地，新加坡力推泰國接下主辦權。首屆亞歐會議最終在曼谷盛大舉行，亞洲十國和歐盟十五國出席了峰會。吳作棟說，如果當初首屆會議在新加坡舉行，那就難免顯得新加坡只關心一己之私。「唯有促進東協整體的利益，才算是符合新加坡開明的自身利益。我們並不想藉著促成兩大洲多國領袖齊聚一堂，來沾光吸睛。」

掌聲最終留給了泰國。歐盟成員國多位外長紛紛對峰會主辦國表示讚賞，即便他們心裡也很清楚，新加坡才是幕後推手。據賈古瑪憶述，這不免讓泰國外長卡森沙摩頌（Kasem S. Kasemsri）處境尷尬，他在會上也試著向新加坡致意：「其實大家都知道，這項會議一開始是由新加坡倡議的。事實是，新加坡總喜歡讓泰國暗結珠胎。」賈古瑪說，這番比喻，讓歐洲人「頓覺瞠目結舌」。經此一轉，「意念植入」這個詞倒是多了一層字面上的涵義。

這番「低調的創意外交」，堪稱吳作棟的外交作風代表。他身邊的親信和助手形容，他在處理國際事務上總是「以他人為中心」。「吳作棟先生在外交上的特質是總要做好萬全準備，永遠都以雙贏為目標。」王景榮如此總結。「而要做到這一點，他絕對不能流於空泛抽象，而必須著眼於務實面，瞄準那些『伸手可及的果實』。他很有耐性，不會試圖說大道理來讓你折服，而是縱觀全局，以邏輯服人。」吳作棟則說自己在提出倡議時，總會設法令新加坡的利益與他國利益一致：「必須讓對方相信你的誠意，必須讓對方看到你的倡議能為他們帶來好處。我在各種會晤裡，總會確保能為對方帶來價值，尤其是第一次會晤。不只是禮節性拜會，更是交易式會晤。」

他早在政治生涯初期就學會了這個道理。當時是一九七〇年代末，李光耀總理與美國總統卡特（Jimmy Carter）的第一次會晤，吳作棟也參與了。卡特看來並不想多交談或是增進彼此的了解，反而掏出了一張小卡片，開始在卡片上列明的議程清單上打勾，當中也包括了軍購項目。整份清單過了一遍後，午餐時間也到了。吳作棟回憶說：「李先生當然還是很客氣地向他道謝了。可是他完全沒機會談到地緣政治、安全威脅、中美等重大課題。」卡特隨後把自己寫的書送了一本給李光耀，不只簽上了自己的大名，還題字：「致好友。」[3]李光耀不怎麼高興。他私下對吳作棟說：「我這才是第一次見他，怎麼就成了他朋友了？」那一場會晤的交易性質讓吳作棟留下了深刻印象。

重點是，必須避免成為另一個卡特，還要與其他領袖建立起個人聯繫。不過，人際關係即便是無法取代國家利益，對外交上的成敗卻往往至關重要。吳作棟已建立起了自己的人脈。但才邁入新世紀的頭幾年，他就得開始為繼任者操心了。他一手創立的多個國際論壇與對話平台，自然會為下一任總理提供更多與世界其他領導人建立聯繫的機會，可是吳作棟要的不只這樣。其目光所致，尤其是中國。

所以，當中國國家副主席胡錦濤於二〇〇二年四月訪問新加坡時，正值其即將上位之際，吳作棟把握住了這次機會。胡錦濤提出加強中星雙邊合作的四點建議：高科技領域、開發中國西部地區、中國企業「走出去」戰略，以及人力資源培訓與發展。這四大領域將由中國不同部門的官員負責推展。吳作棟靈機一動，提議成立一個星中兩國高層級委員會，來統管雙邊合作事項。胡錦濤同意了。

吳作棟心裡還有另一層用意，「我在想的是，該怎麼樣創造一個機制，好讓顯龍能持續與中國領導人互動接觸？那個時候，我與中國領袖打交道少說也有十年了，可是他沒那麼多機會。我要怎麼創造這樣的機會呢？」他設想出來的答案，正是「星中雙邊合作聯合委員會」。這個委員會通常由新加坡副總理和中國國務院副總理聯合領導，迄今仍是星中兩國最高層級的常年會議機制。這也是吳作棟留給新加坡的一份最恆久的外交獻禮。

馬哈迪*

我在馬哈迪還是貿工部長時第一次與他會面。當時我們的財政部長韓瑞生帶著我北上吉隆坡，把我介紹給了馬哈迪。我當時是財政部高級政務部長。韓瑞生解釋說自己年紀大了，以後恐怕無法再出席東協經濟部長會議，將會由我頂上。馬哈迪勸韓瑞生還是盡可能親自參加會議，而不是派一些「年輕專家」赴會。

雖然星馬兩國關係時不時陷入緊繃狀態，但我與馬哈迪的關係還算是友好的。不管他對新加坡的態度再強硬，對我個人卻從沒表露過任何敵意。我也同樣敬重他。

在我當上總理之前，李光耀曾經提醒過我避免跟馬哈迪纏鬥。李光耀告訴我：「他是個好鬥的人。」其實用不著他提醒，我早知道了。我看著馬哈迪如何對付他在馬國政壇上的對手：慕沙希旦、東姑拉沙里，以及我這一代的安華。他親自欽點的兩位首相接班人阿都拉和納吉，也因為後來的表現偏離了他的預期而遭他間接拔除。

我也和許多人一樣，對馬哈迪健康長壽的祕訣很感興趣。我私下有好多機會跟他聊起這個話題。是基因遺傳。他告訴我，他的父母和兄弟姐妹都很長壽，父母也都活到九十多歲。他也吃得不多。有一回我問起他平日做些什麼運動。他說：「騎馬。」我驚呼道：「可是，那是馬兒在做運動啊！」他耐著性子向我解釋，說騎馬並不只是「坐」在馬背上而已；而是得騎在馬背上，意思是必須撐在馬鐙上半立著身子，這就夠吃力的了。他的話讓我想起一次到珀斯旅行時，這輩子唯一一次騎馬的經歷。我坐在馬背上一路顛著，節奏

＊ 本章的對話摘錄改為由原著作者選定幾位國際領袖，讓吳作棟以第一人稱方式，以原話分享與他們接觸合作的小故事，順序則是根據吳作棟接觸時間點先後而定。

完全與馬兒的奔騰不同步。最終下馬時，尾骨周邊一大片瘀青疼痛，好幾天都只能坐在醫療用的圓形護墊上！

蘇哈托

蘇哈托打從一開始就把我視為新加坡新領導人，而不是李光耀的門徒。大多數外國領導人在跟我第一次見面時總免不了要問起李光耀。蘇哈托卻是刻意避免這麼做。

一九九六年十二月在曼谷的一次會談中，印尼外交部長阿里阿拉塔斯希望我說明，我之前向蘇哈托提及馬哈迪倡議的「東亞經濟共策會」（East Asian Economic Caucus，簡稱EAEC，又稱「東亞經濟核心會議」）概念，是我自己要提的，還是受馬哈迪所託。[4]

蘇哈托向他的官員形容我是「他的朋友」，而他不喜歡看到我被人當成傳話筒。我請阿拉塔斯放心，告訴他馬哈迪並沒有要我傳話。我向他說明，自己之前同馬哈迪會晤時，對方就東亞經濟共策會的構想爭取我的支持。我願意支持這個構想，理由是我們有了亞太經合組織，也有了亞歐會議，但仍缺少一個論壇平台讓亞洲領袖相互見面。馬哈迪進而向我提到，他還不清楚印尼對東亞經濟共策會有些什麼想法。我因為接下來要同蘇哈托會面，所以自告奮勇地說，會向蘇哈托提起這事。馬哈迪也欣然接受了。

一名印尼官員隨即說，蘇哈托是爪哇人，不喜歡意料之外的事。如今回顧，我想我當年似乎是單憑直覺就明白了這個道理。我如果計劃在東協會議上提出任何重大的構想，必定會事先知會蘇哈托。蘇哈托曾說我是亞洲人作風，因為在公開提出任何重大倡議之前必定會先徵詢他的看法。這也是我們之間關係升溫的其中一個原因。

說起升溫，就讓我想起一九九三年西雅圖的亞太經合組織峰會。當時氣候非常寒冷。我做足了保暖功夫，隨身攜帶暖手包。我還多帶了一包，想要給蘇哈托。會議結束後走出戶外拍團體照之前，我看到蘇哈托與汶萊蘇丹站在一起，當時他的雙手插進了外套的口袋裡。

我走向蘇哈托，用馬來語和他對話，問他：「冷吧？」

「好冷！」

「我有這個。」邊說邊向他展示手中握著的暖包。

接著我掏出一個新的暖包遞了給他。我說，你把封口撕開，壓碎，就能發熱了。他很感激。

當時啊，汶萊蘇丹也正在看著。我說，真是抱歉，可是我只有這一個了。你還年輕，比較耐冷。我不認為自己會得罪他，因為我還讚他年輕咧！所以，他當然說：好，好，可以的，沒關係。隨後他和蘇哈托一起笑了起來。所以啊，當你真心待人，就會多了這些溫馨的小互動。我就是這麼與其他領袖建立起聯繫的。

霍華德（John Howard）

霍華德記起我們是在馬尼拉舉行的亞洲開發銀行會議上第一次會面的。我當時是代替財長以我們的中央銀行行長名義出席會議。

我們定期在共和聯邦政府首腦會議上見面。他總能在會議上提出不少清晰的見解，對經濟課題尤其在行。

二〇〇一年九月十一日，紐約恐怖襲擊發生後，新加坡也搗毀了地下組織回教祈禱團（Jemaah Islamiyah）密謀在新加坡發動的一場炸彈襲擊行動。我提醒霍華德要對澳洲可能存在的激進穆斯林細胞組織提高警惕。他當時不以為意。他解釋說，澳洲向來歡迎穆斯林移民，也善待他們，把他們當成國家的一份子。雖說如此，我仍然擔心有少部分穆斯林會被激進化。

直至二〇〇二年峇里島發生爆炸案，炸死了八十八個澳洲人，澳洲才開始認清恐怖主義威脅性質的轉向。此後，澳洲加強了自身安全網，也摧毀了好幾場恐襲行動。更重要的是，霍華德在政壇上擊退了鼓吹反移民反多元文化主義的漢森，維護了澳洲做為一個多元種族、多元文化的開放國家的特質。

梅傑（John Major）

我和梅傑於一九九〇年十一月二十八日同天宣誓就任國家總理與首相。他總愛開玩笑說他沒我撐得久。畢竟英國的領導交接必須歷經激烈競爭，也會面對許多無法預知的狀況；而新加坡奉行的是妥善規劃的政權移交，力求平穩過渡。

梅傑卸任後，其聲望不降反升。他推薦我擔任一家美國公司的國際諮詢團成員，他是諮詢團主席。他曾經勸過我別在商業機構的董事會出任主席，因為主席會有許多信託責任，而公司會不會賺錢也不一定有保障。這對於一位卸任總理的名聲來說風險太大了。我感激他的忠告。

不過坦白說，我還真會樂得回到企業界去。企業界充滿挑戰，不過也往往因為能夠更快看到成績，滿足感也更大。

梅傑也送過我他的自傳，還在書中簽名贈言。他跟我不同的是，他清楚知道自己人生的目標——成為財政大臣。他後來還更上一層樓，當上了英國首相。他是個真誠的朋友。我們至今還保持聯繫。

李鵬

我在一九九三年到北京訪問，入住釣魚台國賓館。李鵬邀請我打網球。他還邀請了當時的國務院副總理李嵐清一起來打球。我當時在想，網球外交，我倒是從沒聽說過。我還真沒聽說任何中國國家領導人曾經邀請其他外國領導人打社交網球的。我們打的是雙打賽。李鵬和夫人對壘我和我太太。然後李鵬夫婦不玩了，輪到李嵐清上陣，他的搭檔相信是中國一名職業網球手。李文獻則換下我太太，跟我搭檔。[5]

李鵬將自己裹在浴袍裡，在場外看我們打球。太陽下山後，天氣漸漸轉涼。我們打得很樂，一局過後還不過癮，再來了一局。現在回想起來，我們當時應該在李鵬說不玩了以後就停了。我也問他會不會覺得冷，他只說：「您繼續，您繼續。」回到新加坡幾天後，才從報上得知李鵬心臟病發進了醫院！有好一陣子沒在公開場合露面。會不會是因為我們的那場球，才讓他心臟病發？

二〇一九年我到深圳訪問，市委書記對我說：「有件事我一直想問您，想知道真實情況到底是什麼。是不是您造成了李鵬心臟病發？在中國，大家都說讓李鵬心臟病發的人就是吳作棟！」我笑了，我告訴他，正好相反，我可能才是那個救了李鵬的人！他聽我這麼說吃了一驚。我說，要不是我和他打網球，他可能還不會知道自己的心臟有問題。看吧，正因為那場球，讓他感到胸口疼痛，才去做檢查，也才會得救。要不然，這種事情不知何時會突然發生，那他可能就這麼走了。所以啊，從另一個角度說，我其實是救了他一命。（大笑）

無論如何，我和李鵬雙雙卸下總理職務後，有一回我到杭州去，也順道去拜會他。他邀請我和我的代表團外出用午飯。我們分乘兩隻小舟遊西湖。我那隻小舟上沒有記者或官員隨行。就他和夫人、我和太太。舟上還有另一人陪同，就是浙江省委書記。我禮貌上也跟這位省委書記寒暄了幾句。他的話不多。這位省委書記就是習近平。[6]這一回，我倒是錯過了一期一會。（大笑）

莫迪

我們的關係還挺密切的；因為早在他擔任古吉拉特邦首席部長時，我就曾經到當地拜會過他。當時古吉拉特邦爆發了一系列印度教徒與穆斯林之間的暴力衝突，首席部長莫迪因為被認為處事不力而受到國際社會孤立。[7]新加坡內閣一名部長勸我別去，但是另一名熟悉印度的朋友則說古吉拉特邦管理得很好，說新加坡如果想在印度投資，就應該去那邊看看。外交部也支持這個看法。莫迪對我的來訪很是感激。

莫迪後來到我的辦公室找我。他告訴我自己有計劃要發展古吉拉特邦。我促他向日本招商引資。我向他解釋，說新加坡雖然感興趣，但我們的投資規模還不足以對他這一邦發揮重大效益；而日本當時正急於尋找中國以外的其他投資地點。之後，他果然到日本去走了一趟，爭取到了對方的信心，向古吉拉特邦做出投資。

我到新德里訪問時，在那邊訂製了一件印度外套，大家都稱之為「尼赫魯外套」。後來當莫迪到新加坡訪問與我會晤時，我穿上了這件外套。他之後還給我送上了四套由他的裁縫師特別縫製的外套，這些外套全別上了「莫迪外套」標籤。我很喜歡這些無袖高領外衣，穿著十分舒適方便，不必打領帶也顯得端莊帥氣——至少我覺得穿在身材高大的人身上的確如此。

我至今還會時不時穿上莫迪外套，以替代西裝領帶。印度駐新加坡大使館想必是好幾次見到我穿著這些外套了，因為在二〇二〇年，莫迪又派人給我送來了四套「莫迪外套」！

小布希

我在二〇〇一年六月十一日到白宮拜會小布希之前，問過幾個認識他的人對小布希的印象，當中包括曾在小布希的父親老布希還是總統期間擔任國家安全顧問的斯考克羅夫特（Breht Scowcroft）。[8]我要確保與他的會面一切順利。大家都說小布希是個有話直說的人，坦率直接。他會在幾分鐘內判斷你是不是一個值得打交道的人。約旦國王阿卜杜拉二世形容，小布希「就像個牛仔」，他要是喜歡你，就會「護著你」。不喜歡的話，就會「攻擊你」。我後來發現這些評估都很準確。我們在白宮橢圓形總統辦公室的會面結束後，他對我說：「你是個好人。」

二〇〇三年五月六日，我們又見面了。我當時到白宮去簽署美星自由貿易協定。外交部官員向我報告，小布希脫稿即興發揮，熱情親切且不無讚賞地形容我為「一個能和我聊得開的人，總能給我一些好的建議，我會很自豪地稱他為『朋友』。」

小布希在二〇〇九年卸任後再訪新加坡。我把他帶到聖淘沙打高爾夫球。他開出了一記又直又遠的好球，一記只有直來直往的人才開得出的直線球。

吳作棟的敏銳直覺與待人接物的本能，讓他成為這個國家再理想不過的首席外交官。在與其他國家領袖接觸的過程中，或遠或近，他總能讓對方舒服自在、如沐春風，自然而然地建立起聯繫，這種天賦是無人能及的。一次到歐洲訪問，德國總理科爾告訴吳作棟說自己很欣賞他。吳作棟當時問許通美，這算不算常有的事。許通美在二〇〇四年向吳作棟致敬的文章中提到這段往事，他當時的回應是：「極不尋常。」吳作棟以獨樹一幟的個性和作風，超脫於李光耀那種令人肅然起敬卻也望而生畏的政治家氣魄，為自己和新加坡在世界舞台上樹立了全新風範。

許通美撰文指出，吳作棟的情商，讓他得以在新加坡國內以自己獨特的作風贏得民心；而走出國門站上世界最高舞台，這種平易近人的待人處事風格，對整個國家來說亦證明是一種極其寶貴的天賦。他寫道：「出於同一套因素，吳總理在國際間也與在國門內一樣取得了成功。他睿智博學卻不會妄自尊大、頤指氣使，精明幹練卻不偏激獨斷，真誠待人卻不天真無知。他是個有創見的思想家，奇思妙想有如泉湧。他熱情溫煦，平易近人，這種特質為他贏得了不少朋友。吳作棟先生的外交政策與成就，為我們留下了豐富的外交資產。」

而當事人吳作棟則視此為一國領導人理應擔當的使命。他一語道盡自己內心的召喚：「我最喜歡的口號是：讓新加坡繼續往前走。而要推動新加坡繼續往前走，就非得活用戰略與創意思維，建立起全球格局與視野。所有的這一切，對我來說，早已內化。」

吳作棟對第十四章的反思與感想，請見〈省思〉「展露下巴以上的氣魄」，第三八七頁。

Prime Minister

part 4

翻越高山

我盡力了。我很滿足。
我站得高、立得正，傲然無憾。

第十五章　又是個「一」尾年頭

他們說，到了二〇〇〇派對就結束了，噢，沒時間了。
所以今晚我要狂歡到底，恍若還身處一九九九。

——王子，〈一九九九〉歌詞

千禧年對吳作棟來說是個好開頭。這位總讓人嘲諷為「暖席人」的總理一路行進到了世紀末里程碑，意義非比尋常。坐正第一把交椅十年了，似乎仍不足以平息那些最為頑固的質疑聲浪，偏執的質疑者依然認定他的政治命運必不長久。可是數字不會說謊，清清楚楚昭示著吳作棟掌管新加坡已有整整十年之久。如果他本該只做暖席人，那到了二〇〇〇年，這張席子想必已熱得過頭，燙得滋滋作響了。

千年蟲的隱憂，最終證實只不過是杞人憂天而已。電腦系統自有能力識別一九〇〇年與二〇〇〇年。無論在網路上或現實世界裡，種種世界末日預言大多是憑空想像、誇張托大。這場千禧年的狂歡派對離結束還早著，對新加坡而言尤其如此。而吳作棟期待已久的願景——讓新加坡達到瑞士的生活水平——終於在二〇〇〇年實現了。他早在一九八四年就許下承諾，要讓新加坡的人均收入在二十世紀末達到瑞士在一九八四年的水平，也就是三萬一千九百七十新幣。結果不巧碰上一場亞洲金融風暴，讓這個目標沒法如期在一九九九年達成，但是新加坡終究在一年後的二〇〇〇年衝破了這個大關。這一年的經濟表現也取得異常亮眼的九．九％增長率，明確反映了新加坡已從金融危機中強力復甦。

新加坡的經濟發展空間隨著吳作棟倡議的「第二對翅膀」戰略而大幅度拓展，一舉躍升為二〇〇二年度世界第二大最具競爭力的經濟體，僅次於美國。總貿易額也從一九九〇年的二千零五十億新幣翻倍上漲到二〇〇〇年的四千七百億新幣。這些成就為人民帶來了更高收入，那一年的家庭平均月入也從三千一百新幣增至四千九百新幣，上升了四．九個百分點。

人們收入提高，某種程度上也是吳作棟在一九九〇年代提倡與民共享財富的成果。在這個理念下開展的舉措，首推國營機構新加坡電信公司（新電信）私營化後全民配股的罕見全國性運動。一九九三年，政府鼓勵全民以折扣價購買星電信股份，逾一百四十萬人參與了購股計畫。當中許多人還是第一次擁股。當時四十歲的碼頭督工再納阿茲曼說：「當時人人都在說這件事。星電信可是當時國內數一數二的大公司啊，我對自己、對老婆說，能擁有星電信的一點股份，為什麼不要呢？就試一試吧！也不是說你會在一夜間變得富有，但是擁有股份，就等於擁有了更多。就像擁有車子或房子一樣，感覺就是不一樣，很新鮮。吳總理鼓勵我們買。所以啊，人人都趕上了這股熱潮。」

對吳作棟而言，人民富裕、國家殷實，才是讓他滿足稱心的泉源。他在上任之初制定的治國綱領《新的起點》，向全民承諾要有更多的好年頭，如今已然實現。他自豪地說：「我們履行了承諾。」可是正如他自身和人民行動黨那一貫的作風，完成了一個目標、跨越了一個里程碑、或者實現了一個承諾，就只是在任務清單上對已完成項目打個勾而已。過了，就下一個！吳作棟不認為主政十年有什麼值得慶祝的理由或必要。「我倒是沒辦什麼慶祝會，或是以任何特別的方式來作紀念。」他說著，又就事論事地補充了一點：「為了接受這次採訪，我重翻了文件，才發現其實我們也曾出版過一本手冊。」那是一本六十六頁的A5手冊，藍色封面上題字：《新加坡這十年》。好了，任務完成，下一步。

這個國家很清楚自身有著與生俱來且揮之不去的脆弱性，自會極力淡化情緒、避免濫情。當汶萊終於同柯林頓就自由貿易協定談判取得重大突破，吳作棟看似就要為二〇〇〇年完美收官，然而片片烏雲卻已在熱帶島國新加坡的上空盤踞。在美國發酵的互聯網泡沫所帶來的負面效應開始顯現。二〇〇一年首個季度的經濟增長率創下兩年來最低水平，而第二季和第三季更是陷入經濟負增長態勢。同年年中，計有八千名員工被裁，估計到了年底還會增至二萬人。原已前景黯淡的那一年，在九月十一日紐約遭遇恐怖襲擊之後瞬間墜入無底深淵。新加坡貿工部形容，這一年下來的形勢急轉直下，年初年末仿似「兩個截然不同的年頭」。好景難常。

全球局勢、全國上下一片愁雲慘霧，吳作棟還得決定是否該在此時啟動其任內最後一屆全國大選。那屆大選的最後期限其實是二〇〇二年八月；倘若吳作棟或者他的同僚當時願意沉思片刻，去回顧歷來吳作棟的選舉紀錄，他們就應該知道二〇〇一年不是個適合舉行大選的年頭；因為舉凡碰到數字「一」收尾的年份，吳作棟的選舉戰績總是一塌糊塗。他從政以來第一次在選戰中受挫，就是一九八一年那場劃時代的安順區補選；那場由吳作棟統籌的補選，是自新加坡獨立建國以來人民行動黨首次輸掉國會議席。一九九一年，他以總理身分宣布閃電大選，原本以為形勢一片大好卻不如所願，最終丟失四個議席，再創新加坡政治史上在野勢力最鼎盛的新紀錄。再把時間推進到二〇一一年全國大選，吳作棟以國務資政身分領軍捍衛馬林百列集選區，結果也差強人意，得票率下墜至令人震驚的歷史新低，只得五六．六五％。也許「一」尾年頭的魔咒純屬巧合，但政壇前輩會告誡你，別想拿命運開玩笑。

可是他偏要「玩命」。二〇〇一年，就在他滿六十歲的這一年，以數字「一」收尾的這個年份竟然出現了一反常態的選舉情勢。這屆大選最終反倒成了吳作棟政治生涯裡的巔峰標竿，還不光是其選舉結果，更包括了他的選舉戰略、選情掌控，以及政治敏銳度。他任內歷經三屆大選，如果說一九九一年顯露出這名政壇新手的青澀稚嫩，一九九七年象徵著這位政治領導人的成熟蛻變，則二〇〇一年展現的就是這位領導人登峰造極的政治智慧與靈魂。哪怕當時的情勢環境再低迷再黯淡，他心裡就是認定此時正是舉行大選的最好時機。他說：「我只知道是時候宣布大選了。我們克服了亞洲金融危機，人們對強大有能力的領導班子心存感激。更何況，紐約雙子塔在九月十一日遭到恐怖襲擊之後，整個經濟發展慢了下來，人們都很擔心失去工作。眼前的路會很難走，我們需要人民給予一份強有力的委託。」

他的直覺果然無懈可擊，在整個選戰過程中他幾乎沒有任何閃失。他以人民行動黨黨魁身分為整個國家勾勒出一幅全景——將全民就業與國家安全設為最優先與最核心議程。同時，也不忘為各個選區制定戰略細則，提出要求、掌控選情，成功爭取到了他所想要的結果。而在展開全盤布局之餘，行動黨還推出了最亮眼的一批新候選人，確保了領導層更新這一終極目標，在本屆大選攀上又一新高。如今回頭看，吳作棟當年政治觸覺之精準，確實讓人驚豔。

他知道自己能做到。「到了二〇〇一年，我知道自己已然贏得民心。」直白點說，他的確深受人民愛戴。政治觀察家許林珠和黃玉玲在選後的一份研究報告中指出：「雖然吳作棟聲明本屆大選是他最後一次率領人民行動黨出征，但是整場選戰仍是以他為核心，而並非他的接班人。選舉結果很大程度上得歸功於他個人的受歡迎程度；而且這場選舉很可能是他任內的最後一役，選民想要表達自己對這位領導人的支持。」任內的最後幾年，吳作棟亦絕非一隻「跛腳鴨」[1]，尤其還率領人民行動黨一舉囊括全國七五．三％支持票、在千禧年代重現人民行動黨舊世紀七十年代的輝煌，更讓他的聲望如日中天。

他透露，關鍵在於做好萬全準備。二〇〇一年七月，在經濟衰退情況看似愈發嚴重之際，政府即在預算案以外另撥二十二億新幣做為經濟振興配套。九一一恐襲發生才滿一個月，又在預算案以外推出第二項援助配套，總值一百一十三億新幣，還包括了稅務回扣和削減稅率等。這些措施的出發點是為緩和經濟衰退的衝擊，本意並不在於為爭取選票而派發紅包，但這些做法總不至於讓人民行動黨的選情有所損失。

第二個援助配套公布六天後，吳作棟隨即在二〇〇一年十月十八日宣布解散國會，全國大選日定於十一月三日。他把競選期定在憲法規定的最短九天。在野黨申訴選舉不公，可是吳作棟辯稱縮短競選期是有必要的，理由是政府需要盡快爭取到人民決定性的委託，來克服眼前的經濟與安全挑戰。他完全掌握了選舉時機。「一切都像是安排好的，之前發生的事都像是在為提前舉行大選鋪路。」他如此說道。「判斷全國大選時機，是政治學最重要的其中一門學問。」

時機之所以完美，還因為當時正處於在野黨陣營自安順區補選以來最弱的時期。領導工人黨多年的惹耶勒南在同年較早前宣布退黨，黨魁位置遂由黨內唯一的國會議員劉程強補上。另一位在野黨國會議員詹時中則帶頭組建四黨聯盟陣線，稱為「新加坡民主聯盟」（簡稱：民盟），這還是新加坡在野黨歷來第一次結盟。可是組建民盟的都屬小政黨，對行動黨來說不足為患。吳作棟說：「我們根本不覺得它能構成威脅。詹時中的聲勢也已大不如前。他把民主黨輸了給徐順全，也輸掉了自己的信譽。他連自己的政黨都保不住。」當然，民主黨在徐順全的領導下也不見得有更好的表現。民主黨在上屆大選一敗塗地，徐順全本身尤遭重挫；自此之後，這個政黨也只能難堪地蹣跚前行。

而人民行動黨的氣勢則與之形成了強烈對比。他們推出了一批非常亮眼的新候選人，其中一組還讓媒體冠以「七虎將」封號——與一九七〇年代末吳作棟所屬的「政壇七俠」有異曲同工之妙。二〇〇一年這七位政壇新星計有：高級公務員尚達曼、許文遠，醫生黃永宏、維文、巴拉吉，企業界代表林雙吉、符致鏡。七人當中有五位最終當上了內閣部長，成為新加坡第三代領導班子的骨幹成員。

行動黨與在野黨的實力究竟有多懸殊，在提名日當天就展露無遺了。執政黨擺出的陣勢是一眾亮眼閃耀的新秀，而在野黨在八十四個議席中卻只派得出二十九個有效候選人。結果也和前兩屆大選一樣，行動黨在競選開跑之前就已確定保住執政權組織政府。但吳作棟並未因此而自滿。他沒忘卻一九九一年的慘痛教訓，意識到新加坡選民一旦確認行動黨繼續執政後有可能會輕率對待手中的一票；於是他選擇乘勝追擊，誓要爭取強大的委託。然而，他要的還不只是高得票率而已。這位總理在選戰宏觀敘事之下，還有三個小目標，或者說，主戰線之下的戰略支線：

（一）力阻徐順全進入國會。新加坡選舉制度允許得票率最高的落選在野黨議員以「非選區議員」身分進入國會，而吳作棟要堅決把徐順全擋在國會大門之外，哪怕只是出任非選區議員的一線機會也要徹底排除。

（二）拉低兩位原任在野黨議員詹時中與劉程強在波東巴西與後港的支持票。

（三）藉著拉抬新加坡民主聯盟後起之秀謝鏡豐的競選聲勢，以打壓工人黨新領導層要員傅日源。他的盤算是推高謝鏡豐的得票率，提高他搶占國會非選區議員有限席次的機率。[2]

問：我記得您在那屆大選中給予謝鏡豐正面評價。目的是為了阻止傅日源進入國會？

答：是的。在工人黨和新加坡民主聯盟之間，我們寧可民盟候選人進入國會。萬一傅日源當上非選區議員，他就有機會在北部的義順扎根，而這個選區很靠近劉程強的後港大本營。這兩個單選區會往周邊的行動黨選區擴大影響力，而傅日源搞不好在下一屆選舉中就有辦法拿下這一席了。所以，在傅日源與謝鏡豐之間，謝鏡豐對行動黨來說會是個更好的人選。[3]

問：您難道不認為讚揚一個對手是件很危險的事嗎？

答：也是。不過這招奏效了。

問：萬一弄巧反拙，選民太喜歡謝鏡豐了，決定把他的行動黨對手踢出局呢？

答：這種情況也可能發生，總會有一定的風險。但我就是想這麼博一把。

問：您當年就已經預見到工人黨在未來會構成更大的威脅嗎？[4]

答：我感覺工人黨在繼續壯大。他們開始吸引到更多有潛質的候選人，也在積極擴大基層影響力。所以，他們一旦在新加坡的任何一角扎根，就有辦法將影響力擴大到周邊選區。

問：結果您成功了。可是內地裡，您的行動黨候選人對於黨領導口口聲聲讚揚自己的對手有何反應？

答：我們行動黨在蔡厝港的候選人是劉紹濟。他當然不高興了，還以為我們有什麼不可告人的動機。我說的確如此！我向他說明這個祕密動機就是讓謝鏡豐高票落選，以非選區議員身分進入國會。我認定劉紹濟不會面對真正的威脅，他這一席不會有危險。我這麼對他說了。換句話說，謝鏡豐要贏的機會微乎其微，就只是讓他多贏些選票而已。劉紹濟不完全信服。幸虧沒出現什麼差池，不然紹濟這輩子都不會原諒我！

問：這些年來，後港和波東巴西也出現了同樣情況，您正面評價這兩個選區的在野黨議員，也同樣惹得您的行動黨候選人不高興。

答：是的，他們不高興是很自然的。不過我們要看的是全局。有些時候，你對反對黨候選人表示認可，是因為你知道選情傾向反對黨。所以，與其讓水勢湧向其他地方，面臨失去更多議席的風險，倒不如只在這些原來的選區失去一兩個議席。

問：所以人民行動黨其實並不介意丟失幾個議席？

答：這麼說吧，其實到了那個時候，我們的思維也不得不改變了。人們想在國會裡有更多反對黨議員，你就非得接受你會失去幾個席次不可。不過當然，在競選的時候，候選人還是很清楚的：他們必須拿下每一個議席。

不過當然，萬一輸了幾個議席，而我們也說不準可能會輸掉哪個議席，那我們只得接受。再也不可能像早期那樣了，我們即便是整體得票率不錯，也會因為丟失一兩席而極度失望。

問：這也是為什麼你們最後都會把有選舉經驗的候選人調離後港和波東巴西？

答：這些候選人都盡了全力，結果還是輸了。可是他們好些都是優秀人才，有能力在國會中為民服務。如果我們認為他們來屆也很難扳倒原任反對黨議員，那再讓他們留在原地競選是毫無意義的。從某個角度說，他們經歷了後港和波東巴西的浴血奮戰，從中吸取了很多寶貴的政治經驗，怎麼說也對他們有好處。

問：所以，就是說不準備贏回在野黨選區了？

答：不是的。我們的戰略是派出擅長做基層工作的人主攻這些選區。以後港為例子，我們派出了劉錫明，因為他這個人更貼近草根基層，性情也正是容易跟居民打成一片的那種。[5]他很清楚要贏回議席極不容易，但還是願意代表行動黨披掛出征。所以我們想，「好吧，就去挫挫反對黨的銳氣。」就派劉錫明那樣的人出征。他是我們的忠誠戰士，是真正的行動黨忠貞份子，為行動黨照料後港居民好多年了。

問：您在二〇〇一年的其中一個目標是拉低詹時中與劉程強的支持票。為什麼只是拉低

他們的支持票，而不是想要擊敗他們？

答：要想窮盡一切辦法擊敗他們，未必是明智之舉。人們還是想看到國會中有一兩個反對黨議員。我預料到詹時中和劉程強會再度當選，但我也在想方設法降低他們的支持票，讓他們感受到一些壓力。

問：可是您也無法準確掌握選情傾向不是嗎？拉低他們的支持票，也可能會最終擊敗他們。在那屆選舉中，詹時中不就差點被您踢出了國會？才險勝幾百張選票而已。

答：我說啊，如果我們贏了，候選人會興奮得手舞足蹈，不過我就會比較克制。反對黨這一次輸了，下一屆大選肯定會更加強勢地捲土重來，因為新加坡人民還是希望看到國會裡有反對聲音。

那次大選中，吳作棟定下的四大目標全實現了。全民高達七五．三％支持率的強大委託，是人民行動黨自新加坡獨立以來第二高的得票率。執政黨大勝，僅丟失兩個議席，而在這兩個議席，當選在野黨議員得票率都下滑了，全然符合吳作棟的預期。詹時中得票率下降到五二．四％，減少了近三個百分點，只以區區七百五十一張多數票險勝行動黨競選新兵司徒宇斌。劉程強的支持率也降低了三個百分點，只得五五%。

吳作棟拉抬謝鏡豐聲勢的戰略也奏效了，讓新加坡民主聯盟的這位年輕新秀成了表現最好的在野黨落選候選人，得票率還在傅日源之上。不過最讓吳作棟心滿意足的是，選民以壓倒性選票，拒絕了徐順全。這位民主黨黨魁在裕廊集選區參選，得票率卻只有二〇．三%。競選拉票活動期間，徐順全曾與吳作棟狹路相逢，公開向吳作棟叫囂質問。吳作棟回憶起當時的場面說：「我想人們都很清楚我是個有風度的領袖，大家不會願意看到一位有風度的領導人被流氓騷擾。」選舉結果證實了吳作棟猜得沒錯。四大目標全部命中，成績達到歷史新高。根據人民行動黨的選後檢討會議紀錄顯示，行動黨中委都同意，「是一連串事件的不謀而合，造就了本屆大選的特出結果，相信在未來不太可能重演。」

吳作棟知道自己登頂了。「當晚開票結果出來後，我心裡欣慰得很。我知道自己可以在下一屆大選來臨以前定下日期交棒給李顯龍了。」然而，讓他始料未及的是，他的任務尚未完成。吳作棟主政年代歷經的九曲十八彎原來還未走到盡頭，眼前又將是一個急轉彎，就在大選一個月後發生。都說了，這終究是個以「一」收尾的年頭。

吳作棟對第十五章的反思與感想，請見〈省思〉「基業長存」，第三九〇頁。

第十六章 團結一心，和諧共處

在吳作棟主政的那段歲月，比起以往，馬來社群從未感覺與國家如此貼近，如此地受到諒解和接受。

——研究員揚拉沙利卡欣，《新加坡吳作棟主政時代印象篇》1

二〇〇一年十一月十二日當晚，就在美國對阿富汗發動空襲一個多月後，美軍戰士有預感即將取得重大突破。美國情報機構將目標鎖定在阿富汗首都喀布爾範圍內、蓋達組織（Al Qaeda）最高軍事戰略家阿特夫（Muhammad Atef）的住處。這位原籍埃及的蓋達要員，是美國九一一恐怖襲擊的主謀之一，也是蓋達頭目賓拉登（Osama bin Laden）的副手。美國一度為拿下阿特夫首級懸賞五百萬美元；而今，在世貿中心慘禍發生近兩個月後，總算是有機會看到回報了。

據事後報導揭露，美國海軍航空母艦出動了一架F／A－18大黃蜂戰鬥攻擊機，機上裝載著五百磅重的GBU-12鐳射導引炸彈，這相信是當時型號最小的同類炸彈。轟炸行動必須絕對精準，不光是為了徹底毀滅敵人，也要避免因為轟炸而對周邊住宅區造成破壞和平民傷亡。美軍對準阿特夫住處一連發射了好幾枚GBU-12炸彈，不久後即確認命中目標。阿特夫成了在阿富汗戰爭中被擊斃的首名蓋達高層首領。可是一切並沒有就此了結。這場轟炸行動所引發的震盪顯然不僅止於高山綿延的阿富汗境內。

阿特夫住處被炸毀後，美軍在廢墟中展開了地毯式搜尋，以期找到更多與蓋達相關的蛛絲馬跡。他們起獲了各種影片，包括九一一恐襲事件主謀之一希布赫（Ramzi bin al-Shibh）的一段殉難影片。這對美軍來說是個重大收穫。但是在起獲的影片中，還有一段影片讓美軍看得一頭霧水。模糊不清的畫面中，顯示的是某個地鐵站前方來來往往的巴士車；旁白說的是英語，口音既非歐洲人，也不像是中東人。

美國情報機構花了好幾週時間，才查出這段影片中的拍攝實景是新加坡，詳述一個東南亞恐怖組織要在新加坡發動攻擊的行動計畫，目標是旅居新加坡的美國公民。旁白是由一個名叫哈欣阿巴斯的新加坡人所錄製，此人正是「回教祈禱團」[2]成員。

同年十二月十四日，在阿特夫被炸死一個多月後，美方就影片一事通報新加坡情報機關——內部安全局（簡稱「內安局」）。又過了兩週，內安局才收到影片副本以及一些彙報信息。此時此刻終於能確定，在新加坡策謀發動襲擊的不只是回祈團的單獨行動，背後還有蓋達組織的聯繫與支持。

所幸，早在阿特夫住處發現的影片傳來之前，新加坡政府就已覺察到國內有些異動了。九一一恐襲發生後不久，有個新加坡人向內安局告密，透露說有一個名叫阿斯蘭（Mohammad Aslam Yar Ali Khan）的巴基斯坦裔新加坡人自稱認識賓拉登，還曾參與阿富汗對抗蘇聯的戰爭。內安局開始暗中監視阿斯蘭和他的同黨。二〇〇一年十月四日，阿斯蘭突然搭乘班機離開新加坡飛往巴基斯坦。到了十月中旬，內安局發現阿斯蘭的友人莫哈末益利亞斯與幾名外國人頻密接觸，想方設法進購製造炸彈所需的硝酸銨。[3]

二〇〇一年十二月三日，媒體上爆出阿斯蘭已在阿富汗落網的消息。根據內政部在二〇〇三年向國會提呈的白皮書指出，內安局當時唯恐阿斯蘭被捕的消息會驚動他在新加坡的同伙，迫使他們轉入地下活動或逃到國外，因而決定加速採取行動。當局於是在二〇〇一年十二月九日啟動逮捕行動，前後總共逮捕了二十三人；當中十三人最終確認為回祈團活躍份子或回祈團細胞組織的支持者。這伙人的主要攻擊目標是美國公民和他們經常出入的官方或私人機構設施，包括三巴旺碼頭、美國大使館、美國人俱樂部，以及義順地鐵站一帶。[4]

這些襲擊計畫野心勃勃且邪惡歹毒。恐怖份子要出動六部裝滿炸彈的卡車，在同一時間內對新加坡的六個不同地點進行攻擊，意圖製造最大破壞。這個組織在落網時其實已經備足四噸硝酸銨，這些硝酸銨據說先是藏儲在馬來西亞麻坡，之後再海運到印尼熱門觀光景點巴淡島，從新加坡乘搭渡輪前往只需一小時。

恐怖份子也企圖在新加坡和馬來西亞之間挑起事端，激化「回教馬來西亞」與「華族新加坡」之間的相互猜忌懷疑，甚至敵意仇恨，並在兩地引爆種族衝突，意圖製造危機進而發動革命推翻政府。[5]回祈團的終極目標是要在東南亞建立起一個伊斯蘭教國家*，涵蓋印尼、馬來西亞、新加坡、汶萊和菲律賓南部棉蘭老島區域。二〇〇二年一月，政府將回祈團的陰謀和對這個組織的逮捕行動通過媒體公諸於世。

這場陰謀讓吳作棟大感震驚。如此膽大妄為的計畫竟然在大選才剛落幕一個月後在新政府治下發生，幾乎不讓他有任何喘息的機會。治國之道往往告誡我們切勿停下腳步，因為「滿招損」——自滿很可能招來致命損害。無論是吳作棟及他的政府，或者新加坡周邊鄰國，誰也沒料到這股日益滋長的暴力伊斯蘭教極端主義會那麼快就滲透到東南亞。他在二〇〇三年接受英國廣播公司專訪時說：「我們從來沒料到恐怖份子會來得這麼快，也從沒想過東南亞回教徒也會變成激進的聖戰份子，甚至成為自殺式炸彈襲擊者。」

對吳作棟來說，回祈團的襲擊陰謀形同雪上加霜。其實過去三年來，他的政府與國內馬來回教社群之間幾經磨難、挑戰重重，每一番折騰都可能進一步削弱甚至打破這個國家的種族和諧。而今再迎來回教徒極端份子密謀發動恐怖襲擊，這的確是吳作棟避之唯恐不及的一次驚天霹靂。

然而，他卻把握住了機會，讓危機轉出化學效應，與馬來回教社群建立起了聯繫。這是在他一九九〇年當上總理時沒人預想得到的事。研究員揚拉沙利卡欣（Yang Razali Kassim）在《新加坡吳作棟主政時代印象篇》（以下簡稱《印象篇》）一書中寫道，馬來社群對於吳作棟是「讚賞多過質疑」，「吳作棟與這個族群成功建立起深刻且牢固的情感聯繫。」二〇〇一年一月，六百名馬來社群領袖和活躍份子辦了場活動，歡慶吳作棟執政十年。主辦方為吳作棟獻上一幅充滿象徵意義的畫作。畫中的吳作棟神情自若，身穿一件帝黃色的峇迪上衣，受到一眾笑逐顏開的馬來同胞擁簇在前。畫作以馬來語命題：「Sejahtera Bersama」，意思是：「團結一心，和諧共處」。

只不過，在一兩年前的千年之交，則是截然不同的另一番景象，那時吳作棟政府和馬來社群之間的關係看似前所未有的疏離。

在新加坡，馬來人受認可為原住民，也因此在憲法下享有某些特權。可是新加坡人口以華人為大多數，馬來人約只占一五%，幾乎全是回教徒，屬於新加坡的少數種族。然則另一方面，新加坡周邊鄰國——馬來西亞、印尼、汶萊——卻都以回教徒人口居多，這

* Islam在漢語譯法中通常譯為「伊斯蘭教」，Muslim 則為「穆斯林」，但在東南亞——尤其新加坡和馬來西亞，一般慣用「回教」、「回教徒」。本書若牽涉東南亞語境或與星馬相關內容，會以「回教」與「回教徒」來如實表達，若干國際語境中，則譯為「伊斯蘭教」、「穆斯林」。

些國家無論是民族特性或文化淵源都有著緊密聯繫。也正因為如此，倡導建立一個大馬來王國的民族統一主義論調總會不時冒起，而這個野心從回祈團的鬥爭亦可見一斑。

此番地緣背景，使得新加坡的馬來回教社群與政府之間的關係變得尷尬，甚至緊張。吳作棟執政期間接二連三爆發的議題和事件，愈發使得這重關係變得棘手。這一連串事件始於一九九九年八月吳作棟的國慶群眾大會演說，他當時提到新加坡回教學校的輟學率偏高。新加坡在那個階段約有四千名學生捨棄主流學校而選擇報讀全日制回教學校，可是每年卻平均有六五%學生沒念完中四就輟學，也就意味著他們未能像主流教育之下的學生那樣完成十年基礎教育。吳作棟對此表示憂慮，並提出警惕：「我今晚想問大家這個問題：面對當今這個由知識驅動的新世界，你們的子女是否做好準備抓住時代機遇？」

他在不久後宣布，新加坡將推行強制教育制度。此舉讓馬來回教社群暗自心驚，唯恐這是吳作棟要關閉宗教學校的前兆。「馬來社群的焦慮情緒開始升溫。」他為本書受訪時如此承認。「萬一處理不當，這個課題就會在我眼前爆發。整個社群就會被邊緣化。」

這起風波尚未平息，另一起爭議又一觸即發。關於回教學校的這場辯論，讓馬來社群對行動黨馬來回教議員的不滿情緒浮上檯面。其中，一支名為「回教專業人士協會」（Association of Muslim Professionals，簡稱「回專會」）的公民社團，在二〇〇〇年大力倡議組建一支獨立且不屬於任何政黨的馬來回教社群「集體領導層」。雖然協會自稱集體領導層將扮演輔助角色而非取而代之，此舉卻看似在公然挑釁人民行動黨政府。[6]「這看上去就像是對行動黨馬來回教議員的一次直接挑戰。」政治分析家許林珠和黃玉玲於二〇〇二年聯名發表文章〈新加坡：家園？家國？〉，如此寫道。

除此之外，九一一慘禍發生一個月後，新加坡另一支公民組織「法迪哈」就帶頭鼓吹允許回教師生在正規學校裡穿戴頭巾[7]等等。這個課題在新加坡算是老課題了，回教社群多年來總會不時發聲，呼籲政府允許回教徒在學校裡戴頭巾。可是吳作棟政府的立場始終不鬆動，嚴拒妥協，理由是主流學校理應盡可能保留世俗的共同空間。可是法迪哈卻偏偏選在二〇〇一年十月發動連署，蒐集到三千三百人簽名；連署書提呈到總理公署時，正好是全國大選投票日十一天前。這個時機點讓吳作棟陷入極度兩難處境。吳作棟說：「才剛發生了九一一雙子塔襲擊事件，又這麼接近大選，使這事變得高度敏感又格外棘手。」

二〇〇二年一月新學年開始，當四名剛入讀正規小學一年級的馬來女童無視校規戴著頭巾上學；法迪哈發起的這場「頭巾風波」遂出現了戲劇性轉折。在家長拒絕遵照校方指示為孩子摘下頭巾後，校方毅然下令學生停學。即便回教領袖集體出面，呼籲家長以孩子的教育為重、把宗教服飾暫擱一邊，但其中三名家長仍堅持拒絕。[8]此番僵持不下的局面，用來形容之前這兩年半裡吳作棟政府與馬來回教社群之間的棘手關係，似乎是再貼切不過了。

然而，這位總理自有一套辦法，他以巧妙的做法去化解紛爭、緩和對立、消弭壓力，在馬來回教社群內外都為自己贏得了好評。這就是將所謂的「吳氏零售政治」發揮到極致，即堅守著鋼鐵般的意志風骨，去與人傾注大量心血、去與人進行大量遊說。他開始向大大小小的馬來社群組織發表一場接一場的巡迴演說，也在檯面下低調邀請馬來社群領袖到總統府進行小組餐敘，聆聽他們的心聲，了解他們的關注點，也跟大家分享自己的想法。例如，在宗教學校課題上，他一再反覆地保證，政府無意關閉宗教學校。「我向他們解釋，我最關注的是回教學校的學生能不能找到工作，還有整個馬來社群的福祉。他們對我的出發點和所做出的保證也都沒有懷疑。」

就這樣，他靠著馬來社群之間的口耳相傳，使得這一場場的演說和對話取得了乘數效應。在回祈團逮捕行動與頭巾事件上，他都是採取同一套方法。觀察家說，這個方法奏效了。揚拉沙利卡欣在《印象篇》一書中讚揚吳作棟展現出了「海納百川的領袖魄力」：「能與馬來社群領袖展開閉門對話會，由總理吳作棟和其他內閣成員親自解釋政府對於種種社會安全問題的處理方式，這確實發揮了顯著作用。」

吳作棟不光是說，他也很願意聆聽，更容許社群發洩自身的不滿。他說：「他們幫助我了解到回教教育對於這個社群有多重要，以及回教學校所扮演的角色。我們共同探討要如何在世俗教育與他們對宗教教育的需求之間尋求平衡。」政治觀察家莉莉拉欣分析，這讓吳作棟能夠與馬來社群建立起較為健康的關係，而這也是吳作棟有別於前任李光耀的一點。她在《印象篇》一書中撰文寫道：「吳作棟與李光耀不一樣，外界還從沒見過他對馬來人所謂的先天缺陷懷有任何觀感或進行任何公開討論。不必多說，就這一點，馬來社群有許多人是心懷感激的。」[9]

回祈團危機發生時，就正好印證了這一點。吳作棟當時強調：「我們要傳達的關鍵信息是，政府並不認為回祈團足以代表回教。相反地，政府將回祈團成員視為誤入歧途的個別例子。政府在言行上對我們的回教徒同胞展現了絕對的信任與信心。」

不過，倘若形勢需要他擺出更強硬的姿態，他也絕不迴避，也會義正言辭地嚴厲訓斥馬來回教社群。回教專業人士協會（簡稱「回專會」）事件就是實例。這群人所主張的，由馬來人自己推選出一個專為馬來社群爭取權益的馬來集體領導層，讓吳作棟感到震驚。面對回專會的活躍份子，吳作棟依然願意與之接觸溝通，可是語氣和措辭就更為犀利了：「如果你們談的只是社會經濟項目，我不會有任何意見。可是一旦涉及宗教，而且主張在回理會之外另設回教諮詢論壇大會，這還算不涉及政治嗎？」吳作棟口中所說的「回理會」，指的是「新加坡回教理事會」，是主管新加坡回教事務的法定機構。他是在二〇〇〇年十一月五日的全國馬來回教專業人士大會上，向六百名馬來社群代表發表演說時厲聲說的這番話。他也指出：「當你們質疑唯才是用制度，口口聲聲說馬來社群被邊緣化，你就已經一腳踩進了政治領域。你是在否定馬來議員所做的一切。」

信息再清楚不過了。可是他的表達方式仍是很典型的吳氏風格，措辭即使再犀利，也不至於針對個人或讓人難堪。反之，他的內閣同僚在對待回專會時言語更為強烈，近乎威脅。例如，李光耀警告說：「在任何情況下，我們都絕不容許我們的議員被詆毀。我絕不容許這種事情發生。」時任貿工部長的楊榮文，將回專會與一九九七年大選中被指控為「華文沙文主義者」的鄧亮洪相提並論：「昨天也許是鄧亮洪；今天或許是回專會；而到了明天，又會是什麼其他的。」

這三項爭議最終都順利化解了。回專會領導層後來決定放棄集體領導層的訴求，並從此維持其非政治組織的身分。新加坡主流學校仍然嚴格執行禁止穿戴頭巾的規定，哪怕廢除這項條例的呼聲仍不時此起彼落。新加坡回教學校的小一收生人數也設下了每年四百人限制，並規定所有學生必須也同主流學校學生一樣完成六年基礎教育，學成後須參加小學離校考試。

通過這些方法與措施，吳作棟成功與馬來社群維持著堅實牢固且互信互重的關係。他們未必總是認同他的主張或做法，但是大家知道，也至少相信，他的出發點是真誠的。二〇一一年，回專會慶祝成立二十週年，協會再一次邀請他當大會主賓。「回專會在一九九〇年與二〇〇〇年兩次提出的某些重要建議被我推翻了，大家自然會認為回專會的領導怎麼還可能再請我來！」吳作棟說著大笑一聲。「原因是，我和回專會有個共同目標，就是要提高馬來回教社群的表現與地位。他們或許與『回教社會發展理事會』[10]是競爭對手，但他們並沒有與我為敵。幾次正式的對話會之外，我們間中也定期見面交流。」吳作棟所指的是馬來社群自助團體。「我從來沒有懷疑過他們的誠意，而我也相信他們同樣不會質疑我的用心。」

問：二〇〇一年全國大選，您讓哈莉瑪參選——這還是歷來首位戴著頭巾參選的行動黨馬來回教候選人。她的出現據說在馬來社群之中引起了很大回響。讓她代表人民行動黨出戰，是否為回應大選前兩年裡馬來回教社群對政府所發出的種種挑戰？

答：派出哈莉瑪參選並不是為了平撫馬來回教社群的不滿情緒。她的名字早在一九九七年大選以前就提呈給我了，只是當時我對她還不是很熟悉。之後我就有意去了解認識她，也聽到一些工會領袖和其他與她相熟的人說，她思想開明，能理性地看問題。不管選民是不是回教徒，她都同樣能很好地與大家溝通。所以我決定讓她接受面試，為二〇〇一年大選做準備。我當時可沒料到自己居然也為二〇一七年總統選舉培養了一名候選人！

問：派她參選還是傳達了一個很重要的信息，畢竟這是破天荒的頭一遭。您當時有些什麼考量？可有想過華族與印族選民會有什麼反應？

答：其實這一點我並不太擔心，因為她會是集選區裡的一員，而這也正是我們設立集選區制度的原因——好讓我們可以在一個團隊裡納入背景各異的候選人。馬來人會高興嗎？那是可想而知的。但戴頭巾並不是我們派她參選的原因。從某個角度說，這一點算是個加分項。我們派她參選，是因為她是一位優秀的候選人，願意為國為民服務。

問：您理想中多元種族相互融合的新加坡，是什麼樣子的？

答：我認為現狀對我來說算是很平衡的了。你在自己的私人空間裡要做什麼都行。可是還是會有某些特定的共同空間和約定俗成的社會習俗，是我們希望能夠保留起來以促進社會融合的。就說握手吧。在我們新加坡這個世俗社會裡，我們都比較習慣會在頒獎禮上頒發獎狀證書時與人握手。

有一次，我得頒獎給一名馬來女生，她是同屆學生當中表現最優異的優秀生。她走上台，我伸出手；她卻說：對不起，我不能和您握手。我說，沒關係。頒獎禮過後的午餐會上，她就那麼巧坐在我身旁。

她說：「很抱歉，我剛才沒法和您握手。我們現在還可以握個手嗎？」她在桌子底下伸出了手。

我說：「如果要握手，就在桌台上握，不然人們會以為我們兩個在幹什麼！你覺得呢？」

「嗯，好的。」於是我們握了握手。

「你怎麼在台上就不能跟我握手呢？」

「因為，您知道的，人們會說我不守規矩等等。」

我說：「你有任何壞念頭嗎？」

她說：「沒有，沒有，怎麼會。」

「我也沒有。那會有什麼問題呢？」

她說，自己倒是不介意，可是總覺得社群裡會有人不認同這樣的行為。而我想真正原因是，她未婚夫也在場，她不敢確定未婚夫對握手這樣的舉動會有什麼樣的反應。她接著問我能否讓未婚夫上前來打個招呼。他過來了。我跟他聊，他說他對握手這回事也並不介意。

所以，我跟這對年輕情侶說，像他們那樣的人必須以身作則樹立榜樣。這畢竟是新加坡。領獎時與頒獎人握握手並沒有不妥。

問：現在很常見了——回教婦女拒絕握手。

答：我自己就經歷過好幾次。有位部長設定了自己的一套規定。他事先知會主辦方，領獎人可以選擇在上台領獎時握手還是不握手，但是這也意味著他身為頒獎人同樣有權選擇不在台上給他頒發證書，領獎人就無需上台，而是到台下向工作人員領取證書。這也是一種方法。可是你看，如果在公共場合上選擇不握手成了愈來愈普遍的一種行為，那我們做為多元種族、多元宗教的社會凝聚力就會被削弱。

接下來呢？漸漸地，也許我會選擇跟你疏遠，因為我們的宗教習俗不一樣。這也可能導致其他種族為了避免節外生枝而採取某些預設行徑，甚至可能導致某些公司不願意聘請回教徒。一旦發生了這樣的情況，馬來社群在找工作時就會有困難，也一定會有更嚴重的新問題冒出來，如職場上種種有關種族歧視的指控。說句公道話，我們所有的回教議員和絕大多數回教領袖都支持維護社交的共同空間，而不是壓縮這些空間。

問：我留意到一九九九年至二〇〇二年間發生的許多事，似乎是在同一個時段內發生，而且都與宗教保護主義有關。這是為什麼？

答：這也許跟當時全球氛圍轉向伊斯蘭教保守派作風有關。穆斯林認為有義務到麥加朝聖，所以只要經濟負擔得起的，他們都會想要去一趟。到了一九九〇年代和二〇〇〇年代，也有愈來愈多新加坡人負擔得起了。我發現這些信徒去朝聖後，不少人在觀點上會出現一些轉變，變得更為保守，也踐行阿拉伯國家的那一套宗教習俗。他們換了一套新的方式去信奉伊斯蘭教。

我發現華族傳統宗教也有類似趨勢。在過去，我們多數人對於各種宗教儀式習俗並沒有完全搞清楚。我是在信奉華族傳統宗教的家庭中長大的，不過我其實並不懂得信奉道教或佛教是怎麼一回事，我也不是很清楚祭拜祖先的具體儀式，只會拿著香拜拜。我當年如果到國外的佛學堂去進修，或許也會學習他們的那套宗教儀式。

問：人們現在擔心本區域會出現伊斯蘭教阿拉伯化的現象。您也同樣擔心嗎？

答：伊斯蘭教阿拉伯化的趨勢是顯而易見的。不過公平點說，我想我們大多數人都是以在地獨有的方式來信奉各自的宗教。當一個廣受認可的域外宗教權威傳入本地時，我們很自然地會想要跟進效仿。對穆斯林來說，如果他們曾前往麥加朝聖，或曾出國到中東的宗教學校上課，也就極有可能會在沙烏地阿拉伯得到啟發。如今，還有更多人是通過互聯網和社交媒體來獲得宗教上的引導。

問：您對宗教抱著非常務實的態度——這怎麼幫助您處理好一九九九年至二〇〇二年發生的種種事件和爭議？

答：我對於宗教給予信徒的影響力和要求會比較敏感。我自己並不是虔誠的教徒，不過能以非常開明的思維來看待宗教。我能明白也認可宗教在我們的社會和在人們的生活中所扮演的角色。當二〇一八年新加坡宗教聯誼會邀請我當他們的名譽贊助人，我告訴他們，雖然我是在信奉華族傳統宗教的家庭裡長大，也可以說是自小就有祭拜祖先的習俗，可是我其實沒有任何宗教信仰。[11]但是我支持宗教的存在，也不反對任何宗教。

就以我的子女來說吧。兒子念英華學校，女兒念美以美女校。[12]他們都選擇了各自的教會，都想成為基督教徒。我有些擔心，但並不反對。畢竟這是他們自己的人生。可是我要問過他們——你們確定嗎？我也勸他們，得滿二十一歲才可洗禮。女兒要提早洗禮，我說不行，之後才去。當你成年了，確定了自己的想法和意願，那我就不反對。

我也私下向身邊的朋友打聽孩子們所選擇的教堂的情況。去同一個教會的朋友告訴我沒事，很好，那是一家主流教會。

問：您孫子自小就是基督教徒嗎？

答：兒子的小孩，是的。他們也都上教堂。我在英國的女婿則不是基督教徒。

問：新加坡迄今為止的三位總理都沒有任何宗教信仰。這個國家的總理不信教，會不會比較好辦事？

答：我也曾經在跟李光耀一起吃午飯時說起同樣的觀察。他說他是信奉祖先的。在某種意義上來講，我們並不是不相信神明，並非無神論者。但我想更重要的是，我們的總理必須能以世俗的、非宗教的方式來治理新加坡。無論他信奉哪種宗教，甚至完全不信教都好，他都必須能確保每一個人都可以在這個國家和平地信奉各自的宗教信仰，而且必須把宗教排除在政治之外。這才是新加坡的核心原則。

問：所以，您覺得死後會怎麼樣？

答：我想我會就此消失。什麼也不會發生。

問：一切就這樣結束了？

答：一切就這樣結束了。人類登上月球、去了外太空，結果發現原來什麼也沒有。宗教是一種信仰。嚴崇濤[13]晚年成了基督教徒，有一次我告訴他，我試過去讀《聖經》，卻一直讀不下去，它無法打動我。他說，一定得要先信了，才會感動。我則是想要弄明白了才肯信。

現在我當上了宗教聯誼會的名譽贊助人，又開始讀起了《新欽定版聖經》。這是周便雅憫牧師和新加坡福音聯誼會在一九九〇年獻給我的，上面題字：「衷心祝賀並祝福您出任總理，祈願上帝的智慧、指引和力量護佑著您。」

我接下來也會開始看看《可蘭經》。我有英譯本，是我當總理到科威特訪問的時候，從一家酒店裡拿到的。我是準備付錢的，可是酒店經理說可以讓我免費帶走。

家裡有太太的好多佛學書籍。我之後也許會讀一讀。希望也能有機會看看其他宗教書籍，好讓自己更能扮演好宗教聯誼會名譽贊助人的角色。

問：您相信禱告嗎？您可有禱告的習慣？

答：我自小就看著家裡祭拜祖先，自己也會拿著香拜祖先。

二〇二〇年末，我的健康有兩次出現嚴重狀況。先是接受了腎結石雷射碎石術，再切除了喉部癌性結節，兩次都需要全身麻醉。我也必須接受放射治療清除體內癌細胞。

我一生中有過好幾次全身麻醉的經歷，一般上都很平靜。但在第一次接受碎石術進行全身麻醉之前的那個晚上，我卻覺得有點兒緊張。但我沒讓家人看出來。

我兒子帶著家人來看我，為我禱告。當他們祈求讓我心靈平和寧靜地進入手術室，好好睡一覺，天父必會看顧我；那幾句話觸動了我的心弦。之後我果然平靜了下來，睡得很好。手術順利完成後，我向他們說了禱告對我起了作用，他們很欣慰。

那次之後，他們三番四次回來為我禱告。為了不讓他們誤以為有機會讓我改信基督教，我重申了自己對宗教的立場。不過我說，只要兒孫的祈禱是出於誠心關愛，我還是會很願意接受的。

好多朋友都告訴我大家都在為我祈禱。我在Instagram和臉書上的好多網友也是這麼說。我得承認，這些話確實鼓舞了我的鬥志。很感謝大家。我復元了，現在情況很好，大吉利是。該說是神的護佑還是醫生的功勞呢？

問：您害怕死亡嗎？

答：我不怕，如果你問的是我會不會害怕有來世或輪迴。

問：怎能不怕死？

答：因為死亡是無可避免的。像有些人說的，死亡就像稅務一樣是必須面對的。所以，我並不怕死。但我會很難過，會捨不得離開家人朋友。可是話說回來，臨死前的一刻，也可能會害怕吧。誰知道呢？

問：您太太在宗教信仰上跟您可是同一派的？

答：她是佛教徒。每回某位藏傳仁波切僧侶到新加坡來，她就會去聽法師誦經開示，參加研習班。這位大師我也見過的。每年農曆新年大年初一，她也一定會一大早就起床，跟一個朋友結伴到廟裡進香。

問：您沒一起去？

答：不，我不會一起去。

問：所以啊，您的家庭還挺有意思的。您剛才說過女兒跟您說她想成為基督教徒，您說您不高興了。為什麼呢？

答：因為我不確定她是不是只是一時心血來潮，也擔心她誤選了不是那麼合適的教堂。可是我並沒有阻止她去信教。我只是多問了些，勸她等滿二十一歲後再去受洗。我後來也出席了她的受洗儀式。我兒子就是個堅定的基督教徒，聽說他也參加讀經班。可是在我們家裡，我們是不談宗教的。

問：他們呢？

答：也不談（笑）。一天，有位牧師到家裡來探訪我岳父，老人家當時身體不好。那是好久以前的事了。岳父這輩子從來不是個基督教徒，偏偏到了晚年，他的小女兒，也就是我太太的妹妹，勸服他信主了。就像我說的，有些事情你是預料不到的。這位牧師上門來了。他問我兒子，怎麼這屋子裡看不到十字架，也沒有耶穌像？我兒子說，這不是我的房子，這是我老爸的房子。

問：您兒子曾經向您傳教嗎？

答：沒有。因為我一早就說得很清楚了。我說，我尊重你的信仰，可是請別想來影響我。在他青少年時期，我們為了這事起過一次爭執。他當時挺虔誠的，在研習《聖經》，開口閉口都是上帝、上帝、上帝。

我說：「什麼都是上帝嗎？桌上的晚餐呢？誰給你的？」

他說：「上帝。」

我很生氣地說：「憑爸啦！」[14]（笑）

他很冷靜，還是說：「是上帝。」

「為什麼？」

「上帝給了我一個好爸爸。」

我這下閉嘴了。（笑）好爸爸，上帝給了他一個好爸爸。我爸爸供我吃供我穿，是上帝的功勞。我說，如果是這樣的話，也不必再討論下去了，我是永遠說不過你的。你因為上帝而活，也因為上帝而死。

問：基督教徒相信上帝，但也相信自由意志。信徒也可以有自己的意志。

答：而這個自由意志也是上帝的恩賜對吧？

問：是的。

答：所以終究一切都是上帝。不，我不是在嘲笑。你只要信了，你就會為此成為一個更好的人。這是我的觀點。因為我也確實看到很多人因為有了宗教，活得更平和更快樂。他們有他們的信仰。他們從中找到了道德、誠信，而且他們自己所要走的路，對他們來說是好的；而我還得補上一句：對社會來說，這往往也是好的。

問：可是世界走勢似乎與您所希望看到的背道而馳。我們像是在逆向發展，宗教似乎變得愈來愈互不包容了。

答：這的確是個隱憂。各個宗教都在變得更加積極進取，因為當某個宗教變得進取，其他宗教也必須做出相應回應。人人都希望有自己的群眾支持，想讓追隨者的規模愈來愈壯大。

身為政府，我們的責任是治理國家。我們的立場是——政府會照顧所有新加坡人，我們不會刻意討好任何一個特定群體來爭取支持。所以，我們是很清楚的——宗教與政治必須分離。

否則某些政治人物可能會向某個特定的宗教社群靠攏，到頭來整個國家將四分五裂。而一旦以宗教為基礎來爭取選票，下場最終將會是災難性的。所以，當政者必須採取務實態度來對待宗教，絕不能被看作是鼓吹哪個宗教或反對哪個宗教。你未必相信，但是絕對不能反對。種族也是一樣。大家都是平等的。這些信念也早已載入我們的憲法和信約裡。

二〇〇一年的第一輪逮捕行動後，內安局在二〇〇二年八月又逮捕了另二十一人，當中十九人是回祈團成員。這第二輪的拘押行動徹底搗毀了新加坡回祈團網絡。吳作棟和他的政府最終得以制止回祈團在國內的襲擊行動。然而，回祈團在區域間的潛在威脅卻不見消弭，自二〇〇二年一手策謀峇里島爆炸案以後，這支恐怖主義組織變本加厲，幾乎每一年都在印尼發動大規模爆炸事件，至二〇〇九年為止都未曾間斷。

但是更重要的是，吳作棟在對回祈團成員大事逮捕之際，也同時向馬來回教社群保證政府對他們的信任與保護，成功維護了種族和諧；並讓全民清楚意識到這個國家的種族和諧有多脆弱，捍衛種族和諧又有多重要。如揚拉沙利卡欣在《印象篇》一書中所寫：「吳作棟的領導風格明顯鞏固了多元種族社會的凝聚力，也肯定贏得了馬來回教社群的心。」[15]

然而，就在吳作棟主政時代逐漸來到尾聲，正當這位總理以為可以稍緩口氣卸下領導重擔之際；一場猝不及防、讓人不寒而慄的風暴，卻迎面來襲。

吳作棟對第十六章的反思與感想，請見〈省思〉「Syabas！做得好！」，第三九四頁。

第十七章 隱形的敵人

「一走進病房，就有九成的機率會面臨死亡。」

——陳篤生醫院SARS加護病房醫生，在《決定性的一刻：看新加坡如何對抗SARS》[1]書中憶述

二〇〇三年四月二十二日，又有一名患者在陳篤生醫院不治身亡，使新加坡的SARS死亡病例增加到五起。自新加坡首個SARS病患從香港染病回國入院至今已一個月，這座小城邦愈發迷惘失措，到處人心惶惶。[2]吳作棟看得再清楚不過，他的國家此刻陷入了現代史上最黑暗的時期。面對這個最初連名稱都叫不出來的神祕殺手，新加坡正窮於應付，經濟再也無法如常運作。突發疫情把衛生部壓得幾乎喘不過氣來，對眼前的這個新敵人連面貌都摸不清，更甭提對抗了。吳作棟也曾擔任過衛生部長，所以心裡很清楚，他們已經沒剩多少資源可以耗損了。

就在同一天舉行的內閣會議上，吳作棟宣布整頓危機小組的指揮架構，成立一個跨

部門委員會，負責監督、遏止、進而解決所有因ＳＡＲＳ疫情而引發的問題。這位總理在溝通上也花了些巧思，為抗炎行動冠上軍事用語；因為他深知在這個推行男性徵兵制的國家裡，將這麼一場災難置入血淋淋的戰爭語境中來展現，會更容易讓人們所接受，尤其在九一一事件爆發後更是如此。而這個戰略在二〇二〇年新加坡政府對抗二〇一九COVID-19疫情時也同樣派上了用場。吳作棟回顧當年的抗炎經歷時說：「我將ＳＡＲＳ比喻為生物恐怖主義襲擊。」此番定調，立刻將吳作棟最鍾愛的其中一支精英部隊調動了起來，那就是：非武裝「執行小組」。這支行動指揮團隊的主要功能就是應對危機，尤其是對抗恐怖主義。沒錯，這個單位也正是曾在一九九一年他才當上總理四個月時就漂亮地瓦解了那場新航一一七號劫機事件、拯救出所有人質的同一支民事服務謀略團隊。

沒剩多少時間了。隔天一早，吳作棟撥電給內政部長黃根成，問他：「過來開個會如何？」當天下午四時，黃根成和內政部正副常任祕書陳元清和吳鳳萍抵達總統府會見總理。吳作棟要他們立刻召集執行小組，由陳元清出任主席，向黃根成領導的部長級委員會報告。吳作棟說：「黃根成處事作風十分頑強，他總會執著地追根究柢，不徹底解決問題絕不罷休。他是應付這場危機的最佳人選。」

陳元清馬上著手召集執行小組成員，在總統府與吳作棟開會的隔天，小組就召開了第一次會議。執行小組的成員再細分為好幾個分組，分別處理交通、組屋居家隔離措施、信息傳播、邊境管制、經濟、教育、甚至外貿。吳作棟說明：「執行小組把整個政府的所有資源都調動起來了。我的責任就是發動所有部門齊心協力對抗這場疫情。」這位領導人早在一九八〇年代擔任國防部長期間，就首創「全面防衛」概念，而今也是將全面防衛概念付諸實踐的第一人。對吳作棟來說，這個國家面臨的，是一場戰爭。

這場危機，正如他也曾在二〇〇三年四月發出的警告一樣，堪稱新加坡建國以來所面對的最嚴重危機。用他自己的話說，SARS疫情肯定是他主政時期「決定性的一刻」，以最為挑釁的方式考驗甚至撼動著他的領導能力。當然，亞洲金融危機與回祈團恐怖主義陰謀也都是至關重要的大事，但這些事件仍不足以引發全國範圍的大規模恐慌。而他在SARS疫情之下所感受到的焦慮情緒，亦如他反覆說著的同一個詞，是「空前絕後的」。「試想想，在短短兩個月內，二百三十八人受感染，三十三人病逝。整個國家簡直就是處在戰爭狀態了。」相比之下，二〇一九COVID-19疫情傳播範圍更廣，但死亡率遠遠低於SARS。

就在吳作棟帶領著全國同SARS病毒對抗的當兒，他私下其實也正承受著痛苦。家中一位至親長輩在這期間不幸於新加坡中央醫院病逝了；儘管病因與SARS無關。但是，因為疫情期間醫院限制訪客人數，致使這位親人離世時家人都不在身旁，最終孤獨地咽下了最後一口氣。其實，每個SARS患者的逝世都在折磨著他，而他也只能在自己的心腹親信面前流露出內心的悲痛。他的左右手、馬林百列基層領袖普辛德南說，在疫情最嚴重的時刻，吳作棟曾對著他大吼：「我正在眼巴巴地看著自己的人民死去！他們全是我的子民啊！」可是這位主帥在戰場上絕不容許自己公開流露出哪怕一丁點兒的內心情緒。他可是這場抗炎戰爭的總司令。「我的責任是讓大家保持冷靜，恢復信心。」外在和私下的角色必須分開，他完全清楚哪一個角色必須擺在前頭。

來到近二十年後的今天，時間也許早已淡化了二〇〇三年那場SARS疫情的嚴重性，更何況現時人們還深陷於當前二〇一九COVID-19疫情浩劫的餘波之中。再說了，如今每兩週都有大約二百五十人染上骨痛溢血熱症、四十名新加坡人死於急性心肌梗死。而今回望，當年SARS病例的數據似乎也沒什麼大不了的。二〇一三年，SARS疫情十週年，兩位傳染病學醫生淡馬亞與李成全在《新加坡醫藥協會月刊》上撰文直言問道：「SARS究竟有何特殊之處？我們當年為何會如此恐慌？」兩位專家為「SARS劫後餘生」提供了三個原因：

首先，SARS疫情最令人悲痛的是，它讓醫護人員首當其衝成了犧牲者；[3]這種現象的確是近代較為罕見的。第二，染病的醫護人員又把病毒傳染給其他病人，也因此破壞了公眾對醫院和醫療護理體系的信任。最後，也許也是最為重要的一點，兩位專家寫道：「新加坡素來是一座特別受到上天眷顧的城市，這個光環卻讓SARS給徹底摧毀了。」

這座擁有天然深水港的瀕海城市，免受颱風、地震、海嘯所侵襲，但此刻卻再也不是堅不可摧；至少在嚴重急性呼吸系統綜合症當前，竟是如此不堪一擊。

吳作棟知道這場戰役沒有任何標準作業程序可循。新加坡此刻面對的是一個全新的敵人，而他也很快確認了必須處理的首要目標——恐懼。二〇〇三年四月十九日，新加坡確認了第十九起死亡病例；同一天，吳作棟在總統府召開記者會向全國人民喊話。他說：「對ＳＡＲＳ病毒的恐懼心理迫使我們改變生活方式和社交習慣。因為恐懼，遊客遠離ＳＡＲＳ疫區，導致旅遊業癱瘓，進而重創經濟領域。也因此，從各個方面說，這不僅是ＳＡＲＳ危機，也是一場恐懼危機。」

他的軍火庫裡有他稱手的武器：部長級委員會、執行小組，還有通過加強立法管制來對付違反隔離令者。這些全是新加坡應對危機時的戰略部署。然而，對抗ＳＡＲＳ尚需一些全新戰略，是這個國家此前還未曾試驗過的。尤其重要的，是制定出一套目光長遠、無止無盡的危機溝通策略。吳作棟說，新加坡還從未對付過「像ＳＡＲＳ一樣神祕而又致命的傳染性疾病」。「最糟糕的是，沒有人知道這場疫情什麼時候能結束。我們擔心經濟遲早會崩潰。」

他成了這場抗炎戰爭的首席溝通官，老早就決定好他的政府必須開放、誠實、透明。這在今天看來可能是再自然不過的常理。可是在當年ＳＡＲＳ疫情最嚴重的時候，不少國家恰恰選擇了相反的另一套策略：不透明、不明確，讓人霧裡看花。甚至到了二〇一九年末COVID-19疫情爆發，世界各地仍有政府在重蹈覆轍。「我們打從SARS時代起，就決定要把數據實情全都清楚公開。」吳作棟在二〇〇四年接受美國風險溝通專家拉納德訪問時，分享了他的經驗，他進而補充：「不過當然，這麼做就會引起恐慌，也會使遊客感到害怕而對新加坡裹足不前。」

可是吳作棟要做的並不是消除恐懼；人們在危機當前如果毫無畏懼，反而會魯莽行事，違反隔離令，罔顧個人與社會健康安全。他想做到的，是處理恐懼。當時的世界衛生組織總幹事李鐘郁事後讚揚新加坡對抗SARS所採取努力，稱這是一種成功的「防禦性悲觀」策略。拉納德在一份提呈給世界衛生組織的報告書中說明，這「並不是一種絕望的態度；這是要審慎規劃，對任何可能發生的情境都考慮在內，而非一味抱著樂觀態度莽撞冒進，一廂情願地期待事態會好轉。」拉納德還補充說，或許就如本地人所熟悉的說法，「其實說起來，新加坡人早就明白了『防禦性悲觀主義』意味著什麼，確切來說就是：『怕輸！』寧願小心駛得萬年船，極盡一切努力以立於不敗之地，還務必算無遺策、計出萬全。」

這個過程中，吳作棟始終堅持不懈。「我們必須更快速更透明地傳達信息。我們必須讓民眾清楚明瞭他們什麼該做什麼不該做。我們必須展示政府有能力處理問題、控制局面。」他如此說道。「政府必須協助人民克服恐懼心理，盡可能恢復日常生活作息。」就像在亞洲金融危機時期，他四處發表講話，跟人民溝通，提供信息、說明問題、柔性勸說，爭取民眾的支持與信任。他甚至給全國人民寫了一封公開信，籲請大家負起社會責任，也提醒民眾不守規矩、違反隔離令必遭到更嚴厲的懲罰。這相信是歷來第一次新加坡總理給全國人民寫信。[4]

為了克服恐懼，吳作棟在遣詞用字方面落足心思，套用軍事用語來向人民喊話：「全民出征」、「三條戰線全面抗炎」、「確保所有被圍堵的地方都滴水不漏」。[5]當醫院出現疏漏急需填補，他就立刻成立「部長級抗炎作戰部隊」，由交通部兼新聞、通訊及藝術部高級政務部長許文遠擔任指揮官。[6]

吳作棟也在四月十九日的總統府記者會上強調：「我們的共同敵人是SARS。SARS這個隱形敵人就像是一個生物恐怖份子，隨時會向你撲過來……所以，我籲請全體新加坡人，在這個全面防衛戰略中，每個人都必須做出一份貢獻。」[7]

他也給全民配備了一個武器：體溫計。政府在全國大事派發體溫計，把這件「護身符」送到每一個新加坡人手中。

吳作棟告訴拉納德：「我們完全清楚體溫計能做的其實很有限，最多也只能讓你知道自己是不是發燒罷了。但在這種大氣候下，大家總會覺得有一支體溫計在手，好像就能解決很多問題。也就是說，在某種程度上，你可以自救。而這一點很重要。所以，體溫計讓我們每一個人都有能力幫助自己。它就成了一個象徵，象徵著你的武器裝備。」拉納德總結道，吳作棟又成功地做到了另一項建立信心的危機溝通策略：讓人們有事可做。

「防禦性悲觀」策略其實刻滿了吳作棟領導風格的印記：同理心、務實、真誠。部長們在總理的方針指引下執行抗炎任務，也使得這一作風得以由上而下地貫徹整個指揮架構。當新加坡心理衛生學院在二〇〇三年五月意外出現新的感染群，許文遠承認自己被打了個措手不及，因為心理衛生學院「並不在我的關注範圍內」，「因為我們根本沒有時間去關注它。這是個戰術失誤。」後來證實只是虛驚一場。[8]不過，許文遠的一番話還是得到了拉納德的認可，認為這是「ＳＡＲＳ時代最真誠且未自我辯護的一次道歉」。在新加坡五月間ＳＡＲＳ病例清零的四個月後，又有一名實驗室研究生確診感染ＳＡＲＳ，且證實為實驗室出現了安全疏漏；環境部長林瑞生同樣為失誤做出道歉。[9]

吳作棟以全面防衛對抗ＳＡＲＳ的戰略還不止限於新加坡境內。在國內危機緊迫的當兒，他仍能向外延伸拓展，確保新加坡的外圍戰線也堅固牢靠，這一點尤為難得。他坦言，這也是為了自我防衛。「我當時非常擔心疫情會變得更嚴重，尤其是萬一馬來西亞也淪為疫區。新柔長堤兩岸每天的人流車流往來又是如此頻密，要阻斷病毒在兩國之前『往返』可謂是一場噩夢。」他為對抗ＳＡＲＳ而部署的外交「戰線」，也成了他在國際上特別亮眼的成就。

問：SARS疫情爆發期間，您決定召開一次東協首腦抗炎特別峰會。當時新加坡境內疫情已陷入水深火熱之中，您怎麼還會去想到其他國家？

答：新加坡是香港之外疫情最嚴重的災區。[10]

我很擔心疫情會擴散到我們的鄰國馬來西亞和印尼，他們未必做好了應付疫情的準備。所以，有必要在這種情況出現之前，召開特別峰會來警惕大家，以免SARS疫情蔓延到整個東協成了大問題。我希望大家能探討該怎麼共同努力，通過隔離和遏制手段，來阻止病毒傳播開來。我們希望自己在東協能當一個負責任的成員國，履行自己應盡的責任。新加坡深陷疫情風暴中心，我們有責任提醒鄰國，讓他們知道我們正如何應付這場疫情。

另外，我也希望能向世界宣示，東協做為一個組織，正在為這個共同面對的問題努力尋求對策；我想這是很重要的。我們在峰會結束後發表的聯合聲明，就對外發出了強烈的政治信息，讓全世界看到東協的團結與統一。

問：當時東協其他成員國境內都沒出現ＳＡＲＳ病例，各國領袖對於這場峰會能有多熱中？

答：噢，大家都明白自己也可能隨時受影響。他們都同意，對抗ＳＡＲＳ病毒也像對付毒品問題和恐怖襲擊一樣，是個跨國問題，需要大家一起努力。

問：完全沒遇到任何阻力嗎？

答：沒有任何阻力。所有人都同意了。第一個就是達信（Thaksin Shinawatra）。我問他能不能負責主辦這次峰會。當時的東協主席國是寮國，所以要曼谷來召開這次特別峰會是有些尷尬。可是當時實在顧不了這些外交程序。達信說好。我撥電聯繫巴達威，他也同意出席。我通過電話和公函聯繫了所有其他東協國家領導人，大家全無異議。我最後通知達信，再由他正式邀請他們出席峰會。[11]

然後，中國來了，香港也來了，因為都是ＳＡＲＳ疫區。日本要求在「東協加三」的基礎上也邀請他們參加。可是泰國最後決定不邀請日本，因為這個國家沒受到疫情影響。如果東協邀請日本，那自然也不能少了韓國。[12]

問：親自撥打這麼多通電話，不覺得繁瑣嗎？

答：即使需要打五十通電話，我也會這麼做。我不覺得繁瑣。只是簡短的一通電話，說明問題和開會的用意。何況那些領導人全都知道來電所為何事，我們在各地的大使館也已事先知會。我記得美加華蒂說她剛好有其他事，不確定能不能到。結果她還是來了。[13]

問：我發現在您當總統期間，東協的運作有種特殊模式。總是新加坡在出主意，功勞則往往歸泰國，會議又多半在曼谷舉行。例如亞歐會議、東協自由貿易協定，我們看到的都是同一個模式。後來又有了這次的抗SARS特別峰會。這算不算是既定算式？

答：不是的。這件事其實很簡單。我在新加坡召開會議的話，一些領導人不一定會來，因為我們是SARS疫區！也可能由馬來西亞來召開。我跟巴達威很相熟。可是馬來西亞也開始出現了確診病例。所以，對我來說是很清楚的，就只能由泰國出面了。雖說寮國當時是東協主席國，可是他們沒有能力在這麼倉促的時間內辦這麼一場峰會。

問：可是亞洲金融危機期間怎麼就沒召開類似的首腦特別峰會？在某種程度上說，那也是一場瘟疫——金融瘟疫。

答：亞洲金融危機期間，我們所有人都自顧不暇，各自都在忙於遏制國內經濟陷入崩潰。如今SARS來襲，我要做的是圍堵新加坡。我就是這樣說服他們的——我要設法將新加坡圍堵起來，遏制病毒傳播到區域各國，把SARS留在新加坡。

問：您也是在這場峰會上第一次與溫家寶見面？

答：這是他當上中國國務院總理後我第一次跟他會面。他告訴我之前曾見過我兩次，當時他是江澤民隨行代表團裡的成員。可是那幾次我的注意力也只在江澤民身上。我們的外交部從來沒給我提示說溫家寶可能會是下一任總理。就像我到杭州找李鵬泛舟時也一樣，外交部也沒跟我提示說小舟上陪著李鵬的就是習近平！

問：您在SARS疫情期間取消了到中國訪問的行程，據說中方不高興了，因為這顯示您對他們處理疫情的能力缺乏信心。您可曾和溫家寶談及此事？

答：我的醫生勸我別去。如果我到中國訪問，那裡也是疫情災區，我也很可能會受到感染。新加坡也發布了旅遊警告，勸請國人避免到中國去。我若是去了，就會對國人發出混淆信息。當然，我也不是沒考慮到中國有可能會很不高興。一個外國領導人取消訪華之行，確實有可能暗示著是在對中國處理疫情的能力投下不信任票。

另一個原因是，我和我的代表團也可能會在不自知的情況下把SARS病毒傳染給中國領導人。我們的國家當時也同樣在跟SARS搏鬥。我自己也很可能會在新加坡染上SARS。萬一我們不小心讓中國哪位重要人物因此而出事了，我們可就要遺臭萬年了！這也是讓我非常擔心的。取消訪問是為了雙方的健康著想。

在曼谷和溫家寶會面時，我很真誠地向他說明了自己的立場。他沒有被冒犯，還很優雅大氣。他明白我的出發點，並邀請我隨時再到中國訪問。這是很重要的一個信號。我取消訪問的做法可能引起了中國官員的不滿，但溫家寶這番話，讓所有的不快都煙消雲散了。

問：可是尷尬的是，您在疫情期間照舊訪問了印度和美國。難道不擔心會讓人視作雙重標準嗎？

答：是有可能引起這樣的誤會。我們是知道的。但是印度和美國不是疫區。然後，問題又來了，這兩個國家會不會歡迎我的到訪？我把新加坡的SARS疫情知會了美國和印度，問對方會不會希望我挪後行程。印度對我的用心表示感謝，經過考慮後回覆說希望訪問如期展開。我在訪問印度期間，同瓦傑帕伊總理一同啟動了「新加坡—印度全面經濟合作協定」協商機制。正如你之前說的：一期，一會。對雙方來說，那都是一次重要的訪問。

問：小布希也完全同意您飛到美國與他簽署自由貿易協定嗎？

答：他們自行做了一些調查——有位美國官員還跟我通過電話，以確認我身體無恙，也問清楚我會做好哪些健康防範措施。我告訴他，我的狀況很好，並向他保證自己與代表團成員都會在離星赴美前測量體溫。我進一步向他保證，如果起飛出發當天我發燒了，我就會取消這次訪問。

我還說，要是在抵達美國後才開始發燒，那我就不會拜會小布希總統了。我會先自我隔離，確保自己完全沒事；在通過他們的體檢測定之前，我是不會見任何人的。我們整個代表團也一樣。我也會讓我的私人醫生隨行。到其他國家訪問還讓他人冒著被感染的風險，對另一方來說是不公平的。華府放心了，他們說，你來吧。

我在二〇〇三年五月六日到白宮橢圓形辦公室拜會小布希總統，他透露美國會從即日起將降低對新加坡的旅遊警告級別，從「旅遊警示」降為「旅遊提醒」。我說新加坡希望能早日迎來美國旅客，他還戲稱，那下一步應該就是「旅遊鼓勵」了！

二〇〇三年五月三十一日，自新加坡第一起ＳＡＲＳ病例入院治療那一天算起正好滿三個月，世界衛生組織將新加坡從「ＳＡＲＳ本土傳播地區」名單中除名。新加坡在打了一場硬仗之後傷痕累累。人命傷亡之外，新加坡經濟也遭受重挫，損失估計逾十五億新幣。ＳＡＲＳ疫情的悲痛在人們心中烙下了難以磨滅的傷疤，卻並沒有將他們擊垮。這個國家在這場疫情中吸取了種種經驗教訓，例如改善隔離醫療設施、快速實施隔離措施等；在將近二十年後，也為應對二〇一九COVID-19疫情奠定了重要基礎。

世界各國對於新加坡如何克服SARS這場災難的歷程刮目相看。新加坡在處理應對方面所展現的效率和效益，讓這個小國贏得諸如世界衛生組織、美國商會，「甚至是慣於批評的《華爾街日報》（*The Wall Street Journal*）」的讚揚，拉納德如是說。在國內，新加坡民眾也紛紛致信吳作棟，感謝他和政府如此出色的表現。

律師張祉盈也致函吳作棟，分享了自己的觀察：「您的政府在處理這場疫情的過程中，得做出許多艱難且不討好的決定。然而，因為您當機立斷，行事果敢而有權威；因為您讓信息即時而開放地傳達給公眾，而非採取『我才最清楚怎麼做最好』的那種居高臨下的姿態；更因為您面對艱難處境有擔當而不推卸責任（不像其他國家），您和您的部長漂亮地處理了這場危機，我為此獻上祝賀。請接受我這麼一個無比自豪的新加坡人由衷的感激。」

吳作棟說，是新加坡的整套系統，使這一切行之有效。「系統的每一個環節都自如運行。當然，當你面對的是新事態、新危機，你也許得對這裡那裡做出調適。但我們不至於需要對系統中的哪一個缺漏環節進行修復。這才是關鍵。」他進而舉例說明：「假設衛生部或者醫院無法那麼有效地運作；在危機爆發時，你發現這裡少了個螺絲釘、那裡裂了個螺絲帽，等等，那就很麻煩了。政府的整個機制都是完好無損的，也有持續進行檢修。這也是為什麼這個國家整體的全面防衛策略可以奏效。」

正因為有了這個完善的體系，讓他在SARS疫情爆發期間也能睡得安穩。「還得先測量體溫才睡。」他微笑著說。最嚴重的危機安然度過了。吳作棟開始思量著要交棒給繼任者。他知道，自己可以功成身退了。

吳作棟對第十七章的反思與感想，請見〈省思〉「危機考驗國家領導層」，第三九七頁。

第十八章　從深谷到高原

你們曾經和我一起翻過高山，越過深谷。我親愛的同胞，我的心永遠與你們同在。

——二〇〇三年八月十七日，吳作棟總理任內最後一場國慶群眾大會演說

二〇〇三年中，吳作棟開始提筆草擬國慶群眾大會演說辭。他慶幸SARS疫情最壞的情況已然過去；心裡想著，在這個國家一年之中最為重大的政治演說平台上，這很可能會是自己最後一次向全國同胞發表講話了。可是有個念頭始終盤桓不休，打斷了他的思緒。病毒的殺傷力也許消退了，但是卻造成經濟百孔千瘡，新加坡人恐怕還需要一段時日才能復元。經濟活動仍疲弱不堪，就業率尚未回彈，工資也停滯不漲。「眼前還有一座高山等著我們攀越。」他對自己這麼說。「經濟增長速度減緩。我先得扭轉這個劣勢，才談得上何時交棒。」

於是，他採用了模稜兩可的筆調來撰寫這篇演講稿；換作是一九九〇年初登大位時

的年輕吳作棟，這種寫法一定會讓他傷透腦筋。他一方面處處留下伏筆，暗示這可能是自己的最後一場國慶群眾大會演說。比如他會說：「理想情況下，我會希望能讓我的繼任者有至少兩年時間建立起他做為總理的實力與威望，再領軍迎戰下屆大選。」而下一屆大選必須在二〇〇六年結束以前舉行。但他緊接著又立刻補上了一句：「可是目前還不是我退下的時候。我眼下最迫切要做的是，帶領新加坡走出經濟困境。」正如他在為此書受訪時說明：「我下筆的時候，想著這會是我的最後一場國慶群眾大會演說。可是我也沒把話說死，二〇〇四年站在國慶群眾大會講台上的有可能還會是我。」他也給這篇講稿擬了個主題——「從深谷到高原」。才剛走出總理任內最黑暗深谷的吳作棟，當時暗自下定決心：勢必帶領全民再一次攀上高原，才漂亮謝幕。

而民眾確實也不急著要這位總理退位。《海峽時報》在二〇〇一年做了街訪，好些讀者希望他能繼續多做十年。他憶述：「好多人希望我留任，他們都認為我做得不錯，而當時我也正處在政治生涯的巔峰。」每項關鍵指標都一一證實了他所說沒錯。政治上最重要的環節就是選舉，而他先是成功逆轉了人民行動黨自一九八〇年代在大選中支持率持續下滑的頹勢，實現了他在一九九〇年從李光耀手中接過領導棒子時給自己定下的目標。「我（在一九九〇年）曾經問過自己，行動黨的領袖們全是誠實正直的能人，施政上也確讓新加坡人過上了更好的日子，那究竟為什麼這個政黨卻要承受支持度一再下跌的窘境？」他在二〇〇四年行動黨幹部大會上跟黨員分享了自己內心的焦慮。「我當時就下定決心，勢必逆轉這個跌勢。人民希望看到有更多反對黨議員的訴求，我得想辦法緩解。」

外交上，他藉著自由貿易協定與海外投資推動「第二對翅膀」戰略，不但大幅拓展了新加坡的國際空間，也倡議組建了亞歐會議與亞洲－中東對話等好幾個多邊合作框架，讓新加坡這座小城邦得以鞏固其環球定位，在國際上持續發揮作用。

如果說是李光耀讓世界注意到了新加坡，吳作棟就是確保了新加坡在不遠的將來裡亦不會被世界所遺忘或忽視。

對於這些所謂政治目標的追求，從來都不是吳作棟的終極目的。他更想做到的是，用政治穩定與環球聯繫網，為人民換來強勁豐盛的經濟成果。哪怕亞洲金融風暴、九一一恐怖襲擊、SARS疫情等挑戰接踵而來，新加坡在他十四年來的引領下仍然取得了年均七·七％的經濟增長率，躍居發達國家之列；人均收入幾乎也從一九九〇年的二萬一千九百五十新幣翻倍到二〇〇四年的三萬八千新幣。吳作棟果斷決絕地一改前任勒緊腰帶的苛儉作風，讓政府不吝解開錢囊，與人民分享財政盈餘。他為任內推行的各項代表性舉措注入了逾二百五十億新幣，包括資產增值計畫、捐贈基金、全民購股計畫，將錢財投資在人民的保健、住屋、教育上，進而提升人民的生活水平。

這就是他受歡迎的程度，讓這位當初勉為其難扛下領導大任的吳總理，成了全新加坡全民擁戴的國家領導人。資深政治記者朱艾達在吳作棟卸任交棒前夕，在《海峽時報》上撰文寫道，回顧一九九〇年，許多新加坡人都在為從此沒了「李總理」得改口說「吳總理」而苦惱；而今同樣的煩惱又出現了。「十四年後的今天，幾乎也同樣難以想像一個沒有吳總理的新加坡。」1

現任政策研究所所長賈納達斯在當時以政治觀察家的身分，在《印象篇》一書中撰文向吳作棟致敬：「儘管被前任形容為木訥得像塊『木頭』，他卻蛻變為一位剛毅強大的零售政治家，總能舒服自在地與群眾共處。他有著宏觀層面的政治技能，在小如個別選區的微觀政治作業上也觀察入微，兩相結合之下，為強化整個政黨發揮了重大作用。也許讓大多數人意想不到的是，吳作棟這麼一名見習政治家，最終卻是個李光耀的溫柔版——外在形象更柔和，但內心鋼鐵般的意志不遑多讓。」2

但吳作棟心裡明白，是時候交棒了。多年來練就的政治智慧教會他不但要懂得何時和如何抓住機會，更要懂得何時和如何放手。相時而動，就像二〇〇一年那場全國大選一樣，他對於時機的把握已臻於化境。當然，他自有想要交棒的邏輯理由。「顯龍在二〇〇三年已經五十一歲了。我當上總理那年才四十九歲。」他說的是等待已久的準接班人、副總理李顯龍。「我想讓他有更充裕的時間去領導新加坡。他也得為培養自己的接班團隊做準備。」

當時，吳作棟距離完美謝幕僅存的一道不小的障礙，就是經濟前景不明朗。「當經濟陷入困境，我總不能說：『好，現在棒子交給你了。』無論是實際上或觀感上，這麼做都是不對的。」他如此說道。「你是在把一個爛攤子丟給你的繼任者。這麼做會顯得我很不負責任，問題來了就拍拍屁股走人。」二〇〇三年十二月，他設下了明確標竿，助其決定交棒的確切日期。他公開宣示，如果經濟增長在二〇〇四年第一季來到至少三％，他就會決定何時交接。結果，經濟增長率強力回彈至七．三％，甚至創下二〇〇〇年第四季以來的新高。倒數計時就此啟動。

二〇〇四年四月，又到給國慶群眾大會寫演講稿的時候了。這一回，他決定不寫了。他說：「如果我在國慶群眾大會之後不再是總理了，卻還要號召全民共同面對未來，會很奇怪。而且要我總結自己在總理任內這些年，又會顯得我在自利自肥，到頭來又會是哭哭啼啼的煽情內容。」他想要讓前任李光耀第一個知道這個想法；兩人在總統府共進午餐時談及此事。「他告訴我不必著急。」吳作棟回想著。「他說我做得很好，可以繼續下去。我就向他解釋，我的這些規劃，全是為了李顯龍和下一代領導人。他明白了。」

五月下旬，吳作棟告訴李顯龍他正在考慮著幾個交棒日期。「顯龍感到意外，但也做好了準備。我問他可否由他來發表今年的國慶群眾大會演說。我說，這會讓他提早有個強大的舞台來為自己的主政年代揭開序幕。他說他願意。結果他只有不到三個月的時間去準備群眾大會演講稿，還得準備三種語言版本！顯龍的動作很快，六月中旬就把馬來語講辭草稿傳了給我看。」不過，吳作棟也向他的接班人「耍賴」。「我告訴他，我還想再過一次國慶慶典。我的最後一個國慶慶典，就當是讓我向國人道別。」他咧嘴笑著說。新加坡國慶慶典在每年八月九日國慶日舉行，紀念新加坡在一九六五年同月同日獨立建國。吳作棟和李顯龍達成共識，政權交接將在二〇〇四年八月十二日舉行。

可是吳作棟對於接班程序還不滿意，認為繼任者不能光由他本人和李家父子來決定。雖然早在二〇〇三年國慶群眾大會演說中，他已公開提過自己曾經私下向個別部長了解他們心目中的人選，而大家的明確共識就是李顯龍；但是他始終認為自己的繼任者理應通過更為正式的程序獲得認可。他要讓一九八四年他那代同儕在陳慶炎家中聚會並推選自己當領導的一幕重演；這一回，由黃根成召集第三代領導班子到自己的辦公室共進午餐。前內閣部長林文興在二〇一八年接受《海峽時報》訪問憶起這段往事時說，聚餐上有人提名李顯龍出任總理，所有人都同意了。「那場會議很簡短，因為選擇是很清楚的。李顯龍先生是吳先生的副總理，一直都肩負著許多重責大任。」

儘管吳作棟對於李顯龍做為接班人選的心意從來不曾動搖，但他認為行動黨如此單憑幾個人，或者說是這樣一種非正式的小圈子就決定了國家的下一任領導人的做法，的確有待改進。「由三幾個人選出國家領導人的做法並不妥當。我們需要擴大推選人的範圍。不然，黨內領導很可能就會被指在拉幫結派，助長裙帶關係。我希望讓這個推選程序進一步演化改進。」

他決定集合行動黨國會議員召開一次黨團會議，正式認可李顯龍為下一任總理。這個做法亦符合西敏制慣例。「國會議員必須有發言權。我希望制定一套程序，讓任何想要挑戰李顯龍的人都有機會說話。就像婚禮上他們常說的——有意見就現在提出，否則就請永遠保持緘默。」吳作棟如此說道。「我相當直白地告訴議員，這也意味著他們有權在那個時候提名其他人選。未來也的確有可能發生有議員不認同內閣推舉的人選，進而提名另一位部長當總理的情況。」不過在當下那個時候，所有議員都一致支持李顯龍出任新黨魁，也理所當然地出任新加坡新一任總理。吳作棟這下滿意了。

問：您在一九九〇年對於是否接過李光耀在總統府的辦公室，曾和他有過一些很有意思的交流。二〇〇四年輪到您交棒了，您是否也跟李顯龍談過這些事？

答：倒沒有。顯龍和我從沒聊過這個。那是他跟父親之間的事。

問：這怎麼說？

答：他父親是智者，總有先見之明。我告訴李光耀，我即將卸下總理職務，也會撤離我的辦公室。我說，您留下，我可以在外面另外找個地方，請放心。

問：是，所以我會說您才是智者。

答：不、不。他在那裡四十年了！我隨時可以搬走。我也比較年輕——哪會有什麼問題呢？

問：您當時打算搬到什麼地方？

答：我當時其實也還不知道。可是他說，不、不必搬，他會跟顯龍談起這事，讓我繼續留在原來的地方。我說，可是總統府沒地方了——顯龍還能去哪裡呢？他說，總統府的空間多得是。他很熟悉這個地方。他知道在總統府主樓第二層有個空間，當時是內閣職員的辦公廳。總統辦公室是在第三層。[3]另外還有一間小屋，過去充當總統官邸，但如今我們的總統都不住在總統府了，所以這間小屋就被改裝成辦公室。原來在主樓第二層的內閣職員就可以搬到這裡辦公。

問：政權交接前的最後幾個月，人們開始擔心李顯龍會更像他父親，是個較專制的領

袖，跟您的領導作風區別較大。對於這些議論，您有何回應？

答：媒體是這麼寫的。我也聽到有人在我面前這般議論。一位上了年紀、在社會上很有名望的富豪甚至說他打算移民。我向他和其他人保證說沒什麼好害怕的。我告訴他們，大家都誤解了顯龍，他並不是大家所想的那樣。顯龍知道我的風格奏效了，而我也知道他本質上並不想要成為一個專制的領導者。我有信心他不會以父親的那套方式來治理新加坡。新加坡不一樣了。顯龍跟他的父親也不會一樣。

我毫不避諱地告訴這些心存疑慮的人，如果我認為顯龍要走回他父親的老路，我就不會退下交棒了。因為這將意味著他會把我十四年來所作的努力都打回原形。我讓新加坡鬆綁，變得更加開放，而如果我預見到他會把新加坡帶回他父親管治之下的狀態，我不會願意交棒。

事實是，我相信他會在我努力的基礎上，以他自己的方式，讓新加坡走得更遠。不光是治國作風，也在於實質政策。我主張與民協商、全民參與；他讓新加坡更開放、也更包容，涵括新加坡人各階層，夾心階層、身障人士，每一個人。

問：我還記得他的第一場國慶群眾大會，他整場演說談笑風生，平易近人，讓許多人大感意外。

答：他把群眾大會演說初稿傳給我過目時，我建議他花些時間談談自己。我說，這是你的第一場國慶群眾大會演說，人民會想多認識李顯龍這個人，而不光是你做為總理會怎麼樣、你會推出哪些政策。他聽進去了。我知道他的公眾形象並沒如實地反映出他的真實本性——待人真誠，想要貼近民眾。自那之後，我發現他開始穿粉紅色了！

問：那也是您的建議嗎？

答：那倒不是。我猜是他太太的建議。可穿上色彩鮮豔的服飾倒是從我開始的。

問：您？色彩鮮豔的服飾？

答：為了上電視。李光耀告訴我們：「我演說時可不需要任何布景。我自己就是布景。」所以他都穿得很樸素。他靠的是手勢、聲音、表情。可是電視作業隨著時代改變也變得不一樣了。除非你有像李光耀那種懾人心魄的氣場，否則布景還是很重要的。顯龍的國慶群眾大會布景比我那時還要花稍得多。

問：回看整個政治傳承，我們能不能說人民行動黨政府到現在都沒有一套推選領導人的正規程序？

答：我們推選領導人的程序，的確沒有慣例或傳統可循。

問：所以您也曾嘗試創建一套比較正規的程序？

答：我當年被推選為領袖的模式是不可複製的。當年李光耀用心栽培了幾個有潛質的接班人。然後，他很明智地讓這一小組人自行推選出他們的領導者。我們同儕之間沒發生任何紛爭，基本上沒人在搶這個職位。我想，我們當中有兩個人是做好了當總理的準備……

問：您和……？

答：鼎昌。我們都有這樣的心理準備。我們兩人——如果獲得大家的推舉，我們願意去做。但我們都沒在競爭，也沒想要拉票。陳慶炎——到了在他家決定命運的那個晚上，我聽他一說才知道原來他對當總理不感興趣。這在政壇上是非常罕見的。政治這回事，是部長就都會想要爭取最高權位。至於顯龍，無論對我或者對他的同儕來說，都是再明顯不過的人選。這個決定是直接且一致的。

問：那第四代領導班子的遴選呢？

答：顯龍並沒有決定誰會是領導。他交由第四代自行決定。

黃循財[4]在二〇一八年充當協調人。他私下與所有相關人士做非正式接觸，詢問他們心目中的領袖人選，然後向李顯龍彙報進展。我知道循財把諮詢範圍擴大到內閣部長之外，也接觸了幾名官職人員如常任祕書等等。

比較可喜的是，據我所知，當時有三名部長有興趣也做好了準備當總理。

問：您為什麼覺得這是個可喜的現象？

答：如果沒人想要當領導，那你又是回到原點，只好重新開始了。而如果心不甘情不願，臨危受命，也不會做得好。我和鼎昌，我們倆都不曾去爭取當總理，但我們也不至於不情願。如果需要我們站出來擔當，我們一定挺身而出。你如果找到了三名候選人，全都是不情不願的，那就很糟糕了。至少在被點到時，要做好心理準備。就第四代領導來說，當中有幾位不但做好了準備；他們都有這個意願。

問：那也可能更麻煩。

答：啊，這就是我下來要說的。推選人的範圍愈廣，拉幫結派的風險就會愈大。就像我們在許多其他國家看到的情況一樣。內鬥會動搖政治根基。可這就是政治，是無可避免的。這也就是為什麼我們一直堅持新加坡的政權交接要有規劃、有系統地平穩過渡。我們的國家太小了，禁不起爭權奪利的內鬥。

問：您會因此而擔心嗎？

答：有好有壞，這取決於核心有多強健。如果核心太弱，競選廝殺之下的耗損就會很大，而且最後勝出的也未必是最好的領導者。核心夠強的話，即使有競爭，只要在特定框架下展開競逐，你最終還是有望選出對的人。

我比李光耀又進一步擴大了範圍，在精英小組決定了總理候選人之後，也讓國會議員有發言權。李光耀不能這麼做，因為他是在把政權從開國元勳一代移交給新一代。我覺得再往後，如果沒有一個顯而易見的領袖人選，人們可能會爭相提名自己心目中的領袖。這一定就不好嗎？我看也未必。如果你有八十名議員，而有超過半數不認同精英小組所選或總理屬意人選，那我認為就應該允許他們提名另一個替代人選。

最重要的是，領袖人選一旦選出，他的內閣同儕以及整個黨上下都要在背後支持他，跟他一起打拚，帶領新加坡前進，並繼續推進有規劃且平穩過渡的下一代政治傳承。這是第四代領導班子、行動黨國會議員乃至整個人民行動黨，必須做的事。

問：這樣難道不會導致候選人去承諾在當選總理後委以內閣職位來換取支持的現象嗎？

答：這是我們一定得要慎防的。我希望我們能在行動黨體系內建立起一套慣例，鼓勵優秀的領袖人選主動提出說自己準備好了，而且有意願當總理。他們不需要競逐，因為同事們都知道他們各自的強處和弱點。像我那時候一樣。我是在嘗試將這套政權繼承系統制度化。

從開國元老到第二代，就只有一個參照點——李光耀交棒給我。然後是我交棒給李顯龍，那也只有兩個參照點。如果現在交棒給第四代能發展出一套體制，那就會有第三個參照點。也許這就可以成為行動黨甚至是新加坡政權自我更新的慣例。我們也許無法顧及長遠未來會怎麼樣，但最起碼我們也盡可能在奠定基礎。可是再往前，我知道情況也許就不會這麼直截了當了。因為人人都會爭著要當總理，然後競爭者會在暗地裡委以職務做為爭取支持的交換條件，這些現象在政治上可說是再自然不過的本質。可是你知道的，那樣做可能會適得其反，因為行動黨議員都是很有原則的人。我們選中他們做為我們的候選人，看重的就是他們的價值觀和原則。

問：您那一代真的很了不起，不只不會爭當總理，在您當選後跟您一起並肩作戰也完全沒問題。

答：完全沒問題。我可以向你透露一件事，李光耀告訴過我，我的同儕裡有位部長曾向他透露，說如果自己也出席了那一晚為推舉領導所召集的小組會議，他不會支持吳作棟當領導。李光耀覺得應該讓我知道，我當上領導並不是毫無異議的。他也一定有信心，認為我不會因此而對那位部長心存芥蒂，要不然他不會告訴我那個人是誰。

這也是為什麼我希望我的繼任者在獲得內閣同僚一致認可後，也能獲得國會議員廣泛的支持。我跟這位部長之間沒有任何心結，他是一位出色的部長。可是未來如果有類似情況，對方也許會讓在任總理很頭痛，因為他可能會說：「我身為部長，卻不能選擇自己的領導。叫我要怎麼服從這個人的領導？」

問：李顯龍讓您繼續留任內閣，這事可有在您意料之中？

答：我會說，答案是肯定的。我並沒有要求繼續留任，但我料得到。我很了解顯龍，也明白他的思維與作風。你看，如果我不留下，他父親也很難再留任了。顯龍若只要求父親留在內閣而沒要求我也留下，他的形象也會受損；而他父親也絕不允許這種情況發生。所以，我不意外，而且我也早已開了先例。

二〇〇四年八月十二日，李顯龍在總統府園地宣誓就任新加坡共和國第三任總理。吳作棟列席觀禮，感受到一股久違的欣喜、平靜和淡定。「那是我的涅槃時刻。在任時的如山壓力瞬時解脫。」他如此憶述，整整十四年的挑戰、壓力、嘔心瀝血，很少有人知道，更別說去真正了解。其總理生涯的成就，無論以哪個指標評斷，不管在政治、經濟或社會

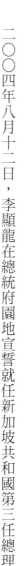

層面，就算是再樂觀的政治觀察家也不可能早在一九九〇年得以預見。

再怎麼說，這位領導人在某些方面始終讓人視為「暖席人」——過去如此，現在亦然；他在超凡傳奇的強人前任手下辦事，得到聰慧過人的後任輔佐，執行著一件看似不可能的任務。可是他在坐上最高權力座位的這十四年裡，樹立起了「君子一身沉著冷靜的風範，將始終未曾變質的沉靜睿智發揮得淋漓盡致」，朱艾達在《海峽時報》中如此寫道。而在李光耀仍留任內閣的氣場與氣勢下，還能漂亮地完成手頭上的任務，那還當真需要有非凡特殊的性情才能做到。

吳作棟做到了。套用一句他最喜歡的口號，他成功地帶領著新加坡繼續往前走。這麼一句平淡無奇的說辭也許聽起來不甚了了，但政治分析家賈納達斯在《印象篇》一書中撰文形容，吳作棟的如此成就絕對是不容小覷的。「吳作棟最顯著的成就是，他向世人證明了新加坡即使在李光耀的魅力型領導謝幕之後，也仍然可以繼續生存。這番結論現在看來似乎是再平常不過，甚至是不在話下；但也恰恰因為如此，這一事實才是吳作棟成功的佐證。」

「一九八〇年代，無論新加坡國內國外，人人都在質疑這個國家能否在後李光耀時代繼續生存。是吳作棟，讓這些疑慮煙消雲散；也是吳作棟，讓新加坡人不至於執念昔日的魅力型領導風範，抑或始終相信政治領導模式只能有一種可能。是他，才讓許多人不再質疑這座小城邦存在的正當性，不再懷疑新加坡會在開國元勳一代或甚至是吳作棟那一代人之後就不復存在。吳作棟主政年代證實了新加坡的過去不是曇花一現，證明了新加坡的未來也不會是海市蜃樓。」[6]

而對於故事的主角來說，他向來抗拒自誇自喜的讚語。二〇〇四年八月九日，他最後一次向全國發表國慶獻詞，在回顧自己擔任總理的十四年任期時始終謙遜內斂，只以一句話概括：「目前一切運作正常。」相隔近二十年後的今天，在為此書接受訪問時讓他重新自我評價，他也只願意給自己和團隊微乎其微的表揚：「李光耀交託給我的是一個風調雨順的新加坡——可以說是把這個國家放在銀盤上交到我手中。而我交託給繼任者的，是一個供在金盤上的新加坡。我那一代人在開國一代奠定的柱基上添磚加瓦，將新加坡帶向了新的高峰。能做到這一點，給了我巨大的滿足感。我盡力了。我很滿足。因為新加坡站上了高峰，昂揚而立；我亦站得高、立得正，傲然無憾。」

吳作棟對第十八章的反思與感想，請見〈省思〉「以蟲之眼觀生活」，第四〇一頁。

Hubbing means we can stay together as a family

省思

希望讀者透過這番省思，
能更清晰地了解新加坡故事，
更深刻地體會我們的價值觀、
信念、原則、善治良策。

吳作棟

第一章：一夜安眠，漂亮出擊
準備就緒

二〇一九年十二月十七日，我到醫院探望黃維彬；他氣色不錯，看上去心情很好，也很清醒。他患上胰腺癌，第四期，正在接受疼痛管理治療。醫生說他頂多還能活三個月。維彬堅忍著，默默盤算要怎麼好好過完最後的日子，也還計劃要在兩個月後跟我們這群經常一起打高爾夫球的球友來一場飯局。遺憾的是，他的計畫終究沒能實現。

知道他要走了，我在二〇一九年十二月三十一日見了他最後一面。隔天破曉之前，他與世長辭。

維彬當上新加坡第二任三軍總長之前，曾是陸軍總長。他也是第一位在本地完成軍訓後接掌最高軍事職務的軍官，為此他一直深感自豪。新加坡武裝部隊轉型為一支優秀的作戰部隊，他居功至偉。能結識他這麼一位軍人和朋友，我很驕傲。

在新航一一七號班機劫機事件中，維彬是精銳特別行動部隊的總指揮。我知道這段經歷一直深烙他心底，因此我在醫院裡再一次對他在劫機事件中發揮的作用表示讚揚。看得出他的神色馬上為之一振，說自己下達指令要突擊隊衝入機艙前的那一刻，他的心怦怦直跳，簡直快要爆裂了。他提醒我，我之前看到的好幾次突擊隊演練，為的正是完成這樣的任務。

我同新航一一七號劫機事件的四位關鍵決策人——賈古瑪、楊林豐、林祥源、黃維彬——有著密切的工作關係，也很清楚我們早已為類似的情況做好了萬全準備，這正是我在接獲劫機消息時還能顯得如此淡定的原因。

我對內政部長賈古瑪有十足信心。他處理過無數次危機。一九八六年三月十五日，實龍崗路六層樓新世界飯店倒塌時，我們一起去了現場。那是國內一場重大災難。他以內政部長身分負責統籌救援行動。我當時是副總理兼國防部長。

新航一一七號事件行動中，賈古瑪就在現場。是他點頭批准維彬帶隊衝入機艙。還有一個由祥源領導的跨部門「執行小組」協助他。祥源是我在國防部的常任祕書，他的能力和性情我都非常熟悉。我在國防部的第二部長林豐也在現場，他後來接替我出任國防部長。

維彬也認同祥源的看法，認為我在劫機事件發生時沒到指揮中心去是對的。這麼做也只會為整個決策流程多添一道程序。

劫機事件後，我向新聞界發表聲明，表揚「有關人員迅速、高效處理了這次事件」。

當你為最壞的情況做好了準備，當你相信執行人員的專業能力、敬業精神和判斷力，你就可以處之泰然，安然入睡。做好準備；就像我在萊佛士學院當童子軍隊長時學到的那樣。準備就緒，就像我當國防部長時向新加坡武裝部隊發出的指示一樣。

新加坡必須為所有可能發生的情境和緊急情況、甚至是意想不到的局面，準備就緒。

第二章：閃電大選

隨遇而安、泰然處之

一九八一年安順區補選期間，有個貨車司機怒氣沖沖地要我阻止醫院讓他母親出院，理由是家裡沒人照護。為了讓自己的訴求更有份量，他還特別強調他一大家子手中總共握有十三張選票。

二〇一一年全國大選後，有個相熟的居民告訴我，她並沒有投我一票。為什麼呢？只因為負責看管社區公園的鄰居不讓她隨心所欲地栽種自己想要的花草！

每週例行的接見選民活動，有些居民在提出申訴前會先來段開場白，說明自己多年來都是把票投給行動黨。言下之意再明顯不過。

人們根據自身的利益投票，這是可以理解的。所謂利益，可能攸關他們對國家宏觀前景的想像，對多樣性的渴望，對具體政策的看法，對市鎮住宅管理的滿意度，對政黨的傾向喜好，對候選人的好惡，或者其他瑣碎和非瑣碎的原因。這就是民主制度的作業方式。

我經歷過多場選舉，對選民的投票行為有了幾點觀察。

其中觀察到的一點是：選民往往更關注政府的缺失疏漏，而非政府的整體表現。政府犯下的錯誤，人民必定會牢牢記住，並且無限放大；而政府所做的好事，一般都會被當成理所應當——如古羅馬政治家馬克・安東尼（Mark Antony）所說：「人幹下的惡行在死後仍會遺臭萬年；而善事卻往往隨屍骨同葬黃土。」

以住屋為例，如果你在自己理想的地點申請到組屋，這會是個正面觸點。萬一你連抽幾籤都抽不到房子，那就會成為痛點了。你更有可能會因為自己的痛點去批判政府，而不會因為政府給人民提供了品質高、價格適中的住屋就心存感激，因為這些早已被認定為理所當然。

我曾經問過一位總愛批評政府的三十多歲記者是否已婚。他回說：「未婚。」我建議他尋找對象別只關注表面的不完美，也要把對方看成是一個完整的人。我還說，政府就像是一個準配偶。若干年後，我到北京訪問時，這名記者要求見我。我以為他要採訪。不，他只想跟我打個招呼問聲好。然後他問，他的妻子能不能和我合照！我很替他高興。

人民行動黨政府並不完美。它也從未聲稱自己是完美的，實際上也永遠不可能是完美的。然而，它在盡全力改善新加坡人的生活，滿足國人的需求。它總是在鞭策自己做得更好。是的，它也會犯錯，也有弱點和缺陷。但歸根結柢，它始終是個非常好的政府。要拿它與世界任何一個政府作比較，它仍然禁得起考驗。

在新加坡，善政就像我們所呼吸的清新空氣一樣。我們視之為理所當然，就像法律與秩序、種族宗教和諧、自來水、良好的醫療保健、負擔得起的住屋、優質教育、充分就業和高標準的生活。很少人會意識到這些東西的重要性，直至哪一天它們突然消失，不復存在。

人民的期望很高，而且還在繼續提高。這是好事。政府有責任創造出最好的環境讓人民追求夢想。然後，還是得靠人民自身去抓住機遇，把夢想變成現實。

有一次，在珀斯的天鵝河渡假時，我對一群天鵝做了一項古怪的實驗。我站在草地上，天鵝慢慢走近我，對我手中的一袋餅乾虎視眈眈。我掏出餅乾一片片地遞出去，天鵝很有耐心，也很專注。

很快地，餅乾分完了。幾隻天鵝嘎嘎地輕輕叫著，想多要點吃的。我示意沒有餅乾了。牠們嘎嘎嘎叫得更大聲了。更多的天鵝也加入了。我把紙袋倒過來，搖了搖，表示真的沒有了。牠們的嘎嘎聲愈來愈大，也愈來愈有攻擊性。牠們最後「嘎」叫一聲，轉過身去，用屁股朝著我。

人類要比天鵝複雜得多了。人類有需要和訴求，有希望和抱負，有喜歡和不喜歡，有偏好和偏見，有思想和情感，有後知後覺和先見之明。天鵝則更像是那些「單一議題選民」。

人們在投票時既要考慮眼前的利益，又要考慮長遠的未來。你既不能只用「餅乾」來

「收買」人民的忠誠，也不應該大派紅包來滿足人類貪得無厭的胃口。是的，你必須滿足選民的物質需求，但也得同時處理人們的情感與抱負，以及更高層次的目標。你需要鼓勵他們參與，傾聽並與他們交談，贏得人們的尊重和信任。

天鵝的忠誠在餅乾吃光後就會終結。而選民對你的支持，則會因為你願意理解他們的處境，改善他們的生活，讓他們參與實現自己的抱負，設身處地發揮同理心爭取他們的尊重和信任，而對你不離不棄。不過即便如此，到了投票日，仍要為最意想不到的局面做好準備。

二〇一一年那場大選，就讓我對選民投票行為留下了一次難以磨滅的教訓。馬林百列集選區在一九九二年的那場補選，讓我們贏得了七二・九%有效票；之後的連續三屆大選，甚至無人前來挑戰。豈料到了二〇一一年大選，我們卻只獲得五六・六%支持票。

馬林百列集選區的人民行動黨團隊名氣很大，不像競選對手反對黨團隊那般名不見經傳。可是行動黨在推介年僅二十八歲的新候選人陳佩玲時，社交媒體就極盡嘲諷她年輕幼稚。後來，反對黨也推出了一位更年輕的、才二十四歲的佘雪玲。公眾卻都為之傾倒。結果這場選舉成了她們兩人之間個性的較量，乃至集選區團隊其他成員的地位和素質都被忽視了。那一次，讓我深刻感受到選舉有多難以預測。

事實證明，人民行動黨對陳佩玲的判斷是正確的。隨後，她在麥波申單選區中獨當一面出征，結果分別在二〇一五年大選和二〇二〇年大選獲得六五．六％和七一．七％的壓倒性勝利。

而馬林百列集選區在後來二〇二〇年的大選中，支持率只達五七．八％，遠低於二〇一五年的六四．一％。人民行動黨的得票率也在全國各選區普遍下滑，即便傳統上人們都相信危機會促使選民更傾向於久經考驗的執政黨，以策萬全。

事與願違，深陷COVID-19疫情這麼一場「一代人的危機」中，行動黨的總得票率卻只達六一．二％，與五年前的六九．九％形成強烈對比。我原本預計全國支持率可達六五％左右。畢竟二〇一五年大選以來浮現的許多問題，比如地鐵列車故障，政府都一一解決了；COVID-19大流行所造成的嚴峻挑戰，它也都很好地處理了。

那麼，為什麼支持率不升反降？藉著對美國政治所作的一番學術性觀察，或許可以為新加坡政治找到一個深刻的理由。

著名專欄作家兼寫作人羅伯特．薩繆爾森（Robert J. Samuelson）在其《美好生活及其不滿：一個權益時代的美國夢（1945-1995）》（*The Good Life and Its Discontents: The American Dream in the Age of Entitlement 1945-1995*）一書中提出了這樣的見解。他觀察到，雖然物質生活獲得了極大的改善，但民眾卻因為自己的烏托邦期望而不願承認這個現實。用他的話說：「我們的態度更多是由未實現的雄心壯志而非已實現的實際成就所形塑的。」

政治學家應該也對新加坡的政治行為進行類似研究，看看「美好生活及其不滿」的現象是否也適用於新加坡。

我也仍舊堅持自己的立場——唯有實現善政，才足以推動新加坡持續成功，進而實現你們的美好未來。一個好政策，要是施行不當，也終將淪為惡政惡法。但我現在也變得更有哲理了：你們的未來、新加坡的未來，不僅掌握在領導人手中，也掌握在你們手中，就在你們投下手中選票的那一瞬間——「Que sera, sera」，隨遇而安、泰然處之。

第三章：禍不單行
關鍵的團隊風險

我在自己的大家庭裡經歷過三次重大打擊。父親在我十歲那年因肺結核病逝，當時他才三十六歲。失去父親，也意味著母親不得不離家在外頭教書，一個人養大五個年幼子女。

我的四叔則在四十八歲那年因心臟病發去世；四嬸為了養活三個年幼孩子，只好在學校食堂煮麵賣麵。

幾年後，我的五叔，也是最小的叔叔，同樣因為心臟病發過世，年僅四十四歲。那一次讓我深切感受到失去親人的痛苦。我跟五叔關係很好，他只比我大四歲。事發當晚我還坐在他身邊一起吃晚飯，慶祝我們家小妹的第一個孩子誕生。我們聊著天，但是並沒有談到他的健康狀況——雖然我當時是衛生部長。他留下了當教師的妻子和兩個年幼孩子。

當家中唯一的經濟支柱意外倒下，家屬會立刻陷入經濟困境，未來的生活也充滿了未知數。用風險管理的行話來說，這就是所謂的「關鍵的人物風險」。購買保險可以減輕這類風險的衝擊，但也只限於財務上。然而，對於組織機構來說，最好還是及早規劃領導接班，以確保體制能順利傳承。

我出任國防部長期間，我們為新加坡武裝部隊的所有關鍵職位都選定兩三個潛在的接班人。同樣地，我們的公共服務部門也為其高層領導職務制定了接班計畫。

李光耀在他的財政部長韓瑞生找到接班人之前，是不會允許他退休的。韓瑞生把我招了進來。而我能在短時間內離開東方海皇船務公司，也是因為我早在韓瑞生找我加入人民行動黨之前就已經在培養自己的接班人了。

當王鼎昌和李顯龍先後確診患上癌症時，兩人的繼任者都尚未到位，因為當時我也才剛接任總理不久。這些事態發展讓我很震撼，特別是陳慶炎和丹那巴南較早前才剛卸下內閣職務。

我很感謝慶炎和丹那巴南當時欣然重返內閣服務。我的整個內閣團隊都挺身而出，一同迎接挑戰。雙重打擊反倒使我們更加堅強。我們從而變得更加強大。

在新加坡，讓政治傳承有計畫且平穩順利地過渡，已然成為公認的、約定俗成的政治智慧。據我所知，這個做法在民主體制的實踐中堪稱獨一無二。人民行動黨讓部長、官職人員以及後座議員定期更替。政治上的自我更新是行動黨之所以能長期執政的一個關鍵原因，也是新加坡政治穩定和維持善政的一大重要條件。

許多民主國家的政府猶如玩大風吹般頻繁替換，政府在一到兩屆選舉後就會被淘汰更替。

對於這種輪替政府，我認為無論是政權交接的過渡期、初上任執政時的學習期，一般上表現也都不盡理想，這些種種都存在著機會成本。萬一再錯失經濟契機，治理不力，抑或因為經驗不足而採取錯誤的戰略轉向，那付出的代價恐怕還要更高。這樣的政府不會進行長期規劃。他們的本能是敷衍塞責、避重就輕，只會一味著眼於贏得下一次選舉。

新加坡是幸運的。政府放眼規劃的是要應對未來百年的挑戰。這並不是誇大其詞——我們也確確實實正在計劃修建堤壩，以應對全球暖化和海平面上升。

新加坡必須摒棄旋轉門政府。我們更容不得在政治上淪為短視主義。要不是我們積蓄了好幾十年的儲備，我們又怎麼會有能力應付亞洲金融危機、SARS疫情和當前的COVID-19疫情對經濟所造成的衝擊？我們是如此一個彈丸小國，可容忍的誤差範圍根本微乎其微。

因此，國家的駕駛艙裡，永遠要有值得信賴的飛行員。

如果你知道駕駛艙裡的飛行員沒有經驗，甚至沒經過訓練，你還會登上這架飛機嗎？我們委託任何政治人物坐進國家的駕駛艙之前，最好先確保他們接受過必要的培訓，也累計了足夠的實際飛行時數。別以為甲乙丙丁任誰都有能力將新加坡這架飛機安全無誤地飛向未來。

一國總理，就是一項關鍵的人物風險。一個政府的內閣，亦可謂之為一項關鍵的團隊風險。我們謹慎地進行政治傳承與繼任規劃，來減輕這兩種風險。

我們的未來領導人在獲准進入駕駛艙之前，都得先經歷現實世界的淬鍊考驗。僅僅在模擬機上進行培訓是不足夠的；它雖然也有幫助，但並不足以練就一個人的鋼鐵意志。唯有現實生活中的危機才能做到。

第四章：一雪前恥，再出發

走出他的影子

一九九二年那一場補選，不僅僅是撫平傷痛，也是我政治領導生涯的轉折點。

身為黨領導人，我不可能利用自己的權力要任何一位現任議員放棄原有議席，投入補選選戰與惹耶勒南對決。更何況當時民間的氛圍是希望將更多反對黨議員重新送入國會。我當時有信心自己能在與工人黨黨魁的競選中獲勝。但在我的選區舉行補選，也必定會給政治繼承規劃帶來一定的風險。無論有多大信心，你也永遠無法完全掌握選民投票的結果。也會有相當比例的選民可能會利用這個機會投下反對政府的抗議票。

那場補選幾年後，我偶然遇見當年那名放了惹耶鴿子的工人黨主席。我問起他提名日當天到底發生了什麼事。他說惹耶勒南惹惱了他，所以他決定不現身。當然，政治上不可能這麼小家子氣。外界看來，顯然是工人黨膽怯了。

我在劉程強接過工人黨領導棒子後曾對他說，即使當年他的政黨參加了那場補選，也還是會輸掉選戰。他說：「那可不一定。我們會以不同的方式競選。」無論如何，說這些是毫無意義的。程強終究是一位精明的政治家。

新加坡民主黨黨魁詹時中就沒那麼精明了。他在競選期間很得意地宣稱，他為自己的政黨引進了一位履歷亮眼的學者。這名候選人是喬治亞大學生理心理學博士徐順全，他誇口說自己「智慧非凡」。李光耀當時從報章上一看到這句話就笑了出來。毋庸置疑，李光耀堪稱世界上最睿智的人之一，卻從未曾誇口說自己智慧非凡。

詹時中為自己對徐順全的錯誤判斷付出了代價，最終還讓「青出於藍」的徐順全逐出了民主黨。

我踏入政壇之前是個技術官僚，曾在財政部和國家航運公司工作過。和其他應召加入人民行動黨的技術官僚一樣，我也是一入黨就被扔進了深淵。李光耀說，黨內元老的時間不多了，需要新一代迅速接班。他開玩笑地向我們保證，如果有人溺水，他會把我們撈上來的！李光耀綠化了新加坡，在全島各地栽種速成生長的青龍木。在我們這裡，他提供了溫室，栽培「速成就位」的政治領袖。

我受任命為行動黨組織祕書。我與黨支部接觸，同支部黨員互動交流。我組織過選舉，甚至還輸掉了一次安順區補選。但是在這個過程中，我學會了在滿是大小魚兒、甚至鯨魚鯊魚竄游的政治大池中游水。我決定在一九九一年大選後不到一年的時間裡為惹耶勒南辦一場補選，以駁斥他的指控，指我之前刻意在他喪失參選資格期限未滿之前提早舉行全國大選，別有居心地將他拒之門外。那一場為履行承諾而舉行的補選，是經過深思熟慮的一場戰略性政治盤算。

我們還借這次補選進行黨內更新，引進了年輕的張志賢。他當時是海軍總長。張志賢後來成為副總理，也是李顯龍總理內閣的核心要員。結果那場補選中，我的集選區團隊贏得了七二．九%選票。民主黨得票率只有二四．五%。另外兩個反對黨的競選團隊則是連保證金都保不住。

我終究走出了李光耀的政治影子。

第五章：潮漲眾船（未必）高

分享福運

如果隨機挑選一千人參加馬拉松長跑，你會預想到什麼樣的情景？在同一起跑線出發後，實力較強的選手很快就會衝在最前面，實力較弱的選手則被拋在後頭苦苦掙扎，有的人甚至還可能無法完成比賽。這就是一個唯才是用的現實例子——機會均等，但結果不同。

唯才是用制度以公平競爭為基礎，重視個人能力與努力；但新加坡如今也和其他國家一樣，都在見證這個制度的尾端效應開始浮現。一個不利的後果是：收入不均鴻溝日益擴大，在同一起跑線上競爭的資源不平等現象，也愈來愈嚴重。

在萊佛士書院二〇一三年度校友回校日暨「精鷹獎」頒發晚宴上，我說：「唯才是用的核心是一種價值體系，一個人在社會上的發展，憑藉的是個人的能力、表現和成就，而不是基於人脈、財富或家庭背景。」

唯才是用體系，為的是提供平等機會，但它並不能保證會產生平等結果。諾貝爾經濟學獎得主海耶克（Friedrich A. von Hayek）提出，機會均等是公正的，而政府如果試圖創造均等的結果，則會導致暴政。他與同個年代的知識份子展開辯論，而其他知識份子則深信社會正義必須通過平等結果才能實現。共產主義追求的是平等結果。而共產主義終究是失敗了。

但是，今日浮現的各種不平等問題如果不加以處理，那唯才是用的制度亦將面臨挑戰。焦慮情緒與社會政治問題也已經開始浮現。

我在柏南克（Ben S. Bernanke）擔任美國聯邦儲備委員會主席時與他結識。他在二〇一三年普林斯頓大學的畢業典禮上說：「所謂唯才是用制度，指的就是，在這種制度中，在健康狀況和基因稟賦方面最幸運的人；在家庭支持鼓勵，可能還有收入方面最幸運的人；在教育和職業機會方面最幸運的人；在其他諸多方面都最幸運的人……也會是收穫最大回報的人。」他希望應屆畢業生多思考自己所肩負的義務。他強調，只有當那些在各方面都最幸運的人也肩負起改善世界的最大責任並「與他人分享福運」，唯才是用的做法才能過得了道德考驗，被視為是公平的。

基因優劣是政府無法控制的。但政府可以通過各種政策和計畫提供更多資源，確保每一個新加坡人都獲得更能公平競爭的機會。不僅僅是在出生之時，而是在一生中的各個不同階段。政府可以培養他跑步的能力，鼓勵他提升技能和耐力，助他從容完成比賽。

在此，我對政府更加重視學前教育表示讚賞。在上游階段所做出的這類投資，將意味著在起跑線上為這場教育馬拉松提供更多的平等機會。

我在萊佛士書院校友回校日的演講中首次提出「溫情的唯才是用制度」這一說法。政府雖然沒有使用這個詞，但這些年來都在實踐這套理念。例如，我就成立了保健基金、教育儲蓄和社區發展理事會等。今天，我們有了更多計畫，例如社區關懷計畫、就業補助計畫、樂齡補貼計劃、技能創前程計畫等等。這些計畫正在縮小領先者與其他參與者之間的差距。

我很幸運，能在新加坡的唯才是用制度下成長。它讓我即使出身卑微，也一樣能成功跑完我個人的馬拉松。如今，那些在社會上較有成就的人大多是來自富裕家庭，有較好的條件，在起跑線上占有優勢。這些成功人士務必要伸出援手，分享技能、人脈與知識，扶一把那些落後的人，讓他們也能做得更好。最起碼，要慷慨解囊。

唯有如此，這些較成功的人才能「過得了道德考驗」，並「與他人分享福運」，哪怕政府也在幫助那些稟賦較差的一群人。這才是「溫情的唯才是用制度」之真諦。

第六章：拒絕平庸

壓垮雄獅的最後一文錢？

部長薪水課題總會引起強烈反彈，但這並不意味著我們就只能對這個議題完全避而不談。理性的論述之外，我們還需要政府有良好的表現，部長們盡心盡力的服務，讓人民的生活切實改善，對民生疾苦感同身受；通過這些種種來贏得民心。簡而言之，就是要貼近民生民心，並為人民帶來實質成果。

我可以理解為什麼很多新加坡人對部長的七位數年薪感到不滿。首先，這超出了新加坡普通職員工友的想像，也超出了大多數專業人士的抱負。第二，在人們心目中，政治家為服務人民而做出犧牲是理所應當的。第三，其他國家支付給部長的薪水比我們來得少。

支付具有市場競爭力的工資這點有多重要，我有過親身體會。我曾在多個機構和政府部門處理過人才招聘和留用問題：在東方海皇船務公司擔任董事經理時是管理人員和船務人員；在國防部長任內則是新加坡武裝部隊軍官將領；擔任副總理時得處理公務員人事問題；在新加坡金融管理局出任主席時處理的是高管人員人事問題；而總理任內，則必須處理部長和政治職務人員的招攬與升遷事務。

用人力資源的行話說，薪水其實是一項「保健因素」。有競爭力的薪資水平更容易招聘和留住高績效員工。薪水與人才素質之間往往存在著正相關關係。然而，一來到政治，就很難說服投票群眾了。我們當然不希望薪資反而成為誘因，吸引到錯的人進來。但我們也不應該讓薪資成了阻礙，讓極有能力勝任的人才裹足不前。

我們該如何界定公共部門各級官員的薪水？按照常理，公務員薪水必須能與私人企業界內具備相等資歷、經驗和能力的人員薪水旗鼓相當。否則，公共部門將難以招聘和留住優秀且盡職盡責的公務員。

大多數新加坡人對於高級公職人員或私人企業界總裁的薪水都不會有所抱怨，卻有許多人只因為部長們是政治領袖而對他們的薪水百般看不慣；儘管部長們的責任更重，他們所做出的決定也更直接地影響新加坡人的生活和新加坡的未來。

我們招聘有潛質的部長時，看的是他們在職業生涯中所展現的能力。我們從不過問他們的工資有多少。

然而，勝任能力雖然是成為部長的一個必要條件，不過光有能力仍不足夠。對人民行動黨來說，最重要的素質可以用五個「I」來概括：誠信（Integrity）、意志（Iron）、智慧（Intelligence）、激勵人心的能力（Inspiring）、影響力（Impactful）。總理的基本職責是為國會和內閣組建最好的團隊。李光耀做到了，我也做到了。李顯龍也同樣在這麼做。但是他也發現，一屆屆政府下來，他愈來愈難以說服有能力有抱負的人才放棄原有事業從政。

在組建團隊的過程中，我們與公共服務部門、軍警部門和私人企業界都在同一個「人才池塘」裡尋找領導人才。唉，新加坡雖然也培養了不少高素質的頂尖人才，可是我們的這個小池塘實際上卻是愈變愈小；我們的許多資優生現在都到國外留學，還有不少人在海外工作。這些人都從我們的新加坡池塘游走了。

顯龍告訴我，他相中了好幾位頂尖的私人企業界人士，卻說服不了他們參加二〇二〇年大選。我見過他們當中的三個人不止一次了。我也無法說服他們。

我們還嘗試說服幾位我們看好會成為優秀部長的高級公務員參選。他們都明白個中道理，但也拒絕了。

如果連公務員都不願意從政，這對新加坡未來的國家領導層來說，預示著什麼？

在李光耀、吳慶瑞、拉惹勒南等開國元勳一代領導人之後，就很少有人會自願放棄自己成功的事業來換取這樣一種既無終身任命保障，又必須承受公眾審視與社交媒體攻擊且吃力不討好的政治職務。當今這個時代，已不再有殖民主義強權、共產主義猛虎或者地方自治主義惡魔等著時代英雄來鏟除。

讓我們現實一點。時代已經改變。在經濟繁榮、國泰民安的盛世裡，大多數賢能才俊都寧願追求個人的理想與抱負，而非為國犧牲。如果一腳跨入政壇，他們就必須從燒紅的燙腳煤炭上走過，去掌握一門他們可能並不具備任何天分的新手藝。他們總會理性地認為，一定還會有其他人來做這份工作。

這就是問題的癥結所在——如何說服優秀、有能力、具備五「I」要素的新加坡人挺身而出；無論身處風平浪靜或驚濤駭浪之中，也能帶領國家破浪前行。

李光耀領導新加坡為自治和獨立展開歷史性鬥爭。他招募了我。而我也招募了優秀人才，與我一起並肩完成讓新加坡繼續往前走的使命。當前和未來領導人的使命，就是讓新加坡繼續發光發熱。如果領導層最終實力減弱，新加坡必會倒退。即便日後有能人志士覺得有義務站出來拯救新加坡，也可能早已鑄成無法彌補的損傷。

我還有個更深一層的隱憂。當國家召喚而那些具備必要素質的人都說「不」的時候，新加坡就有麻煩了。有些人認為政治傳承是人民行動黨的問題。他們錯了。這是整個新加坡的挑戰，攸關國家存亡。當我們從一代領導班子過渡到另一代領導班子時，攸關的是每一個人的未來。

我堅信，必須在每一代人中招募最優秀的人才來領導新加坡。第四代領導班子是我們在他們同代人中可以招募到的最優秀的一群人。也許同代人之中還有其他與他們同樣優秀甚至有過之無不及的人才，足以進一步加強現有團隊。但這些人是誰，他們在哪裡，我們要如何找到他們，要怎麼說服他們犧牲自己的事業、利益、收入和個人隱私，轉而投身政治魚缸裡服務？

薪水永遠都不該是說服一個人成為部長的「胡蘿蔔」。但薪水卻可能成為壓垮駱駝的最後一根稻草。以我們試圖招聘的兩家上市公司總裁為例，他們如果從政當部長，將被迫減薪高達八〇％。那還是在COVID-19疫情爆發之前。而如今，他們更不可能在公司陷入困境時棄船轉行。

我深信，我們應該以一種理性和客觀的方式來制定部長的薪水，而不應該是憑空想像出來的主觀數字。

我過去曾經主張用一套客觀透明、與市場掛鈎的算式來制定官職人員的薪水，如今立場依然不變。首先，要構建出這個市場基準。然後，確定一個適當的折扣，以反映從事公共服務所必須做出的奉獻，可以是三〇%、四〇%，或者更多。棘手的是，要如何讓公眾接受這套計算方式和折扣額度。

無論採納何種算式，無論最終得出的薪水是多少，這套制度都必須達成三個目標。首先，這套算式必須能夠容許薪水以透明的方式定期上調或下調。第二，算式得出的薪水，不應該再讓最優秀的人才對挺身而出到政府任職而裹足不前。第三，公眾必須相信這套算式是合理的，並且願意支持它做為制定部長薪水的最佳方案。

有些人不同意現行算式與市場掛鈎的這一原則，我對他們絕對尊重。但是，請提出另一個有實證為基礎、以合理原則為依據的更好的替代方案。

政府自二〇一二年以後就沒再調整過部長薪水，如今部長薪水水平與私人企業界最頂尖專才與總裁收入水平的調升早已不一致。

我見證過許多國家的興衰。我早就得出結論：最終決定國家命運的，是政治領導人的能力、意志力，和道德價值觀。

對於那些認定即使內閣領著微薄俸祿，新加坡也還是能繼續發展的人，我的回應是——好自為之。

部長薪水議題，會不會成為壓垮新加坡這頭雄獅的最後一文錢？

第七章：阿作和阿音的那些事

惡意攻訐定難容

學生時代，我夢想過當作家。

我會饒有興味地追看報上有關本地作家作品的書評。林寶音的小說總會好評如潮。當林寶音也開始評論起政治來，我感到有些納悶。她是個文學家，不是個政治評論員。她也許沒有政治意圖，但她通過她的文章發揮了政治影響力。

她的第一篇政論文章〈感情的鴻溝〉讓我感到不安，但還不算越界。第二篇文章〈一個政府，兩種風格〉卻顯然越界了。因此，我以犀利的回應反擊，表明自己的立場。不這麼做的話，會貶低我和我的政府的威信。我以自己的風格回擊，戴上的是天鵝絨手套，而不是李光耀的指節銅套。

林寶音對白勝暉說，她犯了亞洲社會的一個大忌——讓領導人「丟面子」。是的，在亞洲社會，在社會關係和生意往來中，「面子」是必不可少的。可是在政治上對我而言不只是這樣。讓一個領導人「丟面子」，就是要讓其他人對這個人失去尊重；而對政府領導人而言，尊重尤其重要，至少在新加坡是如此。新加坡的領導人要向人民進行道德勸說，就先要得到人民的尊重與尊崇。我們的領導人努力工作以贏得這種尊重。新加坡社會如今也許變得更加西化，但我們在本質上仍然是個亞洲社會。我們不能容許部長和國會議員被評論員毫無理由地鄙夷嘲諷。如果出現這種情況，政治人物的公眾地位就會被貶到圖騰柱的最底層——無足輕重。因此，人民行動黨堅持要求黨內國會議員在個人行為和政治操守上都維持高標準。

新加坡的領導人必須對損害其信譽的無端言論做出回應。如果不這麼做，只會導致尊重和信任在潛移默化中，一點一滴、一言一語地遭到侵蝕。沒有了尊重與信任，領導人也就不再保有執政的道德權威，只能仗著國會多數議席掌握選舉正當性而已。

我們的反對黨陣營的政治家，也曾起訴政府領導人，指控他們誹謗。

已故工人黨領袖惹耶勒南就曾經針對我說他在詹時中的新加坡民主黨就職典禮上「策劃」集體退席，而向我進行提告。我是根據報章報導，說惹耶勒南在詹時中演講結束後就離席，賓客隨後也紛紛離席。我不是律師，所以「策劃」一詞用得很寬泛。

我們的高等法院裁定，我的言論的確具誹謗性，但是放到上下文語境中，這是一句公平的評論。惹耶勒南向英國樞密院提出上訴，樞密院維持了新加坡高等法院的判決。

詹時中也曾發出通知，要起訴人民行動黨一位部長。在一九八〇年全國大選的競選群眾大會上，丹那巴南曾戲謔詹時中不過是「一支單人樂隊，一個二流律師」。「二流律師」部分是具誹謗性的。丹那巴南道歉並在庭外和解，向詹時中支付了七千五百新幣賠償。

在世界許多地方，政治是一種骯髒的遊戲。只要看看一些西方國家的選舉活動，針對個人的惡意中傷和攻擊都只是交易的工具。一些政客為了贏得選舉，還厚顏無恥地做出空洞的承諾和虛假的聲明。

如果我們的社會不重視「面子」、不珍惜「尊重」，我們的政治就會墮入陰溝。那麼，新加坡也難以倖免。我們的領導人必須勇於直面批評，並對毫無根據的批評予以駁斥。反過來說，當批評是有道理的時候，他們應該謙虛地承認和糾正自己。

只有當領導人拿出政績、贏得人民的尊重時，我們的民主制度才能發揮作用。如果政治領導人一味追求人民的愛戴，衝高自己的人氣，我們的政治就會淪為民粹主義。

第八章：翠玉樓

上梁端正，下梁必能扶正

不得不去質問恩師李光耀，讓我覺得揪心。我糾結著要不要把他請到我的辦公室當面解釋他購買玉納園公寓所享有的折扣。他才剛做完心臟手術出院，植入支架撐開堵塞的冠狀動脈。這是一次極其尷尬卻又何其必要的會面。

一九九六年，全城都在熱烈議論著李光耀與他兒子，也就是我的副總理，如何在購買房產時獲得巨額折扣。可是當時並沒有任何關於貪汙的指控。假如我曾收到任何類似指控，我必將此事提交給貪汙調查局。

誠信和廉正是不容妥協的絕對價值。它們必須潔白如雪，容不得半點瑕疵。全世界都知道新加坡容不得貪腐。我們清正廉潔。二〇二〇年，由國際反貪汙組織「透明國際」發表的全球清廉指數對全球一百八十個國家和地區的貪腐程度進行評比，新加坡名列貪腐程度最低的第三位。但這並不意味著我們就完全掃除了貪腐現象。二〇一七年至二〇一九年，每年貪汙調查局在法庭上起訴的人多達一百三十個，其中九五%來自私人領域。

我親眼見證過李光耀如何對付貪汙指控。一九八六年，國家發展部長鄭章遠因涉嫌貪汙而受調查。鄭章遠要求會見李光耀，他卻拒絕了。他對我說：「我怎麼還可能見他？」他曾經很欣賞鄭章遠，認為他是一位辦事效率極高的部長，任內解決了好幾個公共住屋的瓶頸。

結果鄭章遠選擇結束自己的生命。他給李光耀留下了一封遺書，上面寫道：「發生這起不幸事件，我覺得自己必須負責，我覺得我應該負起全部責任。既為正人君子，我有感於自己理應為自己的錯誤而承擔最深重的懲罰。」

李光耀派我到鄭家為鄭章遠夫人提供幫助。我看到她傷心欲絕，很是難過。她女兒更是悲痛不能自已。

中國有句俗話說：「上梁不正下梁歪」。意思是，上梁不擺正，下梁就會跟著歪斜。領導若不以身作則，就不能指望下屬會有好的表現。

反貪腐最好也可能是唯一的保障，就是國家領導人的誠信。任何有關新加坡領導人缺乏誠信的流言蜚語，都會有損領導人在治理國家或懲戒受賄者時的道德權威。人們肯定會反咬一口。

在新加坡，整個廉潔體制必須由總理定調。在玉納園事件之後，我設定了新條例，規定人民行動黨籍國會議員購買房產時必須向總理申報。幾年後當房產買賣熱潮已過，我隨即撤銷了這項條例。人民行動黨還將所有部長及國會議員必須遵守的操行守則公開與民眾分享。這些都是用以維護黨的聲譽和誠信的明確規則。

新加坡憲法還增設了額外保障，授權貪汙調查局局長在總理阻撓調查任何涉嫌貪汙的個人時，可直接向總統報告。局長一職屬重大官職任命，須由總統批准。

我的祖籍家鄉福建永春的吳氏家族會給男孩分別起一套名和字。祖父到了新加坡也沿襲這個傳統做法。我的名是「作棟」、字「振梁」。直到很久以後，我才知道這對名與字的完整意涵。四個字拼湊一起，就是「振作」與「棟梁」——激勵自己，當個有擔當、能扛得起重任的人。我不能辜負家人對我的期望。

貪腐，對一個公平、誠實、透明的政府制度而言，會構成對最核心本質的直接衝擊。有句英文諺語說：「魚爛頭先臭」。我們的魚尾獅絕不容許發生這種情況——容不得有任何貪腐，哪怕是一分一毫。

第九章：不平靜的山頭

小島陽光明媚，定非喀拉喀托山

種族、語言、宗教，握在無良政客手中就是個爆炸性混合物。它們幾乎炸毀了那座沉靜的山頭——靜山。

在星馬分家之前的一九六〇年代，種族政治盛行。一九六四年七月十二日，巫統新加坡支部在巴西班讓的新星戲院召開了一次大會。當時，有「巫統之獅」之稱的馬來西亞巫統祕書長賽加化阿峇（Syed Ja'afar Albar）親臨現場發表演說，指責人民行動黨政府壓迫新加坡的馬來人。他挑起了種族之間的緊張關係，還高聲呼籲馬來人團結起來跟李光耀對抗。群情沸騰，高喊：「殺死李光耀！殺死奧斯曼渥（Othman Wok）！」奧斯曼渥當時是我們的社會事務部長。幸運的是，當天沒發生暴動。我之前住的地方離新星戲院只有五分鐘步行距離。那時我才剛搬走，但二姑一家還住在原來的地方。

九天以後，在穆斯林為慶祝先知穆罕默德誕辰而聚集遊行之際，種族騷亂爆發了。我當時在總理公署屬下經濟計劃組的第一份工作才剛開始三個星期；辦公地點在政府大廈，也就是現在國家美術館的前身。消息傳出後，我們被勒令回家。但怎麼回去呢？政府大廈外頭的道路交通大堵塞，車子只能龜速緩行。巴士也停運了。我和一個同事決定步行回家。我住在聯邦道組屋，離這裡大約十公里遠。所幸我們在臨近檳榔路一帶時，同事親戚開著的一輛汽車停了下來，載了我們一程。

我在萊佛士書院的同學歐思曼當時也是我在總理公署的同事，他也同樣在政府大廈工作。我們當天分別前握了握手，他的手心是冰涼的。後來我提名他為行動黨候選人，參加一九八〇年大選。

我的另一位萊佛士書院同學兼好友麥馬德則差點遇險。當時他開著車沿著基里瑪路前往新加坡理工學院教書，車子在新加坡羽毛球館附近被攔下。而旁邊三輛坐著華人的汽車都獲准通行。一聽到「打！打！」的吼聲，他立刻下車逃命。暴徒用瓶子和利器追打他。他渾身是血地逃到在芽籠不遠處的叔公家。救護車把他送到醫院。後來，當救護車送他回家時，還經過他那輛嶄新的、才買三週的「福特跑天下」轎車，車體已被燒得焦黑。更讓他捶胸頓足的是，他的汽車保險索賠失敗，因為暴亂和平民騷亂不在索賠範圍內。麥馬德後來成了部長，是第二代領袖的重要成員。他和我緊密合作，推動馬來回教社群的利益。他也同其他馬來回教議員一起成立了社區自助團體「回教社會發展理事會」。

一九六四年七月二十一日的暴亂，造成二十三人死亡，四百五十四人受傷。為了提醒新加坡人我們絕不允許種族和宗教再分裂新加坡，我們自此將七月二十一日定為「種族和諧日」。

我們要建設一個團結和諧的多元種族社會，這項工作永遠不會停歇。來自不同種族宗教的社群領袖們必須繼續以身作則，例如圍坐同一張桌子吃飯，在宗教節慶上互慶互祝，還有出席不同種族宗教朋友和同事的紅白事。這都是些簡單的舉動，卻有助於展現相互之間更深一層的理解、支持與尊重。

我們一直在努力使種族宗教多樣性成為我們的強項，而不是我們的弱點。即便關於種族宗教的社會規範、話語和經驗會一代代地演變；新加坡做為一個擁有厚實豐富的多樣性且團結一心的國家在世界上所綻放的光芒，絕對是我們每一代人都應該繼續呵護維持的。我們絕不容許新加坡這個陽光明媚的小島，像喀拉喀托山一樣噴發炸毀。

第十章：亞洲金融風暴

儲備金猶如呼吸器

資本，不過是個只能同歡共樂的酒肉朋友，一嗅出麻煩就會立刻逃之夭夭。實質上，亞洲金融危機就是在過度繁榮的泡沫破滅後所引發的一場信心危機。那是一次慘痛的教訓，凸顯了金融體系其實只是建立在信任與信心的基礎上，而非磚頭水泥之上。

那次以後，新加坡又面臨了四次系統性衝擊——二〇〇一年因互聯網泡沫破滅與紐約九一一恐襲事件接踵而來所引發的經濟衰退、二〇〇三年爆發的SARS疫情、二〇〇八年的全球金融危機，以及二〇二〇年的COVID-19瘟疫大流行。

COVID-19疫情擾亂了全球經濟。為了遏制病毒傳播，各國不得不進入封鎖狀態。這意味著關閉邊境，暫停非必要的商業活動，讓人們盡可能留在家中不出門。新加坡也這麼做了。全球經濟陷入衰退。

單是在二〇二〇年上半年，新加坡就破天荒地在四個月內通過四項預算案。算上二〇二一年度財政預算案，政府撥出總值近一千億新幣，在COVID-19疫情籠罩之下協助新加坡人保住生計，扶助公司度過難關。經總統批准，政府從儲備金中提取了五百三十七億新幣。

現實生活中，沒有什麼比COVID-19疫情更能活生生地凸顯出財政儲備充沛堅實的重要性了。

我們必須感謝過去和現任政府的智慧、遠見和勇氣，一次又一次地抵禦了要求動用或削減儲備金的呼聲。有人問：「為什麼需要積累那麼多儲備金？儲備金所帶來的投資收益，我們為什麼就不能多用一些？」

COVID-19疫情顯示，生活總會出現「不測風雨」。我們永遠無從知道風雨何時到來，雨勢會有多大，洪水會持續多久。面對流行性病毒死灰復燃的可能性，也許我們的字典裡從此又該納入多一個新詞彙——「未疫綢繆」。

新加坡政府向來勤儉治國。它的預算理念很簡單：不要過度消費，能省則省，再把盈餘鎖進儲備金裡。我們沒有任何天然資源可向國際抵押。

我初入行當公務員時曾經幫助吳慶瑞博士準備他的預算案聲明。他告訴我，在財政預算案期間，部長們總會要求給各自領導的部門增加撥款。每當部長走進他的辦公室，他就會說：「我知道你想要什麼。答案是『不』。」他強調，除非部長能提出令人信服的理由，否則財政部長必須說「不」。

李光耀總理認為，政府必須盡可能收回提供服務時的直接成本。而隨著成本增加，與其不定期地大幅增加收費，較好的做法是讓各種收費定期小幅增加。人們一旦習慣了花銷自己的收入，要他們減少開支幾乎是不可能的。

這些頻繁但微小的收費增幅就猶如螞蟻叮咬一樣，每一次叮咬都還是可以忍受的。但是濃縮起來狠咬一口，就會很疼痛。人們會反咬你一口。人民行動黨英文簡稱「PAP」，被嘲諷為「Pay and Pay」（付錢再付錢）。用福建話（閩南語）說，也可以是

「Pian Ah Peh」，或是「騙阿伯」，欺騙老人家。

值得慶幸的是，預算案不該出現赤字——這在新加坡已是全民廣為接受的一大理財智慧。政府也因此能夠增加我們的儲備金。

我們的儲備金其實更勝石油。由於投資得當，儲備金成為持續增值的資產，而不會消耗殆盡。今天，政府將每年投資所得盈餘有一半用於資助本年度財政預算，這也是國家收入的單筆最大來源，一半供當代人使用，另一半充當子孫後代的儲備——這是一個很好的做法。該當如此！

新加坡的經濟小而開放，容易受到外部衝擊。儲備金就是我們的緩衝器。想像一下，如果我們淪落到必須向「大耳窿」（高利貸）甚至是有執照的放債人借貸，那會是什麼樣的一番景象。

寫到這裡，我想起了狄更斯的《塊肉餘生記》（*David Copperfield*）中經常引用的米考伯先生的話：「年收入二十英鎊，年支出十九英鎊十九先令六便士，結果是幸福。年收入二十英鎊，年支出二十英鎊六便士，結果是痛苦。」

諸如經濟衰退、病毒疫情等能夠威脅人類生存的各種危機，會在我們最意想不到的時候出現。我們必須為不測風雨而存錢，才可能熬過風暴。

儲備金就像呼吸器，會在生死存亡的危急時刻拯救我們。

第十一章：第二次長征

以新加坡人為核心而非唯一

要說服新加坡人接受我們的外籍勞工政策其實符合國人的利益，需要的不僅僅是提出經濟上的論述而已。我們還必須拿出同理心，去理解大家的焦慮和恐慌。

我相信新加坡人都已意識到我們的社會正面對生育率偏低、人口迅速老齡化的困境，無論人口規模或是國內勞動力隊伍，都必須持續填補壯大。我也相信大家都會明白，推動和維持我國經濟增長的是技能、人才、知識和生產力，而不是天然資源或地理位置。引進外來人才，是為了協助推動新加坡的經濟增長。

但這也同時讓新加坡人在求職找工作時面臨更大的競爭。這正是大多數人普遍的觀感，也是心頭最大的隱憂。所謂外來人才有助於創造工作機會的理性論據，並不能讓他們信服。這才是政治問題的癥結所在。

對於外國人能為新加坡帶來的價值與貢獻，我有過切身體會。一九七〇年代，我們的政府找來一位經驗豐富的巴基斯坦人，把東方海皇船務公司做起來了。當時，東方海皇船隻上的船長和總工程師幾乎全是外國人。兩名艦隊總工程師分別是巴基斯坦人和緬甸人，後來都入籍成了新加坡公民。這些外國人為新加坡員工提供培訓，而這些本地人才後來也在總公司和輪船上紛紛擔負起了高級職務。我就是其中之一。

而後看到東方海皇收購美國總統輪船公司的消息，我馬上聯想到蟒蛇吞象的比喻。航運是個競爭激烈、也不容易經營的行業，是個需要具備一定規模的全球化業務。東方海皇最終又被一家規模更大的法國公司達飛海運集團收購了。這個故事告訴我們：競爭不過的話，就只能成為別人的盤中飧。國籍並不重要。要麼競爭，要麼滅亡。

我在一九六四年畢業後就開始到經濟計劃組工作。當英國宣布從新加坡撤軍，我們面對兩大隱患——安全與失業問題。失業率在當時直攀兩位數。當時我們所做的經濟規劃甚至將之形容為新加坡的「失業大軍」。我們的經濟策略很直接——爭取開發紡織業和電視機組裝業等勞動密集型產業來創造就業機會。我們提供廉價土地和廉價勞動力。我們成功了。

到了一九七〇年代末，失業問題大致解決了。我當時出任貿易與工業部長，採納了經濟顧問溫斯敏博士的建議，實施「高工資」政策，向工業界施壓，促使它們提升發展，而不只是滿足於依賴廉價勞動力。而後，隨著人民教育水平愈來愈高，工人技能也日益熟練，我們進一步往價值鏈上游發展。

但是其他國家也同樣在這麼做。這是一段永無止境往上爬的征程。外面的世界很殘酷。我們不希望新加坡也步上美國總統輪船公司和東方海皇船務公司的後塵。為了保持領先，我們需要組建一支高技能、有才華且足智多謀的勞動隊伍，並具備創業思維、創新天賦和強大的競爭動力。

我們希望不再只停留在勞動成本層面的競爭，而是晉升到技術、知識和人才層面，與其他國家競逐。這也就是為什麼我們下足重本對人民的教育做出投資。可是，無論我們栽培多少本地人才，終究因為人口規模太小而受限。人才庫更大更有競爭力的國家，終究還是會砸了新加坡人的飯碗。

我們的專業人士、經理、執行人員和技師群體，他們所嚮往的工作大部分都是全球流動的。我們無法保證他們會來到新加坡或留在新加坡。在新加坡，不難找到金融機構、資訊科技公司、區域總部和製造業巨頭所提供的各種高薪職位，全只是因為這些公司願意在這裡落戶。而這些公司之所以選擇進駐新加坡，是因為我們不會阻止他們聘請最優秀的人才，即便是外國人。公司企業都需要一支多元化、有才幹、生產力高的勞動力隊伍，才能在全球格局中保有競爭力。

「新加坡人優先」的口號在政治上的確很吸引人。但是，如果要求新加坡的每一個理想職位都必須由新加坡人擔任，無論人選合格與否、是否最佳；這將是狹隘的、國粹主義且自我毀滅的。這將削弱我們做為全球商業中心的競爭力。

在我擔任總理時，有位在本地大學任教的人民行動黨前國會議員試著說服我提拔本地人擔任大學裡的幾個高級職位，以取代原任的外國教授。我解釋說，第一，我們的大學是自主的，人事任命也是自行決定的；第二，我們以學生利益為優先考量。大學理應為學生招聘最好的教研人才，國籍不該是考量因素。

我們引進外國專業人士、經理、執行人員、技師的政策，是要借助這些人才來發展金融服務和數字經濟等具有高度競爭力和價值的領域。外籍人才幫助我們為本地專業人士、經理、執行人員和技師群體創造機會。不過話說回來，在向外國人發放工作准證時，還是要優先考慮那些技能可與本地勞動力形成輔助、並為我國經濟增值的人才。同時，還要提高本地人才的技能，為他們傾注信心，讓本地人才不但能在新加坡國內與旅新外籍專業人士、經理、執行人員、技師群體競爭，也能與世界各地的這些人才競爭。

新加坡人所感受到的焦慮情緒，必須正視、處理。在國家層面，我們必須向人民說明，引進外籍移工、外來人才如專業人士、經理、執行人員、技師，以及外來投資者、外籍企業家、外來初創企業與公司，會如何讓本地人受益。在個人層面，也務必保護新加坡人的利益，遏制雇主在招聘時偏向外籍人才而歧視本地人。

「公平考量框架」等措施也特別規定公司必須給予新加坡人同等的受雇機會。密切留意這些公司的做法，必要時發出警告，對那些不遵守框架的公司採取更嚴厲行動。也要推出更多能對公司聘請本地人起決定性作用的政策，比如招聘獎勵措施等。

要緩解新加坡人對外籍人才的排斥情緒，解決方案絕對不是牢牢築起一道新加坡圍牆。這道圍牆不光會將外國人拒之門外，也同時會把新加坡人困鎖城中。沒有外來技能和人才，我們的經濟就會停滯不前。外來投資會減少，所創造的就業機會也會相應減少。我們的資訊科技與金融領域就肯定不會有所增長。

外來人才和本地勞動力之間的平衡，是個必須持續管控的問題。我們的首要任務始終是以最有利於新加坡的實際方式促進新加坡人的利益。而對新加坡人切實存在的抱負和顧慮，也應該予以公平、合理和有益的方式對待並處理。

要讓新加坡人賺取更高的工資，我們的勞動力就必須建立起廣泛的技能與人才，保持全球競爭力。要做到這一點，關鍵在於制定出戰略性人力政策，建立起一支以新加坡人為核心的強大勞動隊伍，同時引進外來技術與人才做為互補，雙管齊下促進新加坡經濟的發展。

第十二章：一大憾事

一把鑰匙、一根權杖

設立民選總統制度的理由很充分，但總統選舉過程卻充滿了意想不到的複雜因素，包括了在過去十年來這個國家元首職位是如何被高度政治化。

民選總統職權，涵蓋了過去委任制下國家元首傳統上所扮演的象徵性角色，以及後來在兩個領域握有否決權的監管職權；這兩個領域分別是動用儲備金與任命公共服務部門關鍵職務。

對於傳統的象徵式禮儀性角色，我們需要的是一位德高望重，有學識有智慧的總統，對內必得心繫於民，對外還要善於同外國領導人和貴賓打交道，在國際間廣結良緣。這樣的人選經由任命而非通過選舉產生的好處在於，政府可以進行「品質管控」，並且輪流任命各大種族代表出任這個職務。這是在民選總統制度實施之前的做法。

而民選總統所掌握的監管職權，則是為了預防歷任政府審慎理財後辛辛苦苦積攢的儲備金，被現任的民粹主義政府耗盡，或更糟的是，被一個流氓政府掠奪。監管職權的另一個層面是為了保障公共服務的誠信，要求關鍵職務的任命必須獲得民選總統的認可。民選總統要有效執行這項監管職權，既要懂得財務會計，還要有識人眼光，而在這兩方面出現問題時還得要有站出來質疑現任政府的道德勇氣。總統候選人的資格標準也就因此而格外嚴格。

簡而言之，民選總統手中握有一把鑰匙、一根權杖。

然而，到了競選期間，選民對總統候選人的觀感就會變得不一樣了。他們可能會誤認為或被誤導而認定總統在儲備金與關鍵人事任命這兩個監管領域之外，還能對政府的政策起到制衡作用。換句話說，人們會誤以為民選總統也能手握國家發展的駕駛盤。

這種理解在本質上是錯誤的。我國憲法規定，只有總理才有資格坐在駕駛座上掌控駕駛盤。

我擔心的另一個問題是，選民似乎對於被視為是執政黨所青睞的候選人有某種固有的偏見。你會認為，一個獲得政府認可推崇也有過具體政績的人選，必定會穩操勝券。可是事與願違，曾經擔任過副總理兼財政部長的陳慶炎，結果只以七千票的小幅優勢險勝來自同一個政黨的退休後座議員陳清木。競選期間，陳慶炎被視為體制內人物，而陳清木則以反體制批評者自居。對於這名將要掌握鑰匙和權杖的候選人，如果選民無視其個人能力優勢，最終很可能會讓這種偏見危害到我們的國家利益。

選民希望看到競爭。這是可以理解的。二〇一七年總統選舉尤其讓選民不滿；先是，這場選舉保留給馬來族群，二是，最終民選總統在沒有對手、沒有競爭的情況下產生。

除了哈莉瑪，我還認識另兩位符合資格的馬來候選人。其中一人對此不感興趣，而另一人則不想分化馬來回教社群。

我們是否應該恢復總統委任制？我認為並不適當。總統要執行監管職權，就必須擁有人民的委託。我希望時間長了，會有更多新加坡人能了解並珍惜民選總統制度，推選出一位最能勝任民選總統兩大職責的候選人。其實民選總統制也已經取得了一個正面卻不為人知的成果——過去幾屆大選中，沒有任何一個政黨打著「大贈送」做為競選口號，也沒有出現這個免費那個免費的選舉承諾。

我們的儲備金得到了保障，政黨如今就不能在競選時動輒提出要動用儲備金來支付經常性開支了。總統是不會同意的。當然，這是假設你有個英明獨立的總統，有勇氣對政府說「不」。

一個好政府會高瞻遠矚，無論任務再怎麼艱巨，都會捍衛國家與人民的利益。即便如此，新加坡一旦出現一個流氓政府和一位民粹總統，這種兩把鑰匙的責任治理機制也還是會崩潰瓦解。

第十三章：一期一會

球場見真情

李光耀總理總是鼓勵他的部長打高爾夫球。他說明，我們與東協領導人和高級官員需要在工作之外也保持聯繫與互動。當時，他們當中好些人都在打高爾夫球。他問大家，除了打球，你們這些年輕部長在正式晚宴之外還能有什麼其他方式去更好地了解他們？

我當時是內閣成員中少數會打高爾夫球的。我是在東方海皇船務公司任職時學會的。受到李光耀和我的激勵，其他部長也紛紛學起了高爾夫球。

跟我打過球的東協領導人不少，包括蘇哈托、阿都拉、納吉、查瓦利、達信、羅慕斯（Fidel Ramos）、洪森（Hun Sen）和吞丁（Tun Tin）。

汶萊蘇丹波基亞陛下是一位活躍的運動健將。他覺得高爾夫球運動節奏太慢太費時，他更喜歡馬球和羽毛球。但就連他也嘗試過這項運動。一九九一年，在努沙杜瓦的峇里島國家高爾夫俱樂部開幕儀式上，他很大方地邀請我和蘇哈托一起打球。更重要的是，蘇丹能明白在高爾夫球場上建立友誼的重要性。他支持我的提議，讓我們兩國的部長每年舉行一場高爾夫球賽。我帶領新加坡隊，而他的特別顧問丕顯伊薩則帶領汶萊隊。這場常年球賽在新加坡和汶萊兩國間輪流舉辦。為了確保球賽不純粹只為了打球玩樂，我們必定會在球賽之前或之後舉行一次工作會議，討論兩國間的雙邊課題。

共和聯邦政府首腦會議舉行期間，我和加拿大總理克雷蒂安兩人必定會一大早起床，在會議開始前打個九洞。我們在南非的喬治高爾夫俱樂部、紐西蘭的米爾布魯克渡假村和蘇格蘭的聖安德魯斯老球場都打過球。我們成了好朋友，至今還保持聯繫。

最讓我難忘的幾場高爾夫球局都是和美國總統柯林頓一起打的。第一次是在溫哥華的桑那斯高爾夫鄉村俱樂部，當時我們在那裡參加亞太經合組織經濟領袖會議。他邀請我一起打球，令他自己的幕僚都大吃一驚。我也同樣沒想到。幸運的是，我帶上了自己的高爾夫球桿，本來也是準備與克雷蒂安打場球的。克雷蒂安之後也加入了我們的球局。

我和柯林頓的第二場高爾夫球局是如今已成佳話的那一場午夜高爾夫球局，就在汶萊的遮魯東。傳為佳話，是因為一場球下來，促成了美國和新加坡達成自由貿易協定共識。與任何世界領導人在午夜打高爾夫球，都是聞所未聞的。才剛結束一場正式晚宴，隔天一早有正式會議要出席，還居然在當晚邀請世界上最有權勢的領導人打球，更是荒謬至極。但那時我和柯林頓是早就已經「搭上了」。

柯林頓在卸下總統一職後，還跟我打過四場球，當中有兩場依然是午夜球。

第一場是在裕廊鄉村俱樂部，球局結束時約半夜二時。

第二場是在胡姬鄉村俱樂部，我們打到凌晨四時。我們幾乎都要眼冒金星了！

第三場球是在濱海灣高爾夫球場打的。

第四場則在紐約，就我們倆。他把我帶到川普國家高爾夫俱樂部。當時誰也沒料到川普有一天會入主白宮！

為了讓我的高爾夫球局有始有終，我還分別與小布希總統，老布希時代的副總統奎爾（Dan Quayle），以及澳洲總理霍克（Bob Hawke），再打了一場球；我都是在這幾位領導人訪星時邀他們打球的。

我的中國同行不打高爾夫球。但他們當中有好幾位是網球愛好者。我和李鵬總理、李嵐清副總理、副總理兼全國人大常委會委員長萬里，以及政治局常委李瑞環打過網球。與高爾夫球不同的是，在網球運動中，你我雙方是對手。在高爾夫球運動中，你的對手則是高爾夫球場。不過，在網球場上玩上一個多小時，還是足以讓我與這幾位中國領導人的友情升溫。

與外國領導人進行這類體育活動交流，最讓我感到尷尬的一次是在緬甸的一場高爾夫球局。我當時是貿易與工業部長。時任緬甸副總理兼計劃與財政部長吞丁邀我打高爾夫球。隨行的還有國防部長和幾位陸軍將領。

我沒帶球桿，於是吞丁給我配了一套借來的球桿。

我是客，受邀先開球。我使勁揮桿，想著把球開出一英里外。但是我這一桿居然打空了，完全沒碰到球，用高爾夫球的術語來說，就是空桿。一陣沉默，震耳欲聾，而且持續好一陣。然後我聽到吞丁說：「沒關係，再試一次。」我很快回過神來，平靜地說：「你的球桿太短了。」大家一下子爆笑了起來。尷尬的時刻瞬間化為歡樂和友誼。千萬別浪費這麼好的一個尷尬時機。不過說真的，我自己家中的球桿確實比較長；它們可是根據我的身高特別定製的。

在正式會議之外撥出時間與其他領導人社交互動是很重要的。所有領導人在治政上都面臨著類似的挑戰，對自己的國家也都有著類似的目標。當領導人之間建立起了友誼、信任和信心，自然也就更容易坦誠交流，完成任務。

第十四章：小國大志

展露下巴以上的氣魄

菲律賓前外交部長羅慕洛（Carlos P. Romulo）是位了不起的演說家。他敘述過一段精采經歷，談到自己於一九四四年十月第二次世界大戰雷伊泰島一役中與麥克阿瑟（Douglas MacArthur）將軍一同涉水在海灘登陸，反攻日軍。他打趣地說，當時水深及麥克阿瑟腰間，但對羅慕洛來說，卻淹到了下巴！羅慕洛穿著鞋子時，身高也只有一米六。

羅慕洛後來還一本正經地說：在菲律賓，要判斷一個男人的身分地位，應該從下巴往上看，而不是往下看。他對於男子氣概的這番隱晦笑話，引起哄堂大笑。

我喜歡這個故事，不是為了茶餘飯後的黃色幽默，而是因為它與新加坡有共通之處。因為我們的地域面積太小，我們更需要這些不斷從下巴往上湧現的好點子，去贏得世界的關注，值得別人認真對待。

在我接任總理之前，李光耀告訴過我，說我們的駐日本大使曾向他表達過自己的隱憂，他擔心新加坡在日本的影響力會隨著李光耀退下而減弱。這位駐日大使的意思是，任何繼任者如果不具備李光耀的同等分量，日本人是不會放在眼裡的。

我明白大使的出發點。我在接任東方海皇船務公司的最高職位之前，也曾向主席表達過類似的顧慮，認為自己在航運界認識的人不多。他勸我別擔心，並補充說，一旦我掌管大權了，人們就自然會想要認識我。

當上總理之後，我在國際事務上投入了大量時間；從東協到東亞，從澳洲到歐洲，從北美到南美，從非洲到中東。我藉著發起亞歐會議、東亞—拉丁美洲合作論壇、亞洲—中東對話，擴大了新加坡的外交空間。

我的指導原則是：相關性。新加坡要如何與我們的鄰國、所在區域和整個世界保持相關性？我們能為大家帶來什麼價值？新加坡絕不能做個自私自利的國家，只想從世界獲取利益，卻很少做出回報。在國際舞台上，我們由始至終的出發點應該要是——我如何為他人增值，進而為新加坡創造價值？我們玩的必須是正和遊戲，而不是零和遊戲。如果我們不同時促進他人的利益，我們也就沒法促進自己的利益。

天津生態城就是個很好的例子。二〇〇七年，我到北京進行工作訪問，甫一抵步，就向陳燮榮大使提出了這個想法，一起集思廣益；隔天，我們就立刻向溫家寶總理提出，要建設一個社會和諧、生態環保、資源高效的生態城的想法。一拍即合！可持續發展正好也是溫家寶總理心裡重中之重的任務。按慣例，中國領導人都會禮貌地回應說，讓官員先研究一下；可是溫家寶當下就同意了。

新加坡能否繼續在國際上維持自身的獨特性？

一九九二年，新加坡外交部在紐約發起「小國論壇」。這個論壇現在有一百零八個成員國。新加坡還協助成立了「聯合國環球治理組織」，繼各大國組建「二十國集團」之後，也為諸多中小國家爭取到一個發言的平台。新加坡在這些論壇中所發揮的積極領導作用，亦是新加坡定期受邀參加二十國集團常年會議的原因之一。

對於自身在國際組織中所扮演的角色，新加坡從來都認真以待。世界貿易組織、國際民用航空組織、國際海事組織等，這些組織均對建立一個有章可循的世界秩序有著非常大的重要性。

最近剛卸下新加坡知識產權局局長一職的鄧鴻森，在二〇二〇年擊敗了來自更大國家的候選人，當選世界知識產權組織總幹事。他是第一位在聯合國組織中擔任高級職務的新加坡人。

我本也可以成為第一個擔任聯合國祕書長職務的新加坡人。二〇〇六年，繼安南之後，聯合國祕書長一職輪到亞洲人出任。二〇〇六年四月我到中國訪問，中國國務委員唐家璇說，如果我加入競選，中國會支持我。兩個月後，我到華盛頓拜會了小布希總統。他也問起我會否考慮競選聯合國祕書長一職。我說我對此沒什麼熱忱，他笑了笑，沒再嘗試勸說。其他有意競逐這個職位的人則誤以為我已經宣布競選了，分別來見我——泰國的素拉傑（Surakiat Sathirathai）、韓國的潘基文（Ban Ki-moon）和印度的塔魯爾（Shashi

Tharoor）。我感到很困惑，告訴他們，我更願意繼續擔任新加坡的國務資政，為自己的國家服務。他們都鬆了一口氣。

新加坡的國際影響力必須要比我們那「小紅點」般微不足道的規模還大得多。唯有通過我們那一貫的獨特性，我們那些富有戰略性、大膽而有影響力的想法，以及將這些想法貫徹落實的能力；我們才能使新加坡繼續浮游於水面上，展露下巴以上的氣魄。

第十五章：又是個「一」尾年頭

基業長存

如果能像勝暉所說的那樣簡單——競選活動能像建築師那樣一經精心設計就能收穫預期效果，那事情就好辦多了。

那種不斷更換政府的制度，是否符合新加坡的最大利益？大選並不像玩大風吹或是撕貼紙、博運氣那麼簡單。

對新加坡來說，一個不可迴避的現實是，我們的國土面積很小很脆弱。我們承受不起不可預測的選舉結果。政治穩定是我們的首要資產。投資者在這裡設立區域總部、工廠、酒店，是因為他們不必擔心政治風險。他們可以在一貫親商的政策基礎上進行長期規劃。

李光耀提醒我要應盡可能讓大選無異於日常。他解釋說，任何緊張刺激成分，也就意味著某種不安定氛圍正在滋長。投票日後隔天就理應恢復正常生活。一場「無聊乏味」的大選反而代表了延續性。

我把大選想像成每隔五年左右就會來一場跨欄比賽。哪怕過程中撞倒了幾個欄架，執政黨還是必須實現總體目標，以令人信服的成績贏得比賽。這意味著要把最優秀的健兒延攬到團隊中來，努力訓練，切勿自滿。

一些外國評論家說，新加坡是個一黨制國家，因為幾十年來都只由同一個政黨執政。這個說法忽略了一個事實，那就是：我們的選舉是自由公平的，而且總有多個黨派參與競選。二〇二〇年全國大選中，就有十個政黨和一名獨立候選人參選，總共贏得了三八．八%選票。

反對黨知道，他們並不具備足夠實力去取代人民行動黨，至少目前是還沒有。當中相對成熟的反對黨則精明地將目標鎖定在幾個「較柔弱」的選區，並對他們所謂的政府的弱點和疏失發動攻擊。人民行動黨做為執政黨，更像是一個四面受敵的活靶，或者，如果你喜歡以足球來比喻，就像是一個守門員要在同一時間撲救從四面八方開出的點球。

反對黨總有一天會挑戰人民行動黨並組建政府。他們現在是組織得更好了，其中，工人黨還在二〇二〇年大選中拿下了九十三個議席中的十席。

開票之夜結果出爐後，李顯龍總理意識到這個國家的政治體制正在發生變化。他當下致電工人黨黨魁畢丹星，提出一項重大建議，任命畢丹星為新加坡史上第一位反對黨領袖。總理將新加坡利益置於政黨利益之上；他正在推動新加坡國會慣例不斷演進，使國會制度能更好地為國家需求服務。要論新加坡能否成為像美國或英國那樣的兩黨制政體，目前還言之過早。但既然委任了正式的反對黨領袖，種子就已經播下。

我相信，國會中要有一個能幹的主導政黨執政、一個由多黨組成的建設性反對派陣營，以及幾位備受尊崇的獨立官委議員發聲；這對新加坡來說才是最理想的狀態。這將使新加坡能有個明確獲得人民委託的政府來應對棘手問題並做出長遠規劃；同時又有一個有效、多元、具代表性的反對黨勢力與政府辯論，並提出替代政策和方案。當然，我希望人民行動黨能繼續充當主導政黨，愈久愈好。如果有一天它被取代，取而代之上台執政的，應該要是一個比人民行動黨更好的政黨。

一個良好穩定的政府、一個有建設性有成效的國會——這是我對新加坡的期許。最重要的核心考量始終是新加坡的穩定與生存，而不是要確保人民行動黨永遠執政。我們為回應人民政治訴求的變化所採取的實際行動，已經清楚表明了這一點。

人民行動黨執政六十年了，是全世界在朝時間最長的民選政權，僅次於在二〇一八年失去政權的馬來西亞巫統。

人民行動黨長盛不衰的祕訣是什麼？主要原因就在於這個政黨始終把新加坡人放在

第一位，並取得了成果。執掌政權組建政府，從來都不是為了推進個人、政黨或既得利益。無論總理和部長們的政治權力有多大，他們終會自我淘汰，退位讓賢。這個政黨在每次大選中都會更新自身領導層以及約四分之一的國會議員，這是為了確保政黨能持續發展調整，以適應當前的期許和挑戰。

而其他地方的政黨為什麼總在執政幾十年後失去政權？我設法提供一些理由。這些在朝已久的政黨變得僵化，與人民，特別是新一代選民脫節。它們未能解決今天的問題，也未能預見明天的挑戰。它們不能滿足年輕人和新中產階級的期望和訴求。它們變得軟弱和自滿，有些甚至變得腐敗。

成功往往也暗藏著自我毀滅的種子。多年來的持續增長、繁榮興盛、安全穩定，讓許多人誤以為新加坡可以就此轉入自動駕駛模式，或者認定我們高效的公共服務團隊會帶領新加坡繼續前進，毋論政治領導人是誰。中國有句老話說：「富不過三代」。新加坡一定要打破這句話。我們如今正要把領導棒子傳給第四代領袖。他們也要招攬和培養第五代領袖。只要能維持穩定，新加坡的財富就可以在建國、立國和「興國」三代之後，無限延續。

我們的民主制度是為了新加坡的持續發展而建立的。但新加坡能否持久發展，將取決於一代代人民和領導人如何讓這個民主制度發揮效益。

第十六章：團結一心，和諧共處

Syabas！做得好！

我曾經邀請過新聞工作者出身的揚拉沙利卡欣代表人民行動黨參選。他拒絕了。他坦白告訴我自己無法認同人民行動黨對待馬來回教社群的方式。我解釋說，我們之所以對他感興趣，正是因為他對如何提升馬來回教社群有不同的想法。我們的目標是相似的，而行動黨對於不一樣的觀點向來持開放態度。

所以，看到他在《新加坡吳作棟主政時代印象篇》發表的專文〈贏得馬來社群的心：接觸和參與的政治學〉，我感到驚喜。

他寫道：「儘管在邊緣化和集體領導問題上出現了意想不到的緊張關係，吳作棟仍成功地與這個社群建立起深厚而牢固的聯繫。」

他也在文中表達了隱憂：「在後吳作棟時代，只要馬來回教社群的發展與其他種族之間仍然存在著差距，就可以預見馬來回教社群還是會繼續圍繞著族群發展這個課題展開辯論。」

這就是我和揚拉沙利卡欣從不同角度看待同一問題的例子。他和許多其他馬來領袖都在專注於縮小自身社群與其他種族之間的發展差距，以期能最終在成就上與其他種族並駕齊驅，爭取的是「結果平等」。

這是一場永無休止的哲學辯論。我和政府更傾向於關注機會平等，才能取得更好的結果。我們投入資源、創造條件，好讓所有社群，包括馬來回教社群，都能在生活中有更好的作為。當一個社群在教育、就業和擁有房產等方面取得了持續而實質的進展，他們的生活自然會變得更好。這個社群就可以在這一較高的基礎上繼續發展，假以時日必定能縮小這樣的發展差距。即使有了平等機會，社群之間、甚至是社群之內也總還是會存在著發展差距。政府就有責任將資源導向那些落後的群體，也要重新分配國家增長所取得的成果，好讓所有公民都能享有更公平的成果。

我完全理解馬來回教社群對於自身在新加坡的地位有著多麼強烈的感受。他們多麼希望能昂首挺胸，與其他同胞並駕齊驅。我完全支持這一點，政府也是如此。有了均等機會，加上他們自身的努力，他們一定會做到。

我還必須處理大專院校馬來學生享有免費教育的課題。一九八九年，我公開提出一項政府議案，即大專院校的馬來學生理應支付與其他學生同等的學費。理由是，有許多馬來學生其實比華族和印度學生來得更富裕。至於那些付不起學費的馬來學生，還是可以像其他學生一樣申請助學金或貸款。

當時，馬來國會議員都大吃一驚。他們並不反對這個原則，但自認不能支持這個立場，因為憲法第一五二條承認馬來人具有特殊地位。我們在國會上解釋說，這一項政策變化並不違反憲法第一五二條。

我必須說服馬來國會議員和馬來社會接受這個想法。我們制定了一個新的模式，把馬來大專生本應繳付的學費等額交給回教社會發展理事會，再由回理會根據政府制定的條件給學生發放學費津貼，其中一個考慮因素就是學生家庭的經濟狀況。餘額就歸回理會保管，以供其推行種種計畫。馬來社群能接受自身也與其他新加坡人一樣在高等院校繳交學費，這其實亦有助於提升這個社群在國內的社會地位。

我們的馬來同胞這些年來表現如何？過去數十年的數據顯示，他們在教育和收入方面取得了巨大躍進，也出了不少傑出專才和資優生。

剛在二〇二〇年受委為內政部兼國家發展部政務部長的費紹爾（Muhammad Faishal），小時候與父母及三個兄弟姐妹生活在馬林百列一座兩房式組屋裡，一九七九年再搬進所購入的勿洛三房式組屋。費紹爾告訴過我，他們幾個兄弟姐妹都深受父母敬業樂業和重視教育的態度所影響。他的父母教育水平不高，父親多年來身兼二職，後來去開計程車。母親是工廠操作員兼鐘點清潔工。費紹爾後來考獲管理科學博士學位，他的兒子莫哈默扎法爾還是二〇一九年度四位總統獎學金得主之一。

約旦哈希姆王國國王阿卜杜拉二世陛下在二〇〇六年訪問新加坡期間，問我能否私下給他一份筆記，向他說說新加坡是如何把我們的回教少數民族融入主流的。我如此總結了我的做法：「我鼓勵馬來回教社群通過自助和自力的精神，變得更為強大和進步。我不相信平權措施，因為它最終會貶低一個族群的尊嚴和自尊。我與馬來回教社群領導層密切合作，通過更加重視教育來振興這個社群的士氣和地位。多年下來，馬來回教社群在各個領域都取得了巨大而堅實的進步。他們已經能昂首闊步，與其他社群並駕齊驅。」

我要對我在馬來回教社群中的所有朋友和新加坡同胞說一聲：Syabas！你們做得好！

第十七章：隱形的敵人
危機考驗國家領導層

SARS疫情在二〇〇三年給了我們一次考驗。二〇一九COVID-19疫情是一次更嚴峻的挑戰。這場大流行病所帶來的壓力席捲全球，考驗著領導人的能力、人民的特性，和國家的韌性。

會有更多已知的未知數。但誰也不知道的是，下一場大流行病或大規模威脅什麼時候會到來。

風險溝通和信任，是成功處理並克服突發危機的兩個關鍵因素。

新加坡人都很「怕輸」。以術語來說，是「防禦型悲觀主義」。我在二〇〇四年九月從世衛組織風險專家拉納德博士那裡了解到這個詞。

拉納德博士訪問了我，隨後在新加坡的世界衛生組織專家論壇上呈現了這段風險溝通的故事。她對新加坡給予了高度評價。

拉納德博士說：「新加坡在SARS疫情的信息傳播與溝通方面主要做的是，與自己的公民以及其他國家建立**信任**。」（黑體字為吳作棟做的強調）

據她所說，我們並沒有向公民過度保證，也不追求零恐懼。相反地，我們正視人們的恐慌，並積極主動地處理這種恐慌情緒。我們讓人民知道自己會面對什麼。

當世界衛生組織說新加坡的SARS疫情高峰期已經過去，我們說現在斷言還為時過早。拉納德博士評論道：「新加坡在人民的恐懼和合理的保證之間占據了中間地帶。這種謹慎的試探性樂觀，以及在迎接好消息時總是持續保持警惕的平衡策略，產生了可信度和信心——而這正是信任的基石。」

我們還會以同理心去感受人們的恐懼與憂慮，並採取具體行動來處理這些情緒。我們提供的體溫計成了一種重要的心理防禦武器。每個人都可以隨時測量自己的體溫。這就像在戰爭中給新加坡人每人配一把步槍來保護自己一樣。從一開始就在建立信心，制止無助感滋生。

如今，我看到了政府也在以同一套溝通策略來對抗COVID-19疫情。在社交媒體和假新聞氾濫的時代，風險溝通更是愈發重要。李顯龍總理定期發表全國廣播，給了憂心忡忡的全國上下一顆定心丸。要應對已知的未知數，新加坡人「怕死」（不願承擔風險）和「聽政府」（奉公守法）的特性還是挺管用的。他們聽取勸告，遵守安全防範措施，因為他們相信政府。

面對COVID-19疫情對經濟所造成的衝擊，政府採取了果斷、全面且有效的處理方法，而這也進一步加強了人民對政府的信任關係。政府迅速頒布大膽措施，減緩了COVID-19疫情對就業和收入所產生的重大干擾。在二〇二〇年財政年度內陸續推出名為「團結」、「堅韌團結」、「同舟共濟」、「堅毅向前」等四項近一千億新幣的全方位預算案配套，是史無前例的，這些支援緩解了經濟所遭受的衝擊，並幫助提供受影響者有針對性的實質援助。

很不幸地，新加坡還得面對COVID-19疫情在住滿三十萬人的移工宿舍裡大規模爆發的情況。這波移工宿舍疫情蔓延轉移了輿論的注意力，使人們忽略了新加坡政府在應對這場大流行瘟疫時整體而言的好表現。特別要說的一點是，在新加坡所有確診病例當中，移工病例所占比例高達九五%。

對我來說，能夠照顧到這幾十萬名移工的健康，並將受感染者與廣大社區群眾隔離開來，這本身就是一項成就了。我們的醫療系統也沒有超出負荷。人口的總體死亡率也很低，是世界上最低的國家之一。

李總理公開向所有移工保證，他們將獲得良好的照顧。他們也將繼續領取全額工資，並獲得食物、醫療和無線網路。

看到我們的政府以如此有情有義的方式去對待我們的移工，以及全國人民如何對移工社群給予支持，讓我為身為新加坡人而深感自豪。我們把移工視為自己人。我們對他們在新加坡基礎設施的建設和維護所做出的貢獻表示感激。

SARS和COVID-19兩場瘟疫期間，我們的醫護人員和其他前線工作人員都無私勇敢、盡職盡責。他們每天都要冒著風險，他們的勇氣和奉獻令人欽佩。還有成千上萬人挺身而出同疫情對抗，他們為社區中的弱勢居民提供支持，為新加坡人打氣，這就是「新加坡精神」的具體展現。

一場危機把鎂光燈都聚焦到了國家領導人的能力、輕重、品格和價值觀，以及一國人民的毅力之上。在這場全球大流行病下，去研究各國領導人如何處理本國的危機，是很有啟發意義的。誰能夠安撫和團結人民？誰展示出他們有能力利用所能掌握的最佳信息來做出以證據為基礎的決定？誰設法控制住了第二第三波疫情爆發？誰又能團結民眾並贏得了人民的信任？我們必須從這次大流行病中吸取教訓，以便為今後的危機做好更充分的準備。

新加坡有效控制住了疫情，並且減緩了疫情對社會和經濟所造成的廣泛衝擊，獲國際評定為對抗COVID-19疫情表現較好的國家之一。

新加坡在抗擊COVID-19疫情方面可否做得更好？當然。總有一些教訓是值得我們學習的。我歡迎政府做出的承諾，待危機解除後再來一番徹底檢討、克服不足。

對新加坡來說，公民和政府之間的信任是強大的。它是國家的重要資產。只要政府清楚地傳達了風險信息，人們就會認真對待它所說的每一句話。在抗擊SARS和COVID-19疫情的過程中，我們展示出了整體政府和整體國家做法的力量。

第十八章：從深谷到高原
以蟲之眼觀生活

在位十四年後離席，要適應一個不再背負著如此重大責任的生活，並沒有想像中容易。我有了更多時間，我必須決定如何讓日子過得更有意義。

從二〇〇四年至二〇一一年，我以國務資政的身分專注於幫助新加坡加強與其他幾個國家的外交關係。

在我心目中，中國、印度和緬甸有著特殊的地位。我在很早之前就第一次到訪這些國家，與這幾個國家的領導人關係融洽。

在中國，我率先提出開發天津生態城和廣州知識城的倡議。兩者都成了星中領導人交流互動的寶貴平台。

在印度，我與莫迪總理關係熱絡。他慷慨地送了我好幾件「莫迪」外套，夠我穿一輩子了。

在緬甸，則有個令人高興的巧合：在此前出任緬甸總統的吳廷覺，曾在一九八〇年我第一次訪問緬甸時擔任我的聯絡官。他當上總統後我去拜會過他，先是敘舊一番聊往事，才討論國家大事。我也在二〇一〇年翁山蘇姬結束軟禁期獲釋後不久就與她會面了。那場會晤，讓我們能夠坦率談談緬甸在她成為國務資政後所面對的種種政治挑戰。而今緬甸精心規劃的民主進程卻因軍事政變而嚴重受挫，讓我感到十分痛心。

二〇〇四年至二〇一一年間，我擔任新加坡金融管理局主席，之後轉任高級顧問。二〇〇八年全球金融危機爆發、國際金融體系幾乎崩潰的時候，王瑞傑正是金管局局長。我不必重演自己在一九九七年亞洲金融危機中所扮演的角色，卻以自己的經驗支持瑞傑和他的團隊。他們幹練應對金融危機為我國金融體系穩定所帶來的各種潛在威脅，也正是在新加坡金管局期間，讓我有機會近距離了解瑞傑。我親眼見證了他的氣質、智慧和領導才能。後來，我說服他參加競選。

二〇一一年全國大選，人民行動黨贏得了六〇．一%的支持票，但失去了一個集選區，阿裕尼。這個結果撼動了行動黨。

李光耀打電話給我，建議我倆退出內閣，讓顯龍和他的團隊有更大的空間來治理新加坡。我毫不猶豫地同意了。是時候讓他們在沒有我們的情況下治理新加坡。

顯龍給了我「榮譽國務資政」的頭銜。他也同樣授予李光耀「榮譽內閣資政」的稱號。李光耀拒絕了。他說他不需要這個稱號。

我倒是接受了這個榮譽名銜，原因是我想繼續幫助新加坡拓展海外關係。我認識許多現任和前任世界各國領導人。我不希望這些人脈關係就此付諸東流。有了榮譽國務資政這樣的正式頭銜，外國領導人就會認為我仍然是體制內的一員，也因此會對政府的政策極為了解。也的確是如此沒錯。否則，他們就會把我當「前總理」對待，就像他們對待自己的前任總理那樣，而這些前總理據我觀察大多沒擔當什麼角色。在我身上，外交部肯定會認為我的貢獻是有用的。

二〇一七年，我受邀擔任李光耀公共政策學院董事會主席。巧合的是，這所學院也正是我的內閣在李光耀八十歲壽辰之際提出成立的，以向李光耀致敬。學院的使命與宗旨，我再熟悉不過了，我可以引導院長和學院邁入下一階段發展。

我的前內閣同僚楊榮文曾建議我成立一個基金會，推動類似「柯林頓全球倡議」的計畫。這就意味著我要保持高調了。

我反而決定去貼近基層民生。這麼多年來，我一直以鳥瞰視野看待新加坡的各種問題。但是現在，我想改而從一隻蠕蟲的視角來看生活。我設立了馬林百列關懷行動中心（WeCare @ Marine Parade），通過社區行動和合作項目來協助弱勢居民。我籌集資金，發起了幾項倡議。

我聯繫了認識的人，很欣慰地發現我其實還有很多真誠的朋友。在政治上，你吸引到的往往都是只能同享福不能共患難的泛泛之交。

有個朋友知道我五音不全。他調侃說，只要我在慈善活動上唱歌，他承諾捐出一百萬新幣。我立刻握住了他的手，說：「給我一年時間。」

另一位朋友也分別向我和妻子提出了類似建議，要我為慈善唱歌。他並不知道我已經接受了挑戰。

我會在晚上偷偷摸摸地跑去上每週一次的歌唱班，還因此引起了妻子的懷疑。我也勸說我在馬林百列的基層領袖和我一起為「馬林百列領袖基金會」籌募資金，基金的目的是為培養青年社區領袖。

當時馬林百列公民諮詢委員會主席蔡於植醫生安排他的親戚來教我們唱歌。他的這位親戚旅居義大利多年，唱的是歌劇。幾堂課下來，兩邊都放棄了。歌劇和卡拉ＯＫ真的是天淵之別。

於植於是另外找來一位歌唱老師。她發現我在群裡，很是詫異。在這位老師的指導下，我們奮力地學會了幾首卡拉ＯＫ金曲！

我們在二〇〇八年辦了一場「為基金而唱」、名為「和諧」的晚宴，這是由新加坡華樂團和馬林百列聯合舉辦的一場活動。我的妻子在為新加坡華樂團籌款。我和我的馬林百列小組合唱了一曲〈小城故事〉。於植則以福建金曲〈一百萬〉來娛樂大家。在我唱完百老滙歌曲〈那醉人的夜晚〉後，現場掌聲雷動。有人高喊：「安可！」，當然是事先安排好的。我接著又滿懷深情地再唱了一首淒美的〈綠島小夜曲〉，引來了更多掌聲——這次是真的。

忽然間，第二位捐款人可能是酒後一時興起，上台要求接替新加坡華樂團的演奏大師，坐到了鋼琴前。他又開出一百萬元的價碼，邀我一起唱！我馬上和他握手成交。晚宴幾個月後，他透露自己當時其實是在開玩笑的。我笑著回答說，我學唱歌為慈善活動獻唱可不是開玩笑的。不管是不是玩笑，他說他都會很樂意捐款。

這些朋友和其他慷慨友人在這場充滿樂趣的活動中共襄盛舉，總計捐出了約四百五十萬新幣。所得款項由新加坡華樂團和馬林百列領袖基金會平分。

馬林百列基層組織贊助人陳俊傑也是一位成功的商人。他強烈認為每個學生都必須至少通過小學六年級離校考試。他擔心如果連小六會考文憑都拿不到，這些孩子在人生中就不會有多少機會還能再更進一步。他促請馬林百列為此啟動一項試點計畫，並承諾捐出五十萬新幣。有了這項承諾和捐贈，我們為來自較貧困家庭的幼稚園幼童和小學學生成立了「EduGrow燦爛未來」基金。

「EduGrow燦爛未來」基金不只是提供學費津貼而已。它還著重於協助學生建立信心、動力和毅力。每個學生都會由一名志願導師親自輔導，每週至少有一小時時間交流。

首批四名學生在二〇一九年都通過了小六離校考試。無論是孩子們，或是孩子們的父母和「EduGrow燦爛未來」工作人員，每張臉龐都寫滿了喜悅。這四名學生的成功例子，對「EduGrow燦爛未來」當前支持的六十名學生來說是個很大的鼓勵。好吧，俊傑現在得拿出更多錢，讓這項計畫在五年後還能持續下去。我透過傳記第一輯《高難任務》（其繁體中文版為《吳作棟傳（一九四一～一九九〇）：新加坡的政壇傳奇》）新書發布會的慈善活動，為「EduGrow燦爛未來」基金籌集到超過一百萬元善款。另有一百萬元則捐給了「新傳媒協立慈善基金」。

「新傳媒協立慈善基金」是我在二〇一六年發起的，當時稱為「今日報協立慈善基金」，目的是幫助殘障人士實現自己的抱負，配合他們在實現抱負過程中最後一里路的需求。他們當中許多人的堅毅與才華讓我讚嘆不已。我們應該幫助他們開發各自的能力，讓他們在生活上、工作上、社會上都能散發光芒。我也決定破例讓獎項冠上我的名字，稱之為「吳作棟協立獎」，由同一基金承辦，以表彰傑出殘障人士的潛質與成就。

馬林百列以人口結構來說算是其中一個最「年長」的組屋區。我與衛生部的張靜文合作，使馬林百列成為一個所有年齡層都宜居的家園。她對幫助年老體弱的人充滿熱忱。你可能會驚訝地發現，新加坡的好些舊組屋區建造時的概念就好像假定居民永遠不會老似的。走道上總會有台階，電梯不是每層樓都停，交通燈轉換也沒有預留足夠時間讓老人家過馬路。如今我們的電梯可在每一層停留，家中可裝上扶手桿和防滑地磚，無障礙通道貫穿整個組屋區，也增設了過馬路時間較長和車速限制較低的「銀髮區」，讓年長者能安全出行。

這些小小行為為的是幫助在地居民，卻也有助於實現一個更大的目的。我的目標是，在馬林百列試行一些項目，如果成功，就可以在全國範圍內推廣。例如，馬林百列領袖基金會最終促成了「新加坡青年志願團隊」；「馬林百列關懷行動」為「關愛新加坡行動」（SG Cares）社區網絡鋪路；而「EduGrow燦爛未來」則啟發了教育部的「提升」（UPLIFT）計畫。

而今，我以馬林百列基層組織榮譽顧問的身分，與接班人陳詩龍醫生合作，為選區內的年長者試行一個看護者互助網絡。我還在探索為居住在東部的新加坡人建立一個經濟上可持續的區域社會服務中心的可行性。

鳥兒和蟲子以截然不同的視角看生活。無論我是在高原還是在山谷，我都會想方設法幫助別人。這讓我的生命有了意義。

後語

新加坡第一

吳作棟

《吳作棟傳（一九四一～一九九〇）：新加坡的政壇傳奇》和本書記錄了我政治生涯的沉浮，也延續了李光耀所開啟的「新加坡故事」。

這兩部傳記不為記錄我的成就或評價我身為總理的政績。我不需要也並沒渴望得到讚賞。我對新加坡的未來也要比對過去更感興趣。只有當我們可以從過去吸取教訓，導航迎向未知的未來，那過去才會有意義。

傅高義（Ezra Vogel）的論著《日本第一》（*Japan as Number One*）在一九七九年出版不久後，李光耀就把此書列為部長們的必讀書目。他希望我們了解日本是如何成為世界上最具競爭力的工業強國。我與傅高義相識，並與他有過幾次長談，最後一次是二〇二〇年一月在新加坡的時候。[1]

我知道他是一位很有聲望的學者，還是很靦腆地給他送上了一本《高難任務》（即繁體中文版《吳作棟傳（一九四一～一九九〇）：新加坡的政壇傳奇》）。

新加坡能否繼續繁榮興盛？我從傅高義關於日本的論著中得到啟發，相信新加坡也應該登高望遠，立志成為「新加坡第一」。我希望，通過勝暉對我總理任內重要事跡的敘述，以及我的〈省思〉，能夠捕捉到新加坡在勇攀「第一」的道路上所展現出的精神。的確，「新加坡第一」一直是我心目中為新加坡定下的目標。一個小小國家倘若無法在全球站穩腳跟昂揚而立，就只能淪為世界上毫不起眼的一顆小紅點。

何以當第一？

我一直認為，新加坡要敢於做夢，目標要定得高。還記得當年在萊佛士書院有位老師曾如此告誡同學們：「以天空為目標；失敗了，會落在樹梢上。如果以樹梢為目標；失敗了，就會摔到地面上。」

我們應該努力成為第一；不是說在每一個領域都要如此，這是不可能的，而是要在重要領域使新加坡能自始至終都是個成功且宜人的家園。我希望看到一個有個性、有特色的新加坡。一個能讓我們以身為公民而自豪的新加坡。一個目標明確的「新加坡人」；因為我們的身分、我們的作為、我們的作風，而受到尊重。

有些新加坡人會問：「我們為什麼總想當第一？壓力實在太大了。」我們不該是為了驕傲或榮耀而去爭當第一。我們立志當第一，為的是改善新加坡人的生活。只要我們勤奮努力，凡事做好，我們自然而然會在排行榜上名列前茅乃至登頂奪魁。這就是我所說的「第一」，而非狹義的「第一」。「第一」，只是意味著追求卓越，或躋身世界級。

林祥源曾在國防部擔任過我的常任祕書，也曾出任公務員首長。他寫過一本書：《新加坡會走下坡嗎？形塑新加坡的未來》，書中引述相關研究指出，歷史上的偉大帝國大多撐不過二百五十年或十代人。

像我們這樣一個小城邦能維持多久？我不知道。可是我很清楚「新加坡第一」肯定能比處在食物鏈底端的新加坡更為長久。這也正是我們應該立志當第一的基本原因。

哪方面要當第一？

根據國際指標，新加坡在好些領域已是數一數二，例如我們的機場、海港、經濟競爭力、親商體制、學生的學術表現，以及平均預期壽命。我們也在治理、法治、政治穩定、廉潔政府、種族與宗教和諧、社會凝聚力、住屋擁購、安全保障等方方面面，獲得很高的評價。

我還希望看到一個世界級的政治文化。政治，本質上就是對抗性的，因為各個政黨和政治人物都在為執政權而鬥爭。所有政治人物都會承諾盡其所能為人民服務；但是到頭來，他們的政治、政策和方案的最終結果，卻可能違背他們所做出的承諾。

我們正努力使我們的政治文化更包容、更有建設性，也更能尋求共識。我們的國會擁有憲法保障，讓反對陣營和獨立人士的政治觀點能被聽見且進行辯論。我們已然發展出一個良好穩定的民主國會制度，正適合我們這個小規模、多元種族、多元宗教的城市國家。

但是，單憑一個好的制度並無法產生一個好的政府。我們現在比起過去任何時候，都更需要我們最優秀的同胞子民繼續挺身而出，以無私、真誠和奉獻的精神來領導並服務這個國家。唯有如此，我們才能堅守一貫的做法，實現平穩而系統化的政治領導層傳承交接，繼續打造出一個世界級的政府。正如《經濟學人》所言：「如果有才能的人只為追求私人領域的平靜生活和豐厚回報而忽視政治，把公共領域全留給狂歡的叫囂者和小丑，結果會怎麼樣，近期的美國史就是最佳佐證。」[2]然而，「新加坡第一」必須超越這些治理方面的優勢。歸根結柢，是我們個人和集體的價值觀、品格、精神，將我們形塑成世界級的新加坡人。

新加坡的公共良知代表人物許通美在二〇一九年為《海峽時報》撰寫的一篇文章中，

為新加坡人列出了要成為真正的第一世界人民所必須通過的五項考驗：不亂丟垃圾、乾淨公廁、培養公民意識和以禮待人、文化素養、以正面心態對待大自然和環境。

我想你也一定能提出更多我們必須通過的考驗，比如我們對待移工和外籍幫傭的態度。

我始終認為，我們應該培養人民的優雅品格修養。楊榮文擔任新聞及藝術部長時，我曾要求他打造一個「講禮貌的新加坡社會」。他發起的是「新加坡行善運動」。對於我們這麼一個人口稠密的小國，要想成為第一宜居城市，我們最需要的是優雅和同理心。如果人人都能尊重彼此的個人空間，生活會變得何其稱心愉快。

我認為，我們還可以在其他領域做得更多，例如代際社會流動、心理韌力、社會安全網，以及給予殘障人士、心理健康欠佳者和看護者更大的支持。我們可以加強公民社會，擁抱多元化。

怎麼爭取第一？

我們要爭取第一，有兩大必要的關鍵因素：一是、唯才是用，讓所有人都能過上更好的生活；二、信任政府。

我很高興看到政府正在不斷完善我們所奉行的唯才是用制度，使之更包容也更有溫情。群山綿延，各有巔峰；我們每一個人都各有所長，人人都必須能有機會循著各自不同的道路攀上山巒之巔。

要想讓所有人都過上更好的生活，唯才是用制度就不可以是個贏家通吃的制度。做得好的人得到了超額回報，無論再怎麼理所應當，也必須將之「再分配」給那些盡了最大努力卻還是落在後頭的人。他們也必須為創造公平機會與促進社會流動做出貢獻。這組人可能在成功的階梯上站得更高，但是他們必須扶一把處在下面的人。反之，如果這些人的行為是狹隘自私的，那麼唯才是用制度就會失去其正當性。

我稱此為「漸進式唯才是用制度」。經濟條件較好的人得繳納的稅務逐級遞增，在國家財富再分配上所能享有的直接利益逐級遞減；而政府則專注於實現社會流動，建立更公平的社會。

政府是「漸進式唯才是用制度」的仲裁者和倡導者。唯才是用的原則一旦被扭曲，甚至被拋棄，我們就會淪落到偏袒徇私、任人唯親、裙帶關係的地步。

信任何其重要，因為政府和人民之間始終存在著某種動態的緊張關係。領導人希望政治穩定、社會有序，並在國會中擁有人民的強大委託，以便能果斷地採取必要措施去應對當前和未來的挑戰。人民則希望政府能多傾聽民聲，既解決人民眼下的痛點，也幫助人民實現心中的抱負。因此，領導人需要在集體利益與個人利益之間、在社會和諧與個人自由之間取得平衡。他們必須能夠團結所有選民，無論是那些「以自我為先」、「只顧自掃門前雪」的選民，還是那些較為理想化的選民；無論是租賃組屋住戶，還是家住公寓或有地房產居民。任何政府都不可能一直取悅所有選民！

目前的挑戰是如何找到符合新加坡最佳利益的舒適區。政民關係一旦疏遠，就會攪亂國家的凝聚力。政府將無法動員人民努力工作，團結一致，追求共同目標。那些極其必要卻艱難的政策將無法爭取到人民的支持，而人民也將感到沮喪和不滿。我們的民主制度將會功能失調，正如我們在許多既得利益和個人利益占上風的國家所見到的那樣。

我見證過不少人口結構多元且長期和平共處的國家，是如何被政治毀於一旦的。像新加坡這麼一個規模很小卻高度多元化的國家，更需要一個值得信賴的政府來建立社會契約，以彰顯我們豐富多彩的多元化特色。

而我們要如何達成一項社會契約，以直達個人自由、社會凝聚和信任政府的這一舒適區？

第一，要有效地提供優質的物質生活。這是個必要條件，但並不足夠。現在大多數人都把這點視為理所當然。他們會以當前自身的生活水平為基準，期望生活能一年比一年好。他們可能認為沒有必要為了更好的長期生活而在當前做出犧牲。凱恩斯寫道：「長遠來看，我們都死了。」嗯，如果我們不小心，在長遠到來之前，我們全都會死亡。

第二，要發展我們的治理模式，與時代精神同步。李光耀認為，像新加坡這樣的亞洲社會應實行鐵腕治國。他的社會契約是：我給你們安全穩定且不斷提升的生活水平，你們則推選我執政，讓我可以不斷地提供你們所需要的東西。這是一種良性循環，他願意「殺雞儆猴」般來維持這樣的循環。

年輕一代要的是更大的多樣性，意味著更多不同的聲音、更多元化的目標與抱負。多元化的確是一種美德，但你要如何確保我們在集合了來自五湖四海的音樂家、收攏了各種不同的樂器之後，還能演奏出世界級的交響曲？你要如何讓大家依照同一本樂譜演奏，並在需要時「奮起為新加坡」？

我們需要的是「包容性多元化」，在多元化中擁有共同目標；而不僅僅是為了多元化而多元化，各走各的路。我們的多元化必須是統合的，以相互尊重與共同使命充當粘合劑，將我們凝聚在一起。

做為一個國家，我們無時無刻不在面對著生存挑戰。為了應對這些挑戰，新加坡需要的是一個強有力的、團結的聲音，而不是大聲喧嚷、不和諧的雜音。自由民主主義導致許多國家的運作低於自身的潛力預期。反對黨在國會上要做到的不是「將軍制衡」，而是無時無刻不在想著「將死絕殺」執政黨；前一個詞彙不過是後一個詞彙的委婉說法而已。同樣地，在地緣政治上，一旦出現戰略博弈，也會是同樣的情況，當前的局勢就再清楚不過，美國不光是在力圖圍堵遏制中國，更是要「將死絕殺」中國。

對於新加坡的政治體系和治理模式，我心中有這麼一個願景：民意的明確委託、能幹高效的政府、具代表性的國會，組成一個穩健平衡的三角；而不是三角之間強弱邊不一而搖搖欲散的失衡三角。我們需要一個能幹高效的民選政府來領導國家，這個政府不但擁有選民的明確授權委託，還要能同時禁得住代表著新加坡人民多元觀點的多黨國會的嚴格審視。

一個長期被圍困的弱勢政府連解決民生溫飽都成問題了，更談不上在COVID-19疫情這樣的危機當前保護人民了。當政府軟弱無力時，惡勢力就會趁虛而入、取而代之。一個弱勢政府只會導致老百姓的人身自由減少，而不是更多。在我長大的那個年代裡，新加坡的一些地區黑幫橫行；他們公然向小店家勒索「保護費」。一旦無法無天的境況捲土重來，種族宗教的褊狹排他心態也會再度被撩起。暴民政治將大行其道。

你可能認為這種情況不會在新加坡發生。請再三思。我可以點名告訴你至少有十幾個國家，就是因為政府軟弱無力、群龍無首、控制不了局面，導致整個國家倒退頹敗。新加坡絕對不能陷入這種荒誕的境地。新加坡絕不能成為一個失敗的國家。那會是美好生活的終結。

新加坡第一，新加坡登高望遠，新加坡永世長存

在這裡，我的思緒又回到了是哪些基本素質讓新加坡能繼續閃耀著光芒。拉惹勒南在李光耀六十歲生日時，獻上一句古話向李光耀致敬：「獅子指揮的兔子軍團，要比兔子指揮的獅子軍團更勝一籌。」李光耀就是我們的「獅子」。

拉惹勒南接著說，李光耀的願景是讓新加坡成為一個「獅子領導的獅子國」。讓我們在這個基礎上再接再厲，在獅心領袖的帶領下，努力成為一個心胸寬大的獅子國。這是我對新加坡精神所懷揣著的理想——將深具同理心的唯才是用制度付諸行動，在最具挑戰的情況下也有著難以擊垮的堅定意志。

我們需要有心胸寬大的新加坡獅子——去關注、去扶持自己的新加坡同胞。

我們需要有勇氣有遠見有獅心領袖——能同各階層各背景的人民建立起牢固情感聯繫的領袖；能體會人民的抱負與恐懼的領袖；能激發希望、描繪未來願景以凝聚社會的領袖；能為國家清楚確立方向並制定「機會、進步和關愛人人」議程的領袖。

如果《吳作棟傳（一九九〇~二〇〇四）：新加坡的卓越關鍵》能夠說服我們一些有才華卻仍猶豫不決的新加坡人決定從政，那這本書的一個重要目的也就達到了。

這是我對新加坡未來的思考。

新加坡必須繼續保有崇高志向，繼續有所作為。我們規模也許很小，但憑借獨有的（非常新加坡之）「新」元素，我們可以在全球生態系統中找到自己的立足點，在世界格局中登高望遠、傲視群雄。

白勝暉問我想怎樣讓人記住，甚至有點病態地問我希望自己的告別式會是怎樣的。我在不經意間來到這個世上。我也會很樂意悄悄地走。

讀中一那年，有個對手相感興趣的同學看了看我的生命線，預測我可以活到八十四歲。當時這對一個十四歲男孩來說是真的很長壽。而今，男孩轉眼也要八十歲了。同學戲謔的預言即將到來。

每一條河流最終都會流向大海，而後消失。我的生命之河也將如此。

參與這部傳記的製作，讓我回憶起快樂的校園時光和老同學情誼。哪怕只是一瞬間也好，讓我重溫了那一段無憂無慮的時光，也是一段探索詩文之美的時光。

丁尼生詩作〈小溪〉中的這句話，在我腦海中盤桓：

「人們來來往往，而我將一意前行。」

是的，大自然是永恆的，但我們凡人不是。

是的，這片土地上的人們來來往往，而新加坡將一意前行。

為新加坡，登高望遠。

鳴謝

白勝暉

能夠順利完成這本書，我要感謝的人與第一輯幾乎是一樣的。我深感榮幸，因此不介意自己像台老唱機般地一再反覆言謝。對我來說，動人的樂章是值得一再播放的。對於榮譽國務資政吳作棟這三年來同我一起走過的這段旅程，我不足以言謝。這位長者在我成長的大半歲月中領導了我的祖國，而今能夠如此近距離地見識這位領導人的睿智與胸懷，整個過程讓我非常享受，更感虛心謙卑。我會很懷念在總統府的那無數次坦率摯誠的訪談與交流。

一位領導人的風範，往往亦可從他身邊的人反映出來。而吳先生身邊的助理，無論是政府內部人員還是選區基層組織夥伴，全都親切善良且耐心十足，讓我十分敬佩。我非常感激馬林百列基層領袖黃福來、黃健華、蔡於植、郭伯洲、陳奕翔所給予的支持。伯洲還細心地翻閱每一個章節，為我提供寶貴的建議。我會想念他的嘮叨。

吳資政的兩位助理：新聞祕書袁少鴻和特別助理黃安義，也給了我很大的支持。他們幫助我蒐集資料並聯繫採訪對象，對我的初稿所提供的反饋，也促使我不斷修飾並豐富文稿。在傳記第一輯的撰寫過程中也曾幫助過我的兩位前任助理邢益耀和杜國樑，這一次也參與了採訪活動，我也要再次感謝他們對這部傳記的付出。

投入吳作棟傳記的寫作，也讓我有機會與我在《海峽時報》的前上司韓福光再次合作；尤其在我倆都離開新聞界好幾年之後能夠「再續前緣」，實屬難得。雖然這期間韓先生剛剛當了外公，他還是樂於撥出時間來解答我的疑問、為我審閱初稿。他為我提供了許多精闢而周詳的建議。我清楚知道，要是少了他在這個過程中慷慨無私且不求回報的投入，這本書不會是現在這個樣子。

我與世界科技出版社的合作是如此融洽舒服，乃至本書仍在進行的當兒，我們已經開始在籌劃下個項目了。他們對本書也和我有著同樣的想法和熱忱，能與合作夥伴時時處在同個頻率上，是何其美好的工作體驗。謹此向潘大揚、蔡奉坤、邱意紅、劉濟琛、江育霖、李貞蓉和郭靜頤致謝。王她麗娜（Triena Ong）亦再次負起主編重任，二度合作的默契早已不在話下。

同樣地，我也要求再度與設計師張國輝（Truong Quoc Huy）合作。英文版第一輯的精美封面就是他的作品本書英文版封面也同樣延續了他的典雅風格。好事總要成雙。

我最大的支持源自於我的兩個家庭——工作夥伴與家中成員的這兩個家庭。納高團隊是我在工作上最忠誠的啦啦隊，尤其是謝瑞英、劉錦華和李珮瀅；他們與我一同展開採訪工作，挑戰我的想法，也為我審閱初稿。在家中，我的父母、幾個姐姐、岳父岳母，還有我的兒子，總能確保我在寫書過程中承受的壓力不至於擴散開來。感恩的是，對於本書的內容，我從父親身上獲得了好多靈感，因為早在一九九〇年代，少年的我就聽父親說著這些故事。在許多方面，父親都是我研究新加坡政治的最初和最佳門戶。

當然，我知道我總能指望妻子瑞英在每個夜裡，都在聽我念念叨叨反覆說著讓我興奮了好一整天的吳作棟故事。這大概就是與丈夫共事的痛苦吧。枕邊人成了老舊的破唱機，從第一輯到第二輯，全天候，不停地說著、播放著。

注釋

出版者的話

1 編按：這兩本書的簡體中文版分別為《高難任務：吳作棟傳（第一輯）》（白勝暉著，林琬緋譯，新加坡：八方文化創作室、焦點出版社，二〇一九年）以及《登高望遠：吳作棟傳（第二輯）》（白勝暉著，林琬緋譯，新加坡：八方文化創作室、焦點出版社，二〇二一年）。

第一章　一夜安眠，漂亮出擊

1 Bilveer Singh, *Skyjacking of SQ117: Causes, Course and Consequences*（Singapore: Crescent Design Associates, 1991）, p.33.

2　一九七四年一月三十一日，兩名日本赤軍與兩名巴基斯坦人民解放陣線人員喬裝成遊客登上新加坡毛廣島企圖炸毀島上油庫，在計畫敗露後闖入停泊於毛廣碼頭的「拉裕號」渡輪，挾持了五名船員。其中二名船員跳海逃生，騎劫者則挾持其餘三名人質在新加坡海域同軍警對峙整整八天。新加坡政府最終在劫持者同意棄械放人的前提下承諾讓他們安全離境，並且應劫持者要求派送政府官員隨劫持者同機飛往科威特，以保障劫機者安全。隨行官員當中包括時任國防部安全與情報署署長納丹前總統。這場劫持渡輪危機最終在不流血的情況下落幕。

第二章　閃電大選

1　吳作棟的治國綱領題為《新的起點》（*The Next Lap*），一九九一年二月發表，厚達一百六十頁，闡明新加坡未來各個領域的治國大計，象徵著國家發展與政治歷史進入全新階段，並確立目標，要在二十世紀結束之前發展為卓越國家。

2　安順區補選於一九八一年十月三十一日舉行，工人黨祕書長惹耶勒南在一場三角戰中以五二%得票率當選，成為十五年來首位突破人民行動黨壟斷躋身國會的在野黨議員。當時負責統籌這場補選的正是吳作棟。有關安順區補選的更多內容，可參閱《吳作棟傳（1941-1990）：新加坡的政壇傳奇》（白勝暉著，林琬緋譯，台北：天下文化出版公司，二〇一九年）第五章〈安順〉。

3　二〇二〇年七月，新加坡在COVID-19疫情籠罩當下舉行了第十三屆全國大選。執政的人民行動黨當屆大選的競選主軸是：尋求人民賦予政府明確委託以對抗疫情振興經濟，並給予即將接棒的第四代領導班子強有力的支持。結果，人民行動黨得票率只達六一．二四%，創下李顯龍總理任內第二低成績（行動黨得票率最低是在二〇一一年大選，行動黨當時也首次失去一個集選區五個議席），行動黨執政以來的第三低成績（得票率倒數第二的，就是文內所指，由吳作棟領軍的一九九一年大選）。二〇二〇年大選，主要在野黨的得票率則全面上揚；其中，實力最強盛的工人黨除了保住原有的後港單選區和阿裕尼五人集選區，還奪下新闢設的盛港集選區四個議席，在國會中所得議席增至十席。觀察家普遍視二〇二〇年大選為新加坡政治發展的一次跨時代分水嶺，標誌著新加坡政治文化正從一黨專政加速過渡到多元化的進程。總理李顯龍在選後隔天凌晨的記者會上正式認可工人黨黨魁為「國會在野黨領袖」。這是新加坡國會史上首次賦予在野黨議員這項正式頭銜。

4 新加坡自二〇一一年全國大選起將投票日前一天定為「冷靜日」，所有政黨在這天必須終止一切競選活動，好讓選民沉澱冷靜，為投票做出理性決定。

第三章　禍不單行

1 韓福光、朱萊達、蔡美芬等著，林琬緋、鄭淳霓、王慧芳、胡桂娥聯合翻譯，《李光耀：新加坡賴以生存的硬道理》（新加坡：Straits Times Press，二〇一一年），第四一五頁。

2 楊林豐曾任交通與新聞部長、國家發展部長，一九九四年卸任之前是國防部長。

3 丹那巴南在一九九一年八月三十一日的全國大選中蟬聯議席後，九月五日與陳慶炎雙雙對外宣布即將引退。而後在吳作棟的慰留下繼續掌管國家發展部，至一九九二年八月才卸下部長職務。

4 葉添博、林耀輝、梁榮錦著，李慧玲、鄒文學、鄭景祥、林慧慧等聯合翻譯，《白衣人：新加坡執政黨祕辛》（新加坡：新加坡報業控股，二〇一三年），第四三六頁。有關一九八七年行動黨政府就「馬克思主義陰謀」所展開的大逮捕行動，《白衣人》一書第26章〈傀儡及一場危險遊戲〉及《吳作棟傳（1941-1990）：新加坡的政壇傳奇》第九章〈刺蝟先生〉，均做了詳盡描述。丹那巴南在接受本書作者與團隊採訪時也首次闡明自己對當時的逮捕行動「全然無法信服」；見第二～六頁。

5 陳慶炎於一九九一年十二月辭去教育部長職位，從內閣引退，重返華僑銀行出任董事會主席和首席執行官。

6 丹那巴南於一九九二年八月卸下國家發展部長一職退出內閣；三個月後，即同年十二月，再度應召重返內閣，在原任貿工部長李顯龍為癌症接受治療之際接掌貿工部，直至一九九四年初重投私人企業界。陳慶炎則在一九九五年六月重返內閣，出任副總理兼國防部長，二〇〇五年再從內閣引退，回到私人企業界。二〇一一年，陳慶炎退出人民行動黨，投入總統大選。他最終以三五・二％得票率當選，同年九月就任新加坡第七任總統，直至二〇一七年任滿。

第四章　一雪前恥，再出發

1 惹耶勒南因涉嫌對工人黨賬目發假誓及非法轉移黨內基金而被提控，一九八六年底罪名成立，喪失國會議員資格，五年內禁止參選，因而錯過一九九一年全國大選。

2 Cherian George, *Singapore: The Air-Conditioned Nation*（新加坡：空調國度）（Singapore: Landmark Books, 2000）, p.87.

3 張志賢是吳作棟在一九九二年藉由馬林百列集選區補選引入政壇的新血。他當時年僅三十八歲，是總統獎學金兼武裝部隊獎學金雙得主，原為武裝部隊海軍總長，軍階為准將。一九九二年底辭去軍職參選，當選馬林百列議員後即受委為財政、交通、國防三個部門政務部長；而後五度當選白沙榜鵝集選區國會議員，先後擔任過教育部長、國防部長、內政部長，二〇〇九年起升任副總理長達十年。現為新加坡國務資政兼國家安全統籌部長。

4 "Chok Tong leads the charge in Hokkien", *The Business Times*, December 12, 1992, p. 2.

5 在競選集會上使用各種方言爭取選民的支持，是人民行動黨在政治鬥爭激烈的五六十年代擅長使用的競選策略。李光耀就曾經為了在群眾大會上用方言與群眾有效溝通而苦學福建話。新加坡獨立建國後，政府惟恐華族社群因籍貫、方言各異而造成溝通障礙與社群分歧，時任總理李光耀於一九七九年發起「講華語運動」，倡議以華語為新加坡華族社群的共同母語。李光耀也深信絕大多數資質普通的學生無法同時學好三種語言（英語、華語、地方方言），為了確保雙語政策能成功，唯有割捨方言。講華語運動首屆標語是：「多講華語、少用方言」，一九八〇年代起嚴禁電視電台播送方言節目，方言也順勢在大選群眾大會上消失。一九九一年，工人黨候選人劉程強在潮州人居多的後港區當選，據觀察家分析，原因之一是劉程強在群眾大會上秀出的純正潮州話發揮了效應。一九九二年馬林百列集選區補選，人民行動黨的第一場群眾大會，除了吳作棟全程以福建話演說，其他站台助選的部長、議員、行動黨幹部，全以各自的方言發表演講，打破了只用英、華、巫、印四種官方語言演說的慣例。此後，方言的政治效果重新獲得肯定，成了每屆大選時各政黨加強草根形象、爭取選票的策略。只不過在大選語境之外，社會其他層面的方言禁令仍嚴格執行，直至李光耀離世（二〇一五年）兩、三年後才逐漸鬆綁。

6 馬哈迪是馬來西亞的第四任及第七任首相，於二〇〇三年把首相一職交接給阿都拉巴達威；而後卻聯合黨內勢力向阿都拉逼宮，迫使後者提早在二〇〇九年下台，讓位給納吉。納吉主政後期爆出貪汙醜聞，馬哈迪遂在二〇一八年馬來西亞全國大選中率領在野黨聯盟，成功扳倒納吉，上台執政，再度出任首相。他在二〇二〇年初辭去首相一職。

7 Sumiko Tan, Cherian George, "No question about PM Goh's leadership now, say observers", The Straits Times, December 22, 1992, p. 23.

第五章　潮漲眾船（未必）高

1 這是美國總統甘迺迪在公開演講中經常引述的一句格言，原話是：「A rising tide lifts all boats」，意指經濟增長，眾人均受惠。這句話後來亦成了政治人物捍衛削減稅率及惠及高收入者政策的基礎。

2 「建國一代」配套（Pioneer Generation Package）於二〇一四年推出，新加坡政府投入九十億新幣，為一九四九年或更早以前出生的年長新加坡公民，或者在一九八六年或更早以前取得公民權的國人，提供多項以醫療保健為主的福利與津貼，旨在向建國一代前輩致謝致敬，感謝他們的付出造就了今天的新加坡。「立國一代」配套（Merdeka Generation Package）是建國一代配套的後續措施，二〇一九年推出，為一九五〇年至一九五九年出生的新加坡公民，或者在一九九六年或更早以前取得公民權的國人，提供醫療保健福利。配套英文原稱中的「Merdeka」

一字源自馬來語，意即「獨立」。

3 「興國一代」（Majulah Generation）是民眾為生於一九六〇年代的一代人所冠上的統稱。民間相信這一代人會是政府繼建國一代和立國一代配套後推出的第三項大規模福利配套所要照顧的對象。「Majulah」同樣源自馬來語，意即「前進」，新加坡國歌名為「Majulah Singapura」，中譯名稱是〈前進吧，新加坡！〉；生於一九六〇年代的一代人恰逢國家一九六五年獨立建國里程碑，故以「Majulah」為這一代人統稱。「Mati」則是馬來語「死亡」一詞，「lah」是語氣詞「啦」，以「Matilah」為名，既與「Majulah」押韻，也意喻「亡國」，是吳作棟幽默的表述。

4 二〇一九年三月九日，財政預算案辯論後，吳作棟在個人臉書專頁MParader提及新加坡應防範過度發放津貼的隱患；並提醒「在政府、社群、家庭、個人責任之間，必須維持可持續平衡」，以防範「津貼國」（subsidy state）可能帶來的風險。可參考：https://www.facebook.com/MParader/posts/2758403874202261。

第六章　拒絕平庸

1 一九九四年十一月一日，時任內閣資政李光耀在國會就《部長與高級公務員薪水標準》白皮書進行辯論時，發表了長達一個半小時的演說。他當時的原話是：「When we talk of all these highfalutin, noble, lofty causes, remember at the end of the day, very few people become priests.」

2 新加坡政府於一九九四年十月二十一日發表《部長與高級公務員薪水標準》白皮書，一星期後提呈國會進行辯論，吳作棟以總理身分於十月三十一日在國會上為這場辯論發表開場演說。

3 Cherian George, *Singapore Incomplete*（新加坡的缺憾）（Singapore: Woodsville News, 2017）, p. 179.

4 林金山一九六〇年受委為建屋發展局首任主席，一九六三年加入政壇，是新加坡開國一代領導團隊要員，從一九六三年至一九八〇年間，先後掌管國家發展部、財政部、國防部、教育部、環境部和交通部。他在從政之前從事碩莪（sago，西米）粉生意，憑自行研發加工生產碩莪珠（西谷米）而成就了百萬身家事業。他於二〇〇六年離世，終年九十歲。

5 人民行動黨在一九九七年全國大選的總得票率為六五%，較一九九一年大選六一%的歷史新低回升了四個百分點，在四個原有的在野黨議席當中奪回兩個。二〇〇一年全國大選在美國九一一恐襲之後舉行，人民行動黨得票率飆升到七五%。這也是吳作棟任內最後一場選舉。他在二〇〇三年卸下總理職務，交棒給李顯龍。

6「全國大選」的英文是「General Election」，「將軍」在英文裡也稱為「General」，屬多義字，故引起人們調侃「General Election」實為「將軍選舉」。

7 吳作棟現任新加坡國立大學李光耀公共政策學院主席。

第七章　阿作和阿音的那些事

1 原文提及朋友對林寶音的暱稱為她的洋名Catherine之簡稱「Cat」。中譯本將暱稱以「阿音」取而代之，以對應林寶音中文名，也在詞彙結構上較能與吳作棟的暱稱「阿作」相呼應。

2 Catherine Lim, “The PAP and the people: A Great Affective Divide”, *The Straits Times*, September

03, 1994, p. 34. 林寶音在文中寫道，儘管人民行動黨政府因為重視經濟發展、改善民生而贏得國人的尊重和感恩；但行動黨過於理性而缺少人情味的治國作風，排斥眾聲一意孤行的公式化治理方式，讓人民難以從情感上認同政府。文章對權威的挑戰，在當時引發大規模社會討論，不過行動黨政府並未做出任何回應。

3 林寶音為第二篇針對部長薪水調高的政論文章自行打上的標題是：「A Retreat of a Promise」。

4 Catherine Lim, "One government, two styles", *The Straits Times*, November 20, 1994, p.12.

5 韓福光、華仁、陳澄子合著，《李光耀治國之鑰》（台北：天下文化出版公司，一九九九年），第一二六頁。

6 Catherine Lim, "I'm not interested in politics"（我對政治不感興趣）, The Straits Times, December 06, 1994, p. 2.

7 一九九五年一月二十三日，吳作棟在國會上演講時說了這句話。原話是：「If you land a blow on our jaw, you must expect a counter-blow on your solar plexus.」。

8「越界標記」是高爾夫球場上的標記，英文原稱是「out of bounds markers」，簡稱「OB markers」。「越界標記」這個高爾夫運動術語是在一九九一年首次由時任新加坡新聞及藝術部長楊榮文引用來形容新加坡公共言論空間的界限。一九九四年，林寶音事件爆發後，時任總理吳作棟再一次將「越界標記」引用到政治語境中。此後這個詞彙在政治圈、學術界、傳媒界、輿論界，廣泛用開來，泛指言論或藝術創作等自由度仍須遵守的禁忌區或不可逾越的界限。

9 一九九四年一月一日，行為藝術工作者黃新楚在百匯廣場購物中心舉行的一場公開表演中當眾剪恥毛，藉此對十二名同性戀者被捕並施以鞭刑一事表示抗議。這場表演在藝術節為期一週的新年慶祝活動上上演，全長約二十分鐘，而黃新楚背對觀眾剪恥毛的部分長達三十秒。《新報》一月三日在封面頭版刊登了黃新楚剪恥毛時背對觀眾拉下泳褲露出臀部的特寫照片，引起了公眾對藝術與淫穢的界限展開熱議。事後，黃新楚被控在公共場所做出猥褻行為，罰款一千元，禁止在公共場所演出。這起事件也促使政府對即興表演撥款頒布限制禁令長達十年，至二〇〇三年才在審查檢討委員會的建議下取消對這種藝術表演形式的贊助限制。

10 葛米星（Gurmit Singh）是新加坡著名的喜劇演員。古瑪（Kumarason Chinnadurai）則是喜劇演員兼變裝皇后，以脫口秀開黃腔聞名。

11 吳作棟之女吳仁婷是個紀錄片導演和創意製片人，如今在英國發展事業。

第八章　翠玉樓

1 「玉納園」英文名稱為「Nassim Jade」，「Nassim」沿用街道名稱，並以「Jade」（翡翠）帶出原址老房「翠玉」的典故。

2 吳作棟是以福建話（閩南語）「heng ah」發出感嘆，意即「幸虧啊」，表達慶幸之意。

3 國會在一九九六年五月二十一日就玉納園購房事件進行辯論，最終四位在野黨議員當中，有三位同意李家父子沒有不當行為。第四位在野黨議員蔣才正闡明，他將交由人民判斷。

4 一九九六年五月二十二日，國會上針對內閣資政李光耀與副總理李顯龍購屋事件而展開的辯論完整而精采地闡述了事件的來龍去脈，也展現了其他議員和政黨對此事的不同看法，例如在野黨與官委議員等。想要了解更多有關這場國會辯論的內容，請上網查閱國會議事錄：https://www.parliament.gov.sg/parliamentary-business/official-reports-（parl-debates）。

第九章　不平靜的山頭

1「黑目殼」是新加坡福建話（閩南語）慣用語，意即「黑眼圈」。

2「節禮日」（Boxing Day）指的是聖誕節次日，在英國和多個共和聯邦國家都屬公定假期。「Boxing」在英語也有「拳擊」之意，「Boxing Day」在這個語境中帶有雙關語意。

3 一九八九年七月二十九日，時任第一副總理的吳作棟在哈佛俱樂部常年晚宴上發表演講時宣布，政府將在未來十五年至二十年內，總共撥出相等於一百二十億元至一百五十億元的部分財政預算盈餘對舊組屋區進行翻新，從本質上提升組屋內部居住設施與整個組屋區的外在環境，一方面改善人民的生活素質，另一方面也拉抬組屋市價，為人民的資產增值。舊組屋翻新計畫於同年十二月正式宣布，一九九〇年啟動。納入「主要翻新計畫」的是所有一九八〇年以前建成的組屋，翻新項目包括住屋內部設施與外在鄰里環境與公共設施，須獲得同一鄰里至少七五%住戶同意才可展開翻新工程，工程費由政府津貼約三分之二，屋主承擔剩下的三分之一，津貼百分比視組屋房型而定，房型愈小，津貼百分比愈高。

4 Tan Sai Siong, “Value PM‘s candour, not fault him on lack of magnanimity”（珍惜總理的率直，而非嫌棄他不夠大度高尚）, Look Back in Wonder（拍案驚奇）, *The Straits Times*, April 18, 1992, p 33.

5「極其骯髒的一章」出自資深在野黨領袖惹耶勒南，原話是「very dirty chapter」，見於Derek Da

Cunha, *The Price of Victory: The 1997 Singapore General Election and Beyond*（勝利的代價：一九九七年新加坡全國大選及後續發展）（Singapore: Institute of Southeast Asian Studies, 1997）, p. 35.「最惡毒」的一場鬥爭則是出自退休資深報人巴爾吉，他在自己的著作中如此形容一九九七年大選。見於P N Balji, *Reluctant Editor: The Singapore Media As Seen Through the Eyes of a Veteran Newspaper Journalist*（不情願的總編輯：透過一位資深報人視角看新加坡媒體）（Singapore: Marshall Cavendish Editions, 2019）, p. 51.

6 吳作棟當時是以福建話（閩南語）說了這句話，意思是：「真的嗎？真是如此？幾個？」

7 這名新候選人是辣玉莎（Raeesah Khan），代表工人黨在東北部新闢設的盛港集選區參選，最終工人黨四人團隊勝出當選，繼阿裕尼集選區後再拿下第二個集選區。

8 新加坡政府於一九八七年五月二十一日以馬來亞共產黨勢力滲入天主教會與學生會組織為由，通過兩次祕密逮捕行動總共扣押二十二人，史稱「馬克思主義陰謀事件」。「馬克思主義陰謀事件」於《吳作棟傳（1941-1990）：新加坡的政壇傳奇》第九章〈刺蝟先生〉有詳細記載。

9 律師陳鳳霞是馬克思主義陰謀事件被捕者之一，一九八七年中被逮捕關押，年底隨大部分人先後獲釋。甫一獲釋，她即去往英國。一九八八年四月，獲釋者當中九人（包括陳鳳霞）發表聲明，推翻自己原先供詞，否認涉及馬克思主義，並指在扣留期間遭內部安全局威迫虐待。這九人當中的八人隔天再度被逮捕，重新關押。唯一躲過第二次逮捕行動的是陳鳳霞，她當時正好人在英國。此後，陳鳳霞同樣自我放逐，不曾回國，現定居香港。

10 曾在一九九七年「鄧亮洪事件」期間擔任《新報》副總編輯的資深報人默樂（Bertha

Henson），在事隔二十二年後，於二〇一九年四月在個人部落格中發表博文指出，《新報》新聞編輯部直至人民行動黨領袖以《新報》頭版報導做為證據起訴惹耶勒南誹謗後，才恍然明白編輯部收到警方報案文件傳真背後的可能動機。她寫道：「我們到了這個時候才恍然發現，自己被利用來向更廣大的受眾群傳播一則可能構成誹謗罪的信息，進而讓行動黨有理由要求更高的賠償金額。」見 https://berthahenson.wordpress.com/2019/04/25/an-editors-confession/。當時《新報》總編輯正是《不情願的總編輯》一書的作者巴爾吉。他在書中引述法庭文字紀錄指出，人民行動黨代表律師曾經在庭上披露，將鄧亮洪的報案文件傳真到《新報》新聞室的，正是吳作棟和李光耀。P N Balji, *Reluctant Editor: The Singapore Media As Seen Through the Eyes of a Veteran Newspaper Journalist*（Singapore: Marshall Cavendish Editions, 2019）, p. 53.

11 二〇一七年七月，總理李顯龍與妹妹李瑋玲和弟弟李顯揚因為對歐思禮路李光耀故居未來如何處置一事產生分歧而陷入紛爭，弟妹先後通過社交媒體指控兄長濫用公權，而李顯龍則在國會上發表聲明鄭重否認指控，並邀請國會議員對此進行公開辯論。時任工人黨黨魁劉程強指李顯龍既不承認弟妹的嚴重指控，卻又不提告弟妹誹謗；他進而重提一九九七年鄧亮洪事件，怒斥政府雙重標準：「當年的總理吳作棟先生只因為鄧亮洪向警方報案就告他誹謗，現在的指控要更嚴重得多……自己的手足告不得，畢竟大家都是兄弟姐妹；可是面對政敵或批判者，告到你掉褲子！議長女士，很抱歉，這些論述我完全無法認同。」吳作棟當時回應：「劉程強的反應並不讓人意外，我也意料到了。這就是我們所謂的『政治詭辯』。至於鄧亮洪，他又不是我的兄弟。」

第十章　亞洲金融風暴

1 Manu Bhaskaran, "Transforming the Engines of Growth"（掌握新增長引擎）, Impressions of the Goh Chok Tong Years in Singapore, edited by Bridget Welsh et al.（Singapore: NUS Press, Institute of Policy Studies, 2009）, pp. 201–219.

2 Tommy Koh, "Forging New Frontiers: Goh Chok Tong's Foreign Policy Legacy"（開拓新疆界：吳作棟的外交政策遺產）, Impressions of the Goh Chok Tong Years in Singapore, edited by Bridget Welsh et al.（Singapore: NUS Press, Institute of Policy Studies, 2009）, pp. 119–127.

3 二〇〇一年全國大選期間，新加坡民主黨黨魁徐順全在公開場合鬧場叫囂，針對新加坡在亞洲金融危機期間借貸給印尼一事激烈質問吳作棟。詳情請見第十五章。

4 范文同自一九五五年至一九八七年擔任越南總理，並於一九七八年到新加坡訪問。

5 「非國大」全稱為「非洲人國民大會」（African National Congress），現為南非執政黨，是南非最大的黑人民族主義政黨，也是唯一跨種族政黨。南非已故前總統曼德拉在一九六四年因反對南非種族隔離政策而被捕入獄，一九九〇年二月獲釋，隔年通過非國大黨內選舉當選黨主席。一九九四年，南非舉行歷史上首次多種族民主大選，非國大以絕對優勢當選執政，黨魁曼德拉出任總統，直至一九九九年。曼德拉於二〇一三年逝世，終年九十五歲。

6 羅本島（Robben Island）位於南非西開普省桌灣，距離南非首都開普敦十一公里。羅本島在一九六〇年以後成了南非當局關押政治犯的監獄，可說極負盛名，或說臭名昭著，前後關押過三千多名黑人運動領袖和積極份子。當中名聲最顯赫的就是曼德拉，他自一九六四年起被關押在羅本島，至一九八二年才被轉移到波爾斯摩爾監獄。

7 一九九九年八月二十二日，吳作棟發表新加坡國慶群眾大會演說。

第十一章　第二次長征

1 二〇一一年八月八日，新加坡英文免費小型報《今日報》（*Today*）報導，社區調解中心處理的鄰里糾紛在那一年創下新高。"Number of neighbour disputes hit high", *Today*, August 8, 2011, pp. 18–19. 文末引述鄰里糾紛個案，一戶剛由中國移居新加坡的華人家庭，因受不了本地印族鄰居經常在家煮咖哩的嗆鼻辛辣味而找上調解中心。報導指調解中心最後建議，讓印族家庭只有在華人家庭外出時才煮咖哩，而華人家庭也不妨嘗嘗咖哩的美味。這則報導引起了社會熱議，一些新加坡人將這起單一事件引申為外國人大舉湧入還蔑視本地文化的現象。網民隨後還群起抗議，將八月二十一日定為「新加坡煮咖哩日」，號召新加坡人在當日集體煮咖哩示威。時任律政部長尚穆根事後得出面平息這場「咖哩風波」。

2 〈第二次長征——第一副總理吳作棟在南洋理工學院演講全文〉，《聯合早報》，一九八六年八月五日，第六頁。

3 Yap Mui Teng, "Bolstering Population Growth: From Babies to Immigrants"（推動人口增長：從新生兒到外來移民）, *Impressions of the Goh Chok Tong Years in Singapore*, edited by Bridget Welsh et al.（Singapore: NUS Press, Institute of Policy Studies, 2009）, pp. 265–276.

4 八佰伴是一家已結業多年的日本大型連鎖購物商場，曾於一九七四年進軍新加坡。一九七五年的巔峰時期，八佰伴在烏節路的旗艦店，一週內的購物人潮可達一百萬人次。新加坡的總人口當年才不過三百二十萬人。

5 「二〇一〇年宏願」是新加坡足球總會在一九九八年定下的目標，要在二〇一〇年打進世界杯足球賽正賽。吳作棟以總理身分在同一年的國慶群眾大會演說上強調，只要新加坡放寬移民條例從世界各地引進足球人才，並讓這些外援球員入籍成為公民代表新加坡出賽，有朝一日必能率領新加坡足球隊打入世界杯正賽。這個目標未能達成，新加坡至今從未曾踏足世界杯正賽。

6 馬寶山當時是內閣部長，也是新加坡足球總會會長。

7 二〇一六年里約奧運會，新加坡「飛魚」斯庫林勇奪一百米蝶泳金牌並刷新奧運紀錄，為新加坡在奧運史上取得歷史性的第一枚奧運金牌。

8 二〇一九年，新加坡足總再提出「二〇三四年世界杯宏願」，定下十五年內打進世界杯正賽的目標。

第十二章　一大憾事

1 郭品芬，〈王總統不尋求連任〉，《聯合早報》，一九九九年七月十七日，第一頁；〈王總統：有義務助總統保護儲備金，官員須改變心態〉，《聯合早報》，一九九九年七月十七日，第六頁；〈總統須能幹又有道德勇氣——王總統記者會答問摘錄〉，《聯合早報》，一九九九年七月十八日，第四頁。

2 Cherian George, Singapore: *The Air-Conditioned Nation*（新加坡：空調國度）（Singapore: Landmark

Books, 2000），p. 57.

3 周雁冰：〈吳作棟：政治沒有萬無一失〉，《聯合早報》，二〇一九年五月二十六日，第十頁。

4 王鼎昌是建築師出身，一九七二年步入政壇，比吳作棟早了四年，是第二代領導班子「政壇七俠」之一，也是同代行動黨要員中罕見的華文教育背景出身的精英。曾掌管文化部、交通部、勞工部，繼而出任全國職工總會祕書長長達十年（一九八三年至一九九三年）。他在行動黨內也擔當要職，自一九八一年起出任黨主席。王鼎昌是李光耀內閣後期與吳作棟接任總理後最初幾年裡的第二副總理。吳作棟在《吳作棟傳（1941-1990）：新加坡的政壇傳奇》中說明自己主政後的其中一個副總理人選必然是王鼎昌，因為他「能幹、可靠，值得信任」，也因為他出身華文教育背景，與吳作棟的背景互補，可輔助吳作棟照顧華社利益。王鼎昌在一九九三年卸下副總理、職總祕書長、黨主席職務，投入新加坡首屆民選總統選舉，當選為新加坡第五任總統。

5 新加坡總統原由國會任命，首任總統尤索夫（Yusof bin Ishak）是馬來族，一九六五年至一九七〇年在任五年；第二任總統薛爾思（Benjamin Henry Sheares）是歐亞裔，一九七一年至一九八一年在任十年。首兩任總統都在任內逝世。第三任總統蒂凡那（Devan Nair）是印度族，在任僅四年即於一九八五年辭職。接任蒂凡那的第四任總統黃金輝，華族，在位十二年。他自一九八五年受委，任內恰逢一九九一年初國會通過修改憲法，將總統委任制改為民選制，並賦予民選總統新職權。黃金輝遂從一九九一年七月起履行民選總統職務，於一九九三年任滿後卸任。王鼎昌則在同一年八月二十八日舉行的第一屆總統直選中勝出，當選新加坡第五任總統。

6 李光耀以總理身分於一九八四年八月十九日發表國慶群眾大會演說時，首次提出民選總統保管儲備金的構想。

7 Zuraidah Ibrahim, "EP'S role largely ceremonial"（民選總統功能仍以象徵式為主）, *The Straits Times*, August 11, 1999, p1; Zuraidah Ibrahim and Irene Ng, "No such thing as an independent president"（不會有獨立總統這回事）, *The Straits Times*, August 11, 1999, p.26.《海峽時報》於一九九九年八月十一日在封面三分之二版與內頁幾乎兩大版發表了內閣資政李光耀的專訪報導，重點闡述民選總統制度的具體構想與總統的有限職權；隔天再全版刊登專訪答問完整記錄。李光耀指出，接受專訪不為回應王鼎昌所列出的種種與政府的分歧，因為他本人未牽涉其中，也因此不便置評。接受專訪是為了回應坊間和輿論對民選總統功能的錯誤理解。

8 有關憲法第二十二H條文的修訂建議，關係到總統否決擬議立法條文的權力，條文修訂後規避或剝減了總統的絕對權力。王鼎昌認為他可以否決修改第二十二H條文的建議。後來一個由三位法官組成的憲法仲裁庭推翻了總統的否決。

9 媒體在林秀梅逝世隔天，也就是一九九九年七月三十一日，引述了總理公署為回應公眾詢問所發表的正式文告，指「由於第一夫人在新加坡共和國憲法下並不享有特殊地位，因此新加坡不會為她的逝世降半旗致哀。」文中也引述新聞及藝術部發言人回應公眾，不必為了哀悼而取下為迎接國慶（八月九日）而掛起的國旗和裝飾彩旗。（見〈政府不降半旗〉，《聯合早報》，一九九九年七月三十一日，第九頁。）同年八月三日，林秀梅舉殯日當天，吳作棟在國會上動議議事廳就總統夫人的逝世向總統王鼎昌致以最深切的哀悼與慰問，並建議全體議員為林秀梅默哀兩分鐘。國會議長陳樹群進而建議在當日會議所有議員針對動議發言完畢之後提前休會，方便議員出席林秀梅葬禮。

10 周雁冰：〈吳作棟：政治沒有萬無一失〉，《聯合早報》，二〇一九年五月二十六日，第十頁。

11 一九九九年總統選舉原定八月二十八日舉行，納丹是內閣推舉的候選人。納丹早在一九五五年新加坡自治邦時代就出任海員福利官，一九六一年出任全國職工總會勞工研究署助理署長。一九六五年新加坡獨立建國後，納丹曾分別在外交部與國防部任職，負責過情報與安全工作，擔任過新加坡駐馬來西亞最高專員、新加坡駐美國大使、新加坡巡迴大使。一九九九年八月十八日，在沒有合格對手的情況下當選新加坡第六任總統，九月一日宣誓就任。二〇〇五年，同樣在沒有對手的情況下連任總統，直至二〇一一年九月一日任滿。二〇一六年八月二十二日逝世，享年九十二歲。

12 投入二〇一一年總統選舉的四位候選人都曾經與吳作棟有過聯繫。政府推舉的候選人陳慶炎曾經是吳作棟的副總理。前人民行動黨黨員兼資深國會議員陳清木是吳作棟少年時候就認識的老同學。陳如斯曾經擔任吳作棟的首席私人祕書。陳欽亮曾是吳作棟掌管的馬林百列選區行動黨支部祕書。結果陳慶炎以三五．二%得票率險勝，只比陳清木多出約七千張選票，得票率差距〇．三四%。

13 泉合控股私人有限公司是一家新加坡上市公司，以拖船和駁船服務供應商起家。

14 陳清木於一九八〇年踏入政壇，是人民行動黨連任六屆超過三十年的元老級資深國會議員。他深耕基層，廣受選民愛戴，在國會上也以直抒己見、敢怒敢言形象而聞名。二〇〇六年退出政壇，二〇一一年投身總統選舉，以微差落敗。二〇一九年，年屆七十八歲的陳清木重返政壇，成立「新加坡前進黨」（Progress Singapore Party），在成立大會上就批評行動黨已經變質，遺失了原來的核心價值。陳清木同年率領政黨首次參加全國大選。前進黨雖未贏得任何議席，但總得票率可觀，排在人民行動黨和工人黨之後的第三位，表現尤勝多個老牌在野政黨，也憑最高落選得票率獲得國會兩個非選區議員席位。

15 吳作棟於二〇一九年八月在臉書上發文，對陳清木「迷失方向」表示難過。

16 新加坡國會在二〇一六年修憲，將總統選舉制改為保留機制，意即如果某個族群連續五個任期或者三十年內並無代表當選總統，下一屆選舉就只保留給這個族群參加競選；為的是保障少數族群每隔一段時間就有代表當選。新憲法也為私人領域候選人定下更高的參選門檻，規定候選人必須擔任最高執行權職位至少六年，公司股東權益也從原來的一億元提高到五億元。新憲法落實後，二〇一七年總統選舉遂保留給馬來少數族群，原因是新加坡自首任總統尤索夫之後，從一九七〇年迄今相隔四十七年都沒有馬來族群代表當上總統。結果，原屬人民行動黨的原任國會議長哈莉瑪（Halimah Yacob）以唯一合格的候選人當選新加坡第八任總統。

17 〈「國家協助的喪禮」，王鼎昌祭奠莊嚴肅穆〉，《聯合早報》，二〇〇二年二月二十一日，第六頁。「國家協助的喪禮」指的是，公務員、軍隊和警察部隊將為喪家提供各種便利和必要的協助，包括在喪居附近的道路維持交通秩序、提供專車接載弔喪公眾、維持喪禮秩序等，武裝部隊與警察部隊也為葬禮提供扶靈隊、警衛隊和樂隊。此外，所有政府建築物也降半旗致哀。除了王鼎昌之外，新加坡開國元勳、首任副總理杜進才也獲得「國家協助的喪禮」待遇。

18 新加坡第四任總統黃金輝於一九九三年卸任，二〇〇五年五月逝世。同年十二月，在位不足四年即辭職的新加坡第三任總統蒂凡那在加拿大逝世。第六任總統納丹於二〇一一年卸任，二〇一六年逝世。其中，新加坡政府為黃金輝與納丹舉行了國葬儀式。非總統方面，獲得國葬禮遇的其他國家領袖包括開國元勳拉惹勒南（二〇〇六年）和吳慶瑞（二〇一〇年），以及建國總理李光耀（二〇一五年）。

19 〈國葬規格視個別情況而定〉，《聯合早報》，二〇〇五年五月十四日，第二二頁。回應聲明由總理公署總理新聞祕書發出，文中提到是否獲得國葬待遇應該考慮已故國家領導人「對國家做了什麼貢獻和其他特別情況」，並且也會考慮逝者家屬的意願。

第十三章　一期一會

1 一九九三年，十八歲美國學生邁克菲因蓄意破壞十八輛汽車和公共交通指示牌被起訴，隔年在庭上認罪，判處鞭刑六下，監禁四個月。這起案件在美國引起軒然大波，美國政府向新加坡施壓，出動總統柯林頓說情，最終新加坡只同意將鞭刑判決減至四下。

2 Joe T Ford, *An Ordinary Joe: An Extraordinary Life* (U.S.A: Lifestories, Inc, 2016).

3 「一期一會」，Ichigo ichie，源自日本茶道的一句日語成語「いちごいちえ」，指表演茶道的人總是懷著「難得一面，世當珍惜」的心情誠心禮遇每一位來品茶的客人。後引申為一生只有一次緣分，或者一輩子只有一次的際遇。

4 朝鮮半島能源開發組織（Korean Peninsula Energy Development Organization，簡稱KEDO），是由美國帶頭，連同韓國、日本在一九九五年成立的組織，以履行美國和朝鮮之間簽定的《日內瓦核框架協議》，在朝鮮凍結核設施後為其建造兩座輕水反應堆，並提供重油和資助，以彌補朝鮮停止核能計畫所造成的電力損失。

5 S Jayakumar, *Diplomacy: A Singapore Experience*（Singapore: Straits Times Press, 2011）, p. 71.

6 新加坡的英文名稱是Singapore，美國則是United States，中間只隔了一個泰國Thailand。

7 S Jayakumar, *Diplomacy: A Singapore Experience*（Singapore: Straits Times Press, 2011）, p. 79.

8 韓瑞生是新加坡經濟發展局首任局長（一九六一年至一九六八年）、新加坡發展銀行（星展銀行前身）首任主席兼總裁（一九六八年至一九七〇年）。一九七〇年從政後，出任新加坡財政部長長達十三年，是當時世界少數長期連任的財長之一。一九七六年，他相中時任海皇董事經理的吳作棟，認為他有接任財長的潛質，於是說服他加入人民行動黨參選，算是吳作棟從政的引路人之一。一九八三年於任內離世，終年六十七歲。

第十四章　小國大志

1 Tommy Koh, "Plugging S'pore into the world"（將新加坡嵌入世界）, *The Straits Times*, August 11, 2004, p.4-5.

2 S Jayakumar, *Diplomacy: A Singapore Experience*,（Singapore: Straits Times Press, 2011）, pp. 44-45.

3 文中提到的書，是美國總統卡特所著競選自傳《為何不能出類拔萃》（*Why Not the Best*）。

4 「東亞經濟共策會」是馬哈迪所提出，將西方國家排除在外的一個區域自由貿易區概念。這個構想最終並沒有實現。

5 李文獻是吳作棟政府的內閣部長。

6 習近平曾是浙江省委書記、上海市委書記，而後擢升為中國國家副主席，二〇一二年接掌中國共產黨最高領導權。現為中共中央總書記、中共中央軍事委員會主席、中國國家主席、中國中央軍委主席。

7 二〇〇二年，古吉拉特邦的印度教徒與穆斯林之間爆發一系列殘暴血腥的暴力衝突，持續整整兩個月，暴行肆虐，造成死傷無數，建築物被摧毀。

8 斯考克羅夫特在二〇二〇年八月逝世，終年九十五歲。

第十五章　又是個「一」尾年頭

1 「跛腳鴨」意指因為即將任滿而失去影響力者。

2 新加坡於一九八四年修憲引入「非選區議員制度」，讓得票率最高的在野黨落選候選人以非選區議員身分進入國會，為的是確保國會在行動黨獨大的情況下也能保有反對的聲音。非選區議員以三人為限，視當選在野黨議員人數多寡而定。制度啟動後迎來一九八八年大選，當選在野黨議員只有詹時中一人，故國會可容納多兩位非選區議員。一九九一年大選，四位在野黨議員當選，非選區議席取消。一九九七年，兩位在野黨議員當選，工人黨黨魁惹耶勒南出任唯一的非選區議員。非選區議員制度在二〇一〇年修定，席次上限從三個增至九個。二〇一六年再修

定憲法，將非選區議席上限進一步增至十二個。二〇二〇年大選後，新加坡國會有十位當選在野黨議員，兩位非選區議員。

3 二〇〇一年大選，謝鏡豐以國民團結黨祕書長身分在新加坡民主聯盟旗幟下競逐新加坡西部單選區蔡厝港議席，對手是坐鎮蔡厝港十三年的人民行動黨老將劉紹濟。而工人黨候選人傅日源則挑戰義順單選區，對壘行動黨候選人何炳基。傅日源在二〇〇一年首次參選，因為擁有博士學歷、又當選工人黨新中委而備受矚目。吳作棟在競選過程中意外地認可謝鏡豐，讚他形象專業，是在野黨候選人當中少有的。最終，謝鏡豐在蔡厝港選戰中以三六點六六%得票率敗給劉紹濟，而傅日源在義順的得票率則只有二六．三二%。謝鏡豐以落選最高得票率受邀以非選區議員身分進入國會。

4 工人黨在二〇一一年大選贏得了一個五人集選區，這是集選區制度實施以來第一次有集選區落入在野黨手中，堪稱新加坡政治史上的重大突破。那一屆國會中，工人黨總共擁有六個民選議席、兩個非選區議席，躍升為新加坡政壇最大在野黨。二〇二〇年大選，工人黨再攻下第二個集選區，同時保住原有的六個民選議席，使議席總數達到十個。總理李顯龍在選後凌晨記者會上即宣布，正式認可工人黨現任黨魁畢丹星為國會反對黨領袖。

5 劉錫明是人民行動黨在二〇〇一年和二〇〇六年兩屆大選中受命到後港參選的候選人，他兩次都輸了給工人黨籍原任議員劉程強。

第十六章　團結一心，和諧共處

1 Yang Razali Kassim, "Winning Over the Malay Community: The Politics of Engagement"（贏得馬來社群的心：接觸和參與的政治學）, *Impressions of the Goh Chok Tong Years in Singapore*, edited by Bridget Welsh et al.（Singapore: NUS Press, Institute of Policy Studies, 2009）, pp. 363–374.

2 「回教祈禱團」是由一九九三年在馬來西亞成立的印尼好戰運動「回教之家」（Darul Islam）演變而來。美國情報顯示，「回教祈禱團」是蓋達組織旗下的一支，深受蓋達組織創辦人賓拉登的恐怖主義意識型態和方法論影響；其網絡延伸至好幾個東南亞國家，在印尼、馬來西亞、新加坡、菲律賓、泰國，均有分支，終極目標是創建一個橫跨東南亞多國，以極端主義為基礎的國家。曾在印尼峇里島和雅加達發動多次死傷慘重的爆炸案，是東南亞地區構成最大威脅的恐怖組織。

3 二〇〇三年一月七日，內政部向國會發表《回教祈禱團逮捕行動和恐怖主義威脅白皮書》，其中附錄A：〈新加坡回教祈禱團行動證據概述〉交代了政府對回教祈禱團成員參與策謀發動攻擊所掌握的信息與證據。可參考：https://www.mha.gov.sg/docs/default-source/others/chinese.pdf。

4 義順地鐵站位於新加坡北部，臨近三巴旺美國海軍基地設施。襲擊在義順地鐵站載送美軍及家屬往返三巴旺的巴士，是恐怖組織被捕前策劃得最周詳完整的一項計畫。這項計畫早在一九九七年就開始醞釀，哈欣與其他幾名回教祈禱團成員勘察了接送美軍的巴士行駛路線、地鐵站周邊環境，尋找方便匿藏炸彈的地方，然後繪製地鐵站地圖、拍攝影像、製作影片並附上英語旁白，提呈阿富汗蓋達組織。哈欣在拍攝時還帶著家人，以掩飾其意圖。阿特夫在喀布爾

的住處被炸毀後，美軍在廢墟中找到的影片就是攝於義順地鐵站附近，除了影片以外，還發現了標注義順所在地的新加坡簡圖、義順地鐵站周圍環境簡圖、義順地鐵站周邊街道詳細圖解，以及用阿拉伯文書寫的新加坡基本情況與美軍巴士服務細節。

5 恐怖份子也計劃襲擊新加坡公共設施，包括食水處理廠、新柔長堤大水管、樟宜機場、樟宜雷達站、教育部大廈和裕廊島，再嫁禍給馬來西亞，挑起星馬兩國猜忌、仇恨甚而戰爭，趁勢推翻現任政府，建立回教國。

6 新加坡主管回教事務的最高層級單位是「新加坡回教理事會」（英語：Islamic Religious Council of Singapore；馬來語：Majlis Ugama Islam Singapura，馬來文簡稱MUIS，中文簡稱「回理會」）。回理會為法定機構，成立於一九六八年，隸屬於文化、社區及青年部，由主管伊斯蘭教事務的馬來部長直接監管。公民團體「回教專業人士協會」（Association of Muslim Professionals，英文簡稱AMP）在二〇〇〇年十月二十八日向媒體發表一份報告書，內容著重於探討馬來人在新加坡政治、經濟和公民社會中應該扮演的角色，並建議從二〇〇二年起召開「馬來回教常年大會」，以集思廣益的方式對馬來回教事務進行討論，並把所得結論與建議提呈政府。報告書也繼一九九〇年之後再度提出組建「馬來集體領導層」構想，謂隨著新加坡公民社會逐漸成熟，不適宜再由行動黨政府繼續單獨決定馬來社群領導人的組成與性質，馬來回教社群理應有權自組集體領導層。報告書發表後引發官方質疑，人民行動黨馬來部長和議員幾天後發表聯合聲明，反對馬來社群組建集體領導層，指這麼做不僅違背了新加坡多元種族和諧共處原則，還會造成馬來社群分裂，並形成一個同其他族群、政府和馬來議員對抗的壓力團體。

7「頭巾」，馬來語稱「tudung」、阿拉伯語則稱「hijab」。

8 這四名在二〇〇二開年之際因戴頭巾而被令停學的女生，有一人在約兩個月後同意不戴頭巾重返學校上課。另一人被家長帶到澳洲墨爾本報讀回教學校。這起風波也引起馬來西亞政治人物和回教團體的抨擊，指這是新加坡政府對馬來回教社群的歧視。事件中的三個女童家庭後來決定訴諸法庭，並聘請了馬來西亞律師兼政治人物卡巴星（Karpal Singh）為法律顧問；新加坡政府以卡巴星有政治意圖且企圖干預新加坡內政為由，拒絕批准發予卡巴星來星為當事人辯護所須的工作准證。隔年二〇〇三年，又有一名小學五年級女生戴著頭巾上學，同樣面臨不妥協就違規停學的處分。女生家長決定讓孩子在家中接受教育，以示抗議。新加坡政府迄今仍然維持正規公共學校禁止穿戴頭巾上學的規定；回教女童在校外戴頭巾則不受限制。

9 Lily Zubaidah Rahim, "A New Dawn in PAP-Malay Relations?"（行動黨－馬來社群關係迎來新曙光）, *Impressions of the Goh Chok Tong Years in Singapore*, edited by Bridget Welsh et al.（Singapore: NUS Press, Institute of Policy Studies, 2009）, pp. 350–362.

10「回教社會發展理事會」，馬來文原稱「Mendaki」，成立於一九八二年，是新加坡最早成立的族群社區自助團體，旨在通過教育與培訓，提高馬來回教社群學生與成人的學術表現、韌性與適應能力。回教社會發展理事會的合作與支援夥伴極為廣泛，包括政府機構、學校、回教堂、馬來回教社區組織等等。新加坡四大族群均設立了各自的社區自助團體，除了回教社會發展理事會，還有華社自助理事會、印度人發展協會，以及歐亞裔人士協會。

11 新加坡宗教聯誼會（Inter-Religious Organisation of Singapore）是個非政府組織，由不同宗教社

群領袖聯合創辦，旨在加強各個宗教社群之間的互信互重，進而促進新加坡宗教和諧。

12 英華學校和美以美女校均是衛理公會學校，最早由基督教傳教士創辦。

13 嚴崇濤是新加坡前高級公務員，投入公共服務達四十年，其中二十九年分別在多個政府部門擔任行政官最高級別的常任祕書，包括交通部、財政部、貿工部、國家發展部、總理公署等。他在二〇二〇年八月因病逝世，終年八十三歲。

14 「恁爸」是閩南語「lin-pe」，意即：「你老爸！」

15 Yang Razali Kassim, "Winning Over the Malay Community: The Politics of Engagement", *Impressions of the Goh Chok Tong Years in Singapore*, edited by Bridget Welsh et al. (Singapore: NUS Press, Institute of Policy Studies, 2009), pp. 363–374.

第十七章　隱形的敵人

1 Chua Mui Hoong, *A Defining Moment: How Singapore Beat SARS* (Singapore: Institute of Policy Studies, 2004).

2 嚴重急性呼吸系統綜合症（Severe acute respiratory syndrome，簡稱ＳＡＲＳ，在新加坡譯為「沙斯」，也稱「非典型肺炎」）於二〇〇三年爆發。病例最早出現於中國廣東省，中國官方事後確認首起病例於二〇〇二年十一月十六日在佛山市確診。由於中國當局在最初階段隱瞞信息，導致疫情未能及時防控，迅速蔓延至香港、台灣、新加坡、越南，甚至加拿大等二十幾個國家和地區。在新加坡，最先感染ＳＡＲＳ病毒的三名女子於二〇〇三年二月到香港旅遊期間因同來自廣州的病患同住一家酒店而受感染，回國後於三月初確診為「非典型肺炎」入院。三人當中最年輕的患者成了超級感染源，住院期間將病毒傳染給另外二十一人，就此一發不可收拾，擴大為瘟疫。

3 新加坡SARS確診病例二三八起，當中醫護人員比例逾四成（四〇．八%）、醫護人員家屬占二〇．八%。

4 〈共同對抗沙斯肺炎——吳總理致新加坡人的公開信〉，《聯合早報》，二〇〇三年四月二十三日，第六頁。

5 〈吳總理抗炎戰講話：沙斯危機也是恐懼危機〉，《聯合早報》，二〇〇三年四月二十一日，第八頁。

6 許文遠是公務員出身，於一九七七年投入公共服務，曾負責新加坡公立醫院重組計畫，並先後擔任國大醫院、竹腳婦幼醫院和中央醫院院長，吳作棟首席私人祕書，貿工部常任祕書。二〇〇一年踏入政壇當選國會議員，受委為交通部兼新聞、通訊及藝術部高級政務部長，二〇〇三年領導抗炎作戰部隊有功，同年八月擢升為衛生部代部長輔佐衛生部長林勳強，並於二〇〇四年八月正式出任衛生部長。二〇一一年接掌國家發展部，二〇一五年接掌交通部，同時升任基礎設施統籌部長。他於二〇二〇年六月二十六日宣布退出政壇。

7 〈吳總理抗炎戰講話：沙斯危機也是恐懼危機〉，《聯合早報》，二〇〇三年四月二十一日，第八頁。

8 新加坡心理衛生學院在二〇〇三年五月十三日發生三十名病人和護士集體發燒現象，疑似爆發

ＳＡＲＳ感染群。所有一千三百四十二名全職醫護人員和職工以及三百名合約員工十天不准回家，須住進隔離設施；一千八百名住院病人不允許出院。進一步檢測結果確認，集體發燒病例並非ＳＡＲＳ病例。

9 新加坡在二〇〇三年五月三十日脫離世界衛生組織疫區名單；同年九月九日，又有一名博士後研究生確診，疑似在環境衛生研究院實驗室受感染。時任環境部長林瑞生在九月二十四日接見媒體，就實驗室安全疏漏向全國人民致歉，強調國家環境局必須承擔責任，而自己身為環境部長也責無旁貸。見何文欣，〈就沙斯感染事件，林瑞生向國人致歉〉，《聯合早報》，二〇〇三年九月二十五日，封面頭版。

10 根據世界衛生組織截至二〇〇三年十二月三十一日的總結報告，香港是繼中國大陸之後疫情最嚴重的地區，確診病例一千七百五十五起，死亡病例二百九十九起；新加坡確診病例二百三十八起，死亡病例三十三起，數東南亞國家之中最嚴重。其次是越南，確診病例六十三起，死亡病例五起；菲律賓確診病例十四起，死亡病例兩起。其餘東協成員國確診病例分別不到十起，甚至未有任何病例。

11 達信在二〇〇一年至二〇〇六年期間出任泰國首相。阿都拉巴達威則在二〇〇三年至二〇〇九年擔任馬來西亞首相。

12「東協加三」，指的是東協十國外加中國、日本、韓國三個東亞國家。

13 美加華蒂於二〇〇一年至二〇〇四年擔任印尼總統。

第十八章　從深谷到高原

1 Zuraidah Ibrahim, "Walking tall... In his own shoes"（昂首闊步，走出自己的路）, *The Straits Times*, 11 August 2004, p. 1.

2 Janadas Devan, "Succeeding Charisma"（繼承魅力）, *Impressions of the Goh Chok Tong Years in Singapore*, edited by Bridget Welsh et al.（Singapore: NUS Press, Institute of Policy Studies, 2009）, pp. 27–33.

3 吳作棟和李光耀辦公室當時都設在總統府附樓內，附樓是由主樓延伸擴建出來的另一棟建築。

4 黃循財是第四代領導班子成員之一，曾任文化、社區及青年部長、國家發展部長，現任教育部長兼第二財政部長。

5 這三人分別是副總理兼財政部長王瑞傑、貿工部長陳振聲、交通部長王乙康。二〇一八年十一月二十三日，人民行動黨正式推選王瑞傑出任第一助理祕書長，陳振聲出任第二助理祕書長。同天，第四代團隊發表聲明，支持王瑞傑出任第四代領軍人物。二〇一九年五月，王瑞傑受委出任副總理，接班掌政幾成定局。二〇二一年四月，王瑞傑請辭第四代領軍者，總理接班人選頓成懸念，尚待第四代團隊推舉新領軍人物。

6 Janadas Devan, "Succeeding Charisma"（繼承魅力）, *Impressions of the Goh Chok Tong Years in Singapore*, edited by Bridget Welsh et al.（Singapore: NUS Press & Institute of Policy Studies, 2009）, pp. 27-33.

後語：新加坡第一

1 傅高義於二〇二〇年逝世，享年九十歲。

2 "A masterful biography of JFK is a reminder of imperilled ideals"（甘迺迪傳記巨作：理想陷入危機的警示）, *The Economist*, October 17 2020.

索引

按中文筆畫順序排列

二劃

三劃

四劃

五劃

六劃

七劃

八劃

九劃

十劃

十一劃

十三劃

十四劃

十五劃

十六劃

十七劃

十八劃

十九劃

二十劃

二十二劃

國家圖書館出版品預行編目(CIP)資料

吳作棟傳(1990-2004)：新加坡的卓越關鍵 / 白勝暉著；林琬緋譯. -- 第一版. -- 臺北市：遠見天下文化出版股份有限公司, 2021.12
面； 公分. -- (社會人文；BGB519)
譯自：Tall order : the Goh Chok Tong story
ISBN 978-986-525-412-4(精裝)

1.吳作棟 2.傳記

783.878 110021114

社會人文 BGB519

吳作棟傳（1990-2004）：
新加坡的卓越關鍵
Standing Tall: The Goh Chok Tong Years Volume 2

作者 — 白勝暉
翻譯 — 林琬緋

總編輯 — 吳佩穎
責任編輯 — 陳珮真
校對 — 魏秋綢
全書圖片 — P2、P30、P88、P173 為新加坡報業控股提供，P3、P29、P174、P270、P341-P342 為新加坡新聞及藝術部藏品／國家檔案館提供；彩頁見個別標示，其餘為吳作棟提供，謹此致謝。

出版者 — 遠見天下文化出版股份有限公司
創辦人 — 高希均、王力行
遠見・天下文化 事業群董事長 — 高希均
事業群發行人／CEO — 王力行
天下文化社長 — 林天來
天下文化總經理 — 林芳燕
國際事務開發部兼版權中心總監 — 潘欣
法律顧問 — 理律法律事務所陳長文律師
著作權顧問 — 魏啟翔律師
社址 — 臺北市 104 松江路 93 巷 1 號
讀者服務專線 — 02-2662-0012 ｜ 傳真 — 02-2662-0007；02-2662-0009
電子郵件信箱 — cwpc@cwgv.com.tw
直接郵撥帳號 — 1326703-6 遠見天下文化出版股份有限公司

電腦排版 — 立全電腦印前排版有限公司
印刷廠 — 中原造像股份有限公司
裝訂廠 — 中原造像股份有限公司
登記證 — 局版台業字第 2517 號
總經銷 — 大和書報圖書股份有限公司 電話／(02)8990-2588
出版日期 — 2021 年 12 月 30 日第一版第一次印行

Copyright © Goh Chok Tong 2021
All rights reserved.
This book, or parts thereof, may not be reproduced in any form or by any means, electronic or mechanical, including photocopying , recording or any information storage and retrieval system now known or to be invented, without written permission from the Publisher.
Traditional Chinese edition copyright © 2021 by Commonwealth Publishing Co., Ltd., a division of Global Views- Commonwealth Publishing Group.
Traditional Chinese translation arranged with World Scientific Publishing Co. Pte Ltd., Singapore

定價 — NT 650 元
ISBN — 978-986-525-412-4
EISBN — 9789865254209（EPUB）；9789865254216（PDF）
書號 — BGB519
天下文化官網 — bookzone.cwgv.com.tw

本書如有缺頁、破損、裝訂錯誤，請寄回本公司調換。
本書僅代表作者言論，不代表本社立場。